Alcides de Orbigny

Descripción geográfica, histórica y estadística de Bolivia

Barcelona **2026**
Linkgua-ediciones.com

Créditos

Título original: Descripción geográfica, histórica y estadística de Bolivia.

© 2025, Red ediciones S.L.

e-mail: info@linkgua.com

Diseño de cubierta: Mario Eskenazi

ISBN tapa dura: 978-84-9816-728-3.
ISBN rústica: 978-84-9953-040-6.
ISBN ebook: 978-84-9953-039-0.

Sumario

Créditos_____4

Descripción geográfica, histórica y estadística de Bolivia
dedicada a su excelencia el general don José Ballivian
presidente de la República por Alcides de Orbigny
Tomo primero 1843_____11

Introducción_____13

Zoología _____ 32
   Relatores, los SS. de Blainville y Geoffroy_____32

Botánica _____ 33
   Relator, el señor Adolphe Brongniart _____33

Geografía _____37
   Relator, el señor Savari_____37

Geología _____ 40
   Relator, el señor Cordier_____40

Conclusiones generales de los cinco comisarios _____41

Plan de la obra_____ 44

Orden de la publicación_____47

Descripción geográfica, histórica y estadística de bolivia departamento
del beni _____ 49

Departamento del Beni provincia de Caupolicán _____52
   Límites _____52

Montañas _____ 52

Geología _____ 53

Ríos _____ 54

Lagos _____ 55

Temperatura y clima _____ 56

Fisonomía vegetal y animal _____ 57

Historia _____ **59**

Segunda época, desde la llegada de los Españoles hasta nuestros días _____ 61

Estado actual de la provincia _____ **66**

División política _____ 66

Suches _____ **67**

Pelechuco _____ **68**

Pata _____ **71**

Moxos _____ **73**

Apolo-Bamba _____ **74**

Santa Cruz de Valle Ameno _____ **77**

Aten _____ **80**

Partido chico pueblos interiores _____ **84**

San José de Chupiamonas _____ **85**

Tumupaza _____ **86**

Isiamas _____ **89**

Cavinas _____ **90**

    Población de la provincia _____ 91

    Insalubridad de la provincia _____ 93

    Productos naturales _____ 94

    Productos industriales _____ 98

Provincia de Moxos _____ **112**

    Circunscripción y extensión _____ 112

    Montañas _____ 112

    Ríos _____ 113

    Lagos _____ 118

    Geología _____ 119

    Temperatura y clima _____ 127

    Fisonomía animal _____ 131

Historia _____ **135**

    Primera época, antes de la llegada de los Españoles _____ 135

Nación de los Moxos _____ **136**

Itonamas _____ **143**

Canichanas _____ **146**

Nación de los Movimas _____ **149**

Nación Cayuvava _____ **151**

Nación de los Itenes _____ **153**

Nación de los Pacaguaras _____ **155**

Nación de los Chapacuras _____ **157**

Nación de los Maropas _____ **160**

Tribu de los Sirionos de la nación Guaraní _____ **161**

    Resumen _____ 162

    Tercera época, desde la entrada de los Jesuitas hasta su expulsión (de 1667 a 1767) _ 164

    Cuarta época, desde la expulsión de los Jesuitas hasta 1832 _____ 175

Estado actual de la provincia _____ **182**

    División política _____ 182

Trinidad _____ **183**

    Caminos de Trinidad a Loreto _____ 184

Loreto _____ **187**

San Francisco Xavier _____ **188**

    Camino de San Javier a San Pedro _____ 188

San Ignacio _____ **190**

San Pedro _____ **191**

    Camino de San Pedro a San Ramón _____ 193

    Camino de San Pedro a Santa Ana _____ 193

Santa Ana _____ **196**

    Camino de Santa Ana a Exaltación _____ 197

    Camino de Santa Ana a Reyes _____ 197

Reyes _____ **198**

Exaltación de la Cruz _____ **199**

San Ramón _____ **201**

    Camino de San Ramón a San Joaquín _____ 204

San Joaquín _____ **205**

Caminos de San Joaquín a Exaltación _____206

Fuerte del Príncipe de Beira _____208

Santa Magdalena _____**217**

Camino de Magdalena a Concepción_____219

Purísima Concepción de Baures_____ **221**

Nuestra Señora del Carmen _____ **225**

Grandes vías de comunicación entre la provincia de Moxos y las provincias vecinas____228

Camino de Guarayos a Moxos por el río de San Miguel_____228

Camino de Moxos a Yuracares por el río Chaparé _____230

Camino de Yuracares a Moxos, por el río Securi _____233

Camino de Moxos a Santa Cruz de la Sierra por el río Grande y el río Piray_____238

Población _____ **241**

Movimiento de la población y estadística de la raza americana _____246

Movimiento de la población durante los años de 1828, 1829 y 1850_____249

Nacimientos masculinos comparados con los femeninos_____254

Estado comparativo de los nacimientos, por mes, de la provincia de Moxos, en los

años de 1828, 1829 y 1837 _____255

Salubridad de la provincia _____258

Administración de la provincia _____258

Costumbres, usos y estado moral de la provincia_____259

Productos industriales _____277

Productos naturales _____281

Comercio _____282

Libros a la carta_____ **305**

Descripción geográfica, histórica y estadística de Bolivia dedicada a su excelencia el general don José Ballivian presidente de la República por Alcides de Orbigny Tomo primero 1843

Introducción

Habiendo nacido con muy particulares disposiciones para las ciencias naturales, debo a los consejos y a las doctas lecciones de un padre, cuyo nombre es digna y honrosamente conocido entre los sabios, el temprano desarrollo de ese instinto poderoso que al estudio de ellas me impulsaba. Vine por último a París, en donde, fiel a mi vocación, pude seguir estos mis estudios predilectos de una manera más especial, procurando iluminar mi inteligencia y beber la instrucción en esta fuente, verdadero emporio de las luces y del saber. En 1825 presenté a la Academia de ciencias mi primer ensayo, el cual fue muy favorablemente acogido, mereciendo la aprobación del Instituto, como él lo manifestó en su informe.

Tuvo a bien mi gobierno elegirme, en el mismo año, para efectuar por la América meridional un viaje de exploración, que fuese útil a las ciencias naturales y a sus numerosas aplicaciones. Semejante propuesta despertó en mí la afición por correr mundo, al mismo tiempo que me llenó de regocijo; mas este fue mi luego moderado por el convencimiento en que yo estaba, de que aun no había llegado mi instrucción a la sazón debida, para poder llenar, tan dignamente como convenía a mis ambiciosos anhelos, una misión de esta naturaleza. Quería pues dedicarme al trabajo por algunos años más, con el fin de obtener, a lo menos en parte, los diversos conocimientos absolutamente indispensables para el viajero, que desea examinar y dar a conocer un país bajo todos aspectos.

Nombrado formalmente a fines del citado año de 1825, tuve que activar mis tareas para hacerme acreedor a tan honrosa prueba de confianza, siendo ciertamente mi cargo tanto más difícil de llenar, cuanto que yo no contaba entonces sino veintitrés años. Por otra parte, la sola idea de recorrer la América bajo tan lisonjeros auspicios me halagaba sobremanera, y encendía mi ardiente imaginación, ofreciéndome de antemano mil cuadros a cuales más seductores. Merced a los benévolos consejos de los señores Cuvier, Brongniart, Cordier, Isidoro Geoffroy Saint-Hilaire, y del célebre viajero barón de Humboldt, me fue dado entrever cuál sería el circulo de mis investigaciones. Las ciencias naturales eran el objeto principal; mas considerando como complemento indispensable la geografía, la etnología y la historia, me propuse no desechar nada, cuando estuviese en aquellos lugares, para traer conmigo el tesoro más completo de materiales relativos a estos ramos importantes de los conocimientos humanos.

El 29 de julio de 1826 me embarqué en Brest a bordo de «la Meuse», fragata del Estado, y di principio a mi peregrinación trasatlántica.

Hice escala en las Canarias, en donde durante algunos días pude estudiar, a la vista del famoso pico de Teide, las producciones de la isla de Tenerife, así como sus crestas desgarradas. Dos meses después divisábamos las costas del Brasil, y un ambiente embalsamado con el perfume de mil flores llegaba ya hasta mi, haciéndome gustar inefables y dulces emociones. Iba yo al cabo a echar pie sobre el mundo de Colón, sobre esa tierra de prodigios, cuya exploración había siempre ansiado aun en medio de los sueños de mi infancia. Tomé finalmente asiento en América por espacio de ocho años.

El Río Janeiro con sus montañas de granito y sus bellas y vírgenes selvas fue el primer teatro de mis exploraciones. Montevideo, Maldonado y toda la república oriental del Uruguay, ocupada entonces por los Brasileros, me enseñó luego sus campos, que se asemejan a los de Francia. Atravesando la Banda oriental pasé a Buenos Aires, y me embarqué enseguida en el Paraná, para trasportarme a las fronteras de la provincia del Paraguay, declarada hoy día Estado independiente. Subí como trescientas cincuenta leguas por este inmenso río, cuya majestuosa corriente es de esperar que algún día se vera surcada por centenares de embarcaciones, las que impulsadas por el vapor ascenderán hasta Chiquitos, haciendo así más inmediata la comunicación de Bolivia con la Europa.

Las ondas de este caudaloso río, que tiene más de una legua de ancho, corren sobre un lecho cuyas márgenes e innumerables islas se ven adornadas de vistosos boscajes, en donde la graciosa palmera entreteje su follaje con el de los arboles más variados y bellos.

Recorrí durante un año entero todos los puntos de la provincia de Corrientes y de Misiones, y después de haber penetrado en el Gran Chaco, di la vuelta por las provincias de Entre Ríos y de Santa Fe. De regreso a Buenos Aires, quise encaminarme a Chile o a Bolivia; mas calculando lo difícil que me sería atravesar el continente con toda seguridad, por las turbulencias que, después de la paz con el Brasil, minaban aquel estado, me decidí a pasar a la Patagonia, tierra misteriosa, cuyo solo nombre encerraba en ese entonces un no sé que de mágico. Me transporté pues allí a fines de 1826, y permanecí en ella durante ocho meses.

Pude efectuar mis primeras investigaciones con bastante sosiego, por más penoso que fuese el recorrer un país de los más áridos, y en donde la falta de agua se hace sentir a cada paso en el corazón de esos monótonos e interminables desiertos; pero los indios Puelches, Aucas y Patagones se sublevaron inopinadamente contra la naciente colonia del Carmen, situada a orillas del río Negro, y me vi entonces precisado a reunirme a sus habitantes para cooperar a la defensa común. Habiendo vuelto por segunda vez a Buenos Aires, hallé este país en tan completa anarquía, que, reconociendo la absoluta imposibilidad de pasar a Chile atravesando las pampas, tomé el partido de doblar el cabo dé Hornos. A mi llegada a Valparaíso encontré también a la república Chilena en un estado de agitación nada propicio para los viajes científicos, y provisto entonces de las recomendaciones del cónsul general de Francia en este Estado, pasé a Bolivia, de cuyo gobierno debía yo esperar una buena acogida, y los medios de proseguir mi exploración continental.

Cobija, puerto de Bolivia, me saludó desde luego con el imponente aspecto de las montañas que lo coronan. Poco después me desembarqué en Arica para dar principio a mis viajes por tierra. Abandonando bien pronto las costas, me encaminé a Tacna, y enseguida emprendí mi ascensión a las cordilleras por el camino de Palca y de Tacora; mas, en vez de tropezar allí con esas empinadas y agudas crestas, que se ven figuradas en los mapas, me encontré sobre una dilatadísima planicie, colocada a la altura de cuatro mil quinientas varas sobre el nivel del mar, y en la que únicamente se apercibían de trecho en trecho algunas moles cónicas cubiertas de nubes. Atravesando este encumbrado llano, vine a encontrarme luego en la cima de la cadena del Chulluncayani. Al contemplar desde allí la dilatadísima extensión que se desplegaba ante mis ojos, y la tan grande variedad de objetos que las miradas alcanzaban a dominar a la vez, yo saboreaba un sentimiento de indefinible admiración. Es cierto que se descubren paisajes más pintorescos en los Pirineos y en los Alpes; pero nunca vi en estos un aspecto tan grandioso y de tanta majestad. El llano Boliviano, que tiene más de treinta leguas de ancho, te dilataba a mis pies por derecha e izquierda hasta perderse de vista, ofreciendo tan solo pequeñas cadenas paralelas, que parecían fluctuar como las ondulaciones del Océano sobre esta vastísima planicie, cuyo horizonte al noroeste y al sudeste no alcanzaba yo a descubrir, al paso que hacia el norte veía brillar, por encima de las colinas que lo circunscriben, algunos espacios de las cristalinas aguas del famoso lago de Titicaca, misteriosa cuna de los hijos del Sol. De la otra parte de tan sublime conjunto se divisaba el cuadro severo, que forma la inmensa cortina de los Andes, entrecortados en picos agudos, representando la figura exacta de una sierra. En medio de estas alturas se levantaban el Guaina Potosí, el Illimani y el nevado de Sorata mostrando su cono oblicuo y achatado, estos tres gigantes de los montes americanos, cuyas resplandecientes nieves se dibujan, por sobre las nubes, en el fondo azul oscuro de ese cielo el más transparente y bello del mundo. Hacia el norte y el sur la cordillera oriental va declinando poco a poco hasta perderse totalmente en el horizonte. Si me había yo sentido lleno de admiración en presencia del Tacora, aquí me hallaba transportado, y sin embargo no era esta sino una de las faces de aquel cuadro; pues volviendo hacia otra parte, se me revelaba un conjunto de no menores atractivos. Yo descubría aun el Chipicani, el Tacora, y todas las montañas del llano occidental, que acababa de trasponer, y sobre las que mi vista se había tantas veces detenido durante los tres días de mi tránsito por la cordillera.

Bajé al llano Boliviano, situado aun a la altura de cuatro mil varas sobre el nivel del mar, y que es la parte más poblada de la república.

Llegué a la ciudad de La Paz, la antigua Choquehapu (campo de oro), nombre que, por su abundancia de minas en este metal, le dieron los Aymaraes. Este valle favorecido por la proximidad de los Yungas, y que se encuentra a tres mil setecientas varas de elevación, ostenta a un mismo tiempo en sus mercados todos los frutos de los países fríos, de los templados y de la zona tórrida. Escribí inmediatamente al gobierno, remitiéndole mis cartas de recomendación. En respuesta me ofreció él su protección, y fondos si los necesitaba, proponiéndome además un oficial del ejército y dos jóvenes para acompañarme. No queriendo abusar de tan generosas ofertas, acepté, con la mayor gratitud, solamente los dos últimos, así como las facilidades de trasporte por toda la república; y desde aquel instante, me consideré ya seguro de poder recorrer con fruto esta bella y rica parte del continente americano.

Impaciente por ver la provincia de Yungas, de la que se me decían tantas maravillas, dirigíme a Palca, y una vez puesto sobre la cumbre de la cordillera oriental, me sentí deslumbrado de tal manera por la majestad del conjunto, que desde luego no vi sino la extensión inmensa, sin poder darme cuenta de los detalles. Ya no era una montaña nevada la que yo creía asir, ya no era un dilatado llano, sin nubes como sin vegetación activa... Todo era aquí distinto. Volviéndome hacia el lado de La Paz aun vela las áridas montañas y ese cielo siempre puro, característico de las elevadas planicies. ¡Por todas partes, al nivel en que me hallaba, alturas vestidas de hielo y de nieve; mas qué contraste por el lado de los Yungas! Hasta quinientas o seiscientas varas debajo de mí, montañas entapizadas de verde terciopelo, y que parecían reflejarse en un cielo transparente y sereno a esta altura, una cenefa de nubes blancas, que representaban un vasto mar azotando los flancos de las montañas, y por sobre las cuales se desprendían los picos más elevados, figurando islotes. Cuando las nubes se entreabrían, yo descubría a una inconmensurable profundidad debajo de esta zona, límite de la vegetación activa, el verdor azulado oscuro de las vírgenes selvas, que guarnecen por todas partes un terreno tan accidentado. Lleno de regocijo al verme rodeado de una naturaleza, tan diferente de la que me habían presentado la vertiente occidental y los llanos de la cordillera, quise, antes de ocultarme bajo esta bóveda de nubes, vagar libremente algunos instantes por sobre la región del trueno.

Visité sucesivamente Yanacachi, Chupi, Chulumani, Irupana, etc., pasando alternativamente del lecho de los ríos a la cumbre de las montañas. La pomposa vegetación del Río Janeiro se ve reproducida en estos sitios, pero con más esplendor; una caliente humedad fomenta en ellos, hasta sobre las más escarpadas rocas, plantas prodigiosas. Después de haber estudiado detalladamente esta provincia, tan abundante en producciones, seguí por la misma vertiente occidental, recorriendo el terreno desigual, pero rico en minas de plata, de las provincias de Sicasica y de Ayupaya, pasando por Cajuata, Suri, Inquisivi, Cavari y Palca hasta trepar nuevamente la cordillera oriental, de donde cayeron de repente mis miradas, a algunos millares de pies, sobre los ricos valles de Cochabamba y de Clisa. ¡Qué singular contraste aquel con el de los riscos donde me encontraba! Era la imagen del caos al lado de la más grande tranquilidad: era la naturaleza triste y silenciosa en presencia de la vida más animada. Yo veía pues, en medio de áridas colinas, dos extendidos llanos cultivados y guarnecidos por todas partes de casuchas y bosquecillos, entre los que se distinguían gran número de aldeas, y una grande ciudad a la que hacían sobresalir sus edificios como a una reina en medio de sus vasallos. Nada puede efectivamente compararse a la sensación que produce el aspecto de esas llanuras, cubiertas de caseríos, de plantaciones y de cultura, circunscriptas por una naturaleza montañosa y estéril, que se extiende a más de treinta leguas a la redonda perdiéndose confusa en el horizonte. Se creería ver allí la tierra prometida en el seno del desierto. Si había yo probado antes vivísimas impresiones en presencia de las bellezas salvajes de esa naturaleza grandiosa del llano Boliviano, y de la cordillera oriental, en donde la vida no entra para nada en el conjunto, pues que nada se encuentra allí de lo que respecta al hombre, cuanto mayores no serían ellas, al descubrir yo estos lugares animados, estas llanuras sembradas de edificios, esos campos ricos y abundosos que despertaban en mi mente la imagen de mi patria! Cochabamba y sus cercanías fueron por algún tiempo el teatro de mis investigaciones; prosiguiendo luego mi marcha hacia el este, traspuse cien leguas de montañas bastante áridas, pero cortadas por fértiles y profundos valles. Durante este viaje reconocí sucesivamente las provincias de Clisa, de Mizqué y del Valle Grande, siguiendo por el camino de Punata, Pacona, Totora, Chaluani, Chilon, Pampa Grande y Samaypata (el poyo del descanso), último punto habitado de las montañas, de donde solo distaban treinta leguas las fértiles pampas del centro continental. Pocos días después se descubría, de la cumbre de la cuesta de Petaca, el extendido horizonte de unos llanos calurosos cubiertos de bosques, en cuyo centro se ve sentada la tranquila ciudad de Santa Cruz de la Sierra.

El estudio de esta ciudad y de sus notables contornos ocupó mi atención por algunos meses: pasados estos, me resolví a penetrar más adentro en las tierras habitadas. Me encontraba ya como a trescientas leguas del mar; pero anhelando también conocer las poblaciones puramente indígenas, volví mi marcha al este, hacia la provincia de Chiquitos, atravesando el «Monte Grande», cuya espesa frondosidad cubre una extensión de más de sesenta leguas, y en donde vanamente se buscarían otros huéspedes que los animales salvajes.

La provincia de Chiquitos, colocada en el centro del continente americano, tiene más de diez y ocho mil leguas de superficie, y siendo muy fértil su terreno, pueden cultivarse en ella todos los frutos de los países cálidos, al mismo tiempo que en las montañas de Santiago pudieran sembrarse trigos y plantarse la viña. Visité sucesivamente San Javier, Concepción, San Miguel, Santa Ana, San Ignacio, San Rafael, San José y Santiago, y precisamente vine a encontrarme sobre esas montañas, en la primavera de aquellas regiones.

En tanto que un Sol abrasador tostaba las llanuras circunvecinas, algunas benéficas nubes, podándose sobre la cima de las montañas, habían operado un cambio total en el aspecto de la naturaleza. Los arboles se cubrían de un tierno follaje y de diversidad de flores; la campiña desplegaba lujosamente sus primorosos ropajes. En nada absolutamente pudiera compararse la bella estación de Europa a un tal momento bajo las zonas tórridas. En Francia, por ejemplo, las hojas van brotando poco a poco, y el frío y la ausencia de días hermosos se hacen frecuentemente sentir aun después de bien entrada la primavera. En aquellos lugares, esta no es sino el cambio súbito de una decoración. La naturaleza se halla muerta, inanimada; un cielo demasiado puro ilumina un campo triste y casi desolado; pero sobreviene un aguacero, y al punto, como por encanto, todas las cosas toman una vida nueva. Bastan pocos días para esmaltar los prados de verdura y de flores olorosas, y revestir los arboles con esas hojas de un verde tierno, o con las flores que las preceden, dando a cada uno de ellos un color vivo y uniforme. Si la campiña, ostentando su bella alfombra, embalsama el aire con los más suaves perfumes, los bosques presentan otro carácter no menos halagüeño de belleza y variedad. Aquí un árbol cargado de largos racimos purpúreos contrasta con las copas, ya celestes, ya del dorado más puro; allá sobresale una cima blanca como la nieve junta al rosado más tierno. Con cuanto regocijo trepaba yo por esas laderas, donde tan lindos vegetales se engalanaban, con sus joyeles, o recorría los prados sin saber a que sitio dar la preferencia, pues que cada uno de ellos me ofrecía un encanto que le era particular, un tipo diferente. Confieso que nunca me había sentido tan maravillado en presencia de las bellezas de ese suelo, cubierto por un dosel tan espléndido.

Dejando muy luego el pueblecillo de Santiago, y atravesando bosques inmensos y el río de Tucabaca, destinado probablemente a suministrar ricas minas de oro, llegué a Santo Corazón, que es el punto más oriental de los lugares habitados de la república. Santo Corazón era efectivamente por aquella parte el extremo del mundo, pues que nadie podía entonces pasar más adelante. Así pues, calculando las grandísimas ventajas que resultarían de la navegación del Paraguay para el trafico comercial y para la civilización de la provincia de Chiquitos, y anhelando ser el primer instrumento de esta gigantesca empresa, recogí todos los datos posibles de los indígenas acostumbrados a recorrer las florestas, e hice abrir un camino hacia las ruinas del antiguo Santo Corazón, en donde corre el Río Oxuquis, formado de los ríos San Rafael y Tucabaca, llegando a cerciorarme que los altos ribazos de esta corriente podrían proporcionar, en todas estaciones, un puerto cómodo y situado a muy poca distancia del Río Paraguay, en el cual desemboca un poco más arriba del fuerte de la Nueva Coimbra. En 1831 comuniqué estos importantes datos al gobierno de Bolivia, haciéndole ver el cambio favorable que, para aquella provincia y para toda la república, resultaría de una nueva vía de comunicación, por el Río de la Plata, con el Océano atlántico.

Deseoso de recorrer otro punto de Chiquitos, atravesando bellas selvas me puse en la misión de San Juan, y retorné enseguida a San Javier, de donde me aparté diciendo también adiós a la provincia, al cabo de seis meses que me había dedicado a su estudio.

En medio de las inmensas y sombrías selvas que separan las vastas provincias de Chiquitos y de Moxos, y en un espacioso recinto, que se halla indicado en nuestros mejores mapas como desconocido, corre un río también ignorado aunque navegable: este río es el San Miguel. Sus orillas cubiertas de una vegetación tan lujosa como activa, están habitadas por una nación muy notable; tales son los Guarayos, que realizan en América, por su franca hospitalidad y por sus costumbres sencillas y enteramente primitivas, el poético ensueño de la edad de oro. Entre estos hombres de la simple naturaleza, a quienes jamás atormentó la envidia, el robo, esta plaga moral de las civilizaciones más groseras como de las más refinadas, tampoco es conocido. Si algunas veces había yo suspirado viendo yacer en el abandono campos magníficos, mientras que en Europa tantísimos infelices labradores perecen de miseria, cuanto más agudo no debió ser mi sentimiento en presencia de aquellos lugares, los más abundosos que yo había encontrado hasta entonces, y en donde una naturaleza tan prodigiosa, y de un lujo de vegetación extraordinario, parece estar pidiendo brazos que vengan a utilizarlos por medio del cultivo productor! Al dejar el país de los Guarayos, me embarqué y anduve ocho días bogando sobre las aguas del San Miguel, cuyas márgenes se ven cubiertas ya de altos bambúes ya de palmas motacúes. El río se halla bien encajonado por todas partes; así es que las embarcaciones de todo tamaño pueden navegar allí fácilmente en todo tiempo. De este modo me puse en la misión del Carmen de Moxos, y visité esta vasta provincia, donde, sobre una superficie de trece a catorce mil leguas, treinta y tres ríos navegables están ofreciendo al comercio y a la industria vías ya trazadas en medio de una sola llanura, que da origen a todas las grandes corrientes meridionales, tributarias del famoso Río de las Amazonas. Viven allí, divididos en diez naciones diferentes y que hablan distintas lenguas, unos pueblos, todos ellos dedicados a la navegación, y que conocen perfectamente las más pequeñas vueltas y revueltas de esos canales naturales, diariamente cruzados por ellos en canoas hechas de un solo tronco de árbol, el cual es ahuecado a fuerza de hierro y de fuego.

Navegando por el Río Blanco y el Río Itonama, y atravesando sobre una canoa llanos inundados, hasta llegar al Río Machupo, pude visitar sucesivamente Concepción, Magdalena, San Ramón y San Joaquín, restos del esplendor pasado de los jesuitas.

Cerca del último punto encontré unas minas de hierro, las que abrazando un espacio de dos leguas, han sido colocadas por la naturaleza como para facilitar su laboreo y dar vida a aquellas regiones, no lejos del río, e inmediatas a grandísimos bosques.

Bajé por el Machupo hasta el Itonama, su confluente, y desemboqué luego en el Guaporé o Iténes, por el cual suben los Brasileros desde el Río de las Amazonas hasta Mato Groso, llevando en sus «garíteas» las mercancías procedentes de Europa. Encontré efectivamente dos de esas barcas en el «Forte do principe de Beira», donde hay una guarnición brasilera. Tiene el Guaporé en este punto más de media legua de ancho; sus aguas corren majestuosamente en medio de bellas márgenes y por entre islas guarnecidas de arboles muy pintorescos. Descendiendo por él, yo comparaba mentalmente esos desiertos, hoy día tristes y silenciosos, con lo que llegaran a ser cuando una población industriosa venga a animarlos y a sacar un provecho de sus dones, y cuando el comercio con los Europeos, puesto en plena actividad, cubra esas aguas de barcos de vapor destinados a llevarles la abundancia y la vida intelectual.

Llegué finalmente a la confluencia de los ríos Guaporé y Mamoré, y colocado en la punta misma del ángulo formado por la reunión de los dos más grandes ríos de aquellas regiones, yo abrazaba de una sola ojeada las corrientes de uno y otro. Existe entre ambos el más prodigioso contraste. A un lado, presenta el Guaporé el símbolo de la quietud: bosques sombríos se extienden hasta el borde de sus cristalinas aguas, las que corren con lentitud y majestad: al otro, me ofrecía el Mamoré la imagen del caos y de la inestabilidad de las cosas. Sus rojas aguas, sumamente agitadas, arrastraban, borbollando, innumerables trozos de vegetación, y hasta troncos gigantescos, arrancados violentamente a los ribazos por la corriente. Nada hay estable sobre su paso. Si una de sus riberas esta cubierta de terromoteros casi desnudos de vegetación, y en donde crecen algunas plantas anuales, la otra, pertrechada de barrancas arenosas, se desmorona de tiempo en tiempo minada constantemente por las aguas, arrastrando en su caída arboles que cuentan siglos, por lo que se ven las ensenadas llenas de troncos, que las crecientes extraordinarias han ido amontonando.

El Mamoré, tan ancho como el Guaporé, me enseñó sobre sus riberas y sobre las de sus tributarios, en el curso de una navegación como de cien leguas, las hermosas misiones de la Exaltación, de Santa Ana, de San Javier, de la Trinidad y de Loreto.

Las comunicaciones que existían entre Cochabamba y Moxos eran largas, y sobre todo muy arriesgadas, siendo esto un grandísimo obstáculo para el comercio establecido entre ambos puntos. Así pues me propuse buscar, para obviar tales inconvenientes, un camino más abreviado, o una vía de navegación por en medio de selvas y montañas, persuadido de que con esto haría yo a Bolivia un servicio capaz de dar a su gobierno un testimonio de mi gratitud, por las muchas favores de que le era justamente deudor.

Un poco más al sur de la Trinidad, había yo notado sobre la orilla occidental del Mamoré la embocadura del Río Securi, no marcado en los mapas, y cuyo curso hasta en el mismo país era desconocido. Este caudaloso río, que viene más directamente de las montañas del este de Cochabamba, debía ayudarme a poner en practica mi proyecto; mas quise ante todo asegurarme por mí mismo, de si no eran exageradas las dificultades de la comunicación existente hasta entonces.

Abandoné en efecto los llanos abrasadores de la provincia de Moxos, inundados una parte del año; y embarcándome en una canoa, ayudado por los indios Cayuvavas, los mejores remeros de la comarca, subí por el río Mamoré hasta su confluencia con el Chaparé, y por este, enseguida, hasta su unión con el Río Coni. Finalmente, a los quince días de una penosa navegación, durante los cuales no había yo visto otra cosa sino bosques, y la pequeña parte de cielo correspondiente al profundo surco abierto por los ríos en medio de ese océano de perenne verdor, vine a encontrarme con la nación de los Yuracarees, al pie de las últimas faldas de la cordillera oriental.

Las florestas vírgenes del Brasil, que con tanta perfección y gracia ha trasladado al lienzo el pincel de uno de los mejores artistas franceses, en nada se parecen a las de los lugares donde yo me hallaba. En estos, ayudada la naturaleza por un temperamento cálido y constantemente húmedo, ha tomado un desarrollo tal, que no hay cosa que pueda comparársele. El todo de la vegetación cuenta allí cuatro anditos diferentes. Arboles de ochenta a cien varas de elevación forman una perpetua bóveda de verdura, frecuentemente esmaltada con los más vivos colores ya de las flores purpurinas, de que algunos arboles se hallan enteramente revestidos, ya de las enredaderas, que caen como cabelleras hasta el suelo. Allí es donde infinitas especies de higueras, de nogales, y de moreras se confunden con una muchedumbre de arboles, cada uno de los cuales representa un verdadero jardín botánico por las plantas parasitas que los cubren. Debajo de este primer rango, y como protegidos por él, se elevan a la altura de veinte a treinta varas los troncos delgados y derechos de las palmeras, cubiertas de un follaje muy vario en sus formas, y de racimos de flores o de frutos que cortejan a porfía los pájaros más bellos. Más abajo, todavía, crecen, como de tres a cuatro varas de alto, otras palmas algo más delgadas que las primeras, y a las que el menor soplo de viento echaría por tierra; pero los aquilones solo agitan la cima de los gigantes de la vegetación, los que rara vez permiten que algunos rayos de Sol puedan llegar hasta el suelo, el cual se halla también adornado con las plantas más variadas, miscelánea de helechos elegantes a hojas recortadas, de pequeñas palmas con hojas enteras, y sobre todo de marrubios de una levedad y delicadeza extraordinarias. No se halla un tropiezo debajo de esta sombra perpetua, pudiendo uno recorrer todos los puntos sin ser molestado por los espinos y las zarzas. ¿A quién le fuera dado pintar este admirable espectáculo, y exprimir las sensaciones que él infunde? El viajero se siente transportado, su imaginación se exalta; pero, si despertando de su arrobamiento desciende dentro de sí mismo, y osa medirse en cotejo con una creación tan imponente, cuan nulo y exiguo se encuentra! ¡Y cuanto entonces, por la conciencia de su pequeñez y de su debilidad en presencia de tamañas grandezas, viene a desmayar su orgullo! Dejando estas bellísimas comarcas, di principio a mi ascensión sobre las montañas por entre mil precipicios, y a medida que me levantaba, veía cambiar rápidamente a la naturaleza de forma y de aspecto. Los arboles que se encumbraban hasta el cielo, las elegantes palmeras, y demás plantas arbóreas iban desapareciendo poco a poco: unos y otros eran reemplazados por los zarzales, luego por algunas plantas gramíneas, y finalmente la nieve había sucedido a los encantadores sitios de las regiones cálidas, que alborozan con su algazara mil pintados pajarillos.

Tres días después de haber dejado la zona tórrida, pasaba la noche tendido sobre la nieve, en un punto que esta casi al nivel del Monte Blanco.

Doce leguas de crestas enmarañadas, separadas por gargantas profundas, detienen frecuentemente al viajero en medio de sus riscos; y cuando cae la nieve en abundancia por la noche y llega a encubrir los desfiladeros, es necesario aguardar a que el Sol de algunos días serenos la derrita para ver despejados los senderos que, aun entonces, solamente en fuerza de la habitud pueden encontrar los guías. La famosa gruta de «Palta

Cueva», colocada entre dos crestas que era preciso traspasar, manifiesta bastante, por las osamentas de mulas que se ven por todas partes en sus alrededores, lo peligroso que es el detenerse en ellos; peligro difícil de evitarse por lo muy largo del tránsito y por lo escabroso del camino. Palpando pues los daños a que se expone el negociante, aventurándose a pasar, para transportarse a Moxos, por un tal camino, el solo conocido a no ser que se anden como trescientas leguas tocando de paso en Santa Cruz de la Sierra, formé seriamente el proyecto de buscar nuevas y menos arriesgadas comunicaciones.

Bajé rápidamente a los valles de la vertiente meridional, y atravesando las lugares habitados por los indios Quichuas, me puse en la ciudad de Cochabamba, donde a la sazón se hallaba el gobierno, al que presenté el proyecto que acababa de concebir. Aprobó el plan que me había yo propuesto, haciéndome sin embargo entrever las dificultades que habría que allanar, y los peligros a que yo me exponía en el corazón de regiones desconocidas, en donde tendría que luchar a la vez con los obstáculos de la naturaleza y con las naciones salvajes. Pero inflexible en mi determinación, y hechos mis preparativos, emprendí un mes después este viaje de descubrimiento.

El 2 de julio de 1832 salí de Cochabamba, dejando otra vez la civilización de un pueblo para aventurarme nuevamente en el seno de los desiertos, donde debía encontrarme solo conmigo mismo. Me acompañaban en esta expedición, mandados por el gobierno, un religioso encargado de convertir a la fe cristiana a los salvajes que encontrásemos, y el señor Tudela, que debía seguir mis instrucciones para abrir el camino proyectado, y entenderse en quichua con los indios conductores de víveres.

Subí por la cuesta de Tiquipaya y llegué a unas altas planicies de donde me encaminé, por un llano que ocupaba la cumbre de la cordillera oriental, hacia el punto culminante, que traspuse fácilmente, y comencé a bajar dirigiéndome al lugarejo de Tutulima. Yo había pues pasado sin obstáculos la cordillera, y ya una de las dificultades de mi empresa quedaba allanada. Comparando este camino con el de Palta Cueva y con todos los puntos de mi tránsito anterior, me pareció que, si podía continuar por tal senda hasta

Moxos, esta nueva dirección reemplazaría a la otra, con la grande ventaja de no exponer a tantísimos peligros, ni al hombre ni a los animales.

El 8, después de muchas dificultades, nacidas de la mala voluntad de mis indios, dejé Tutulima, último punto habitado, para internarme en el desierto y pisar una tierra virgen todavía. Conociendo, que me sería imposible trepar por las escarpadas laderas, y que, con la variación este de 8 grados 28 minutos, la quebrada de Tulima, dirigida al nornorueste de la brújula, me ofrecía un buen camino, me dirigí por él.

Caminé durante seis días consecutivos por la misma quebrada, variando mi dirección de norte a nornorueste, pero haciendo apenas cuatro leguas por día. Aumentábanse los obstáculos a cada paso, y no teníamos ni el tiempo necesario ni los medios para allanarlos; era por tanto indispensable el vencerlos. Tan pronto el torrente se hallaba de tal suerte encajonado que nos veíamos forzados a trepar por las laderas y a andar de precipicio en precipicio; tan pronto el desagüe de nuevos ríos venía a engrosar de tal modo ese mismo torrente, que teníamos que pasarlo y repasarlo, luchando contra la corriente más impetuosa y metiéndonos en el agua hasta la cintura. Aquí, era preciso construir una balsa para atravesarlo, acullá, abrirse paso con hacha en mano por entre bosques enmarañados.

Hasta entonces bien podía yo creerme sobre uno de los tributarios del Mamoré, y la dirección tomada era buena; mas de repente se presenta delante de nosotros una cadena de elevadas montañas, y el río por el que seguíamos, recibiendo un otro curso de agua, que venía del estesudeste, dio vuelta bruscamente hacia el nornorueste. Creí pérdida toda esperanza; pues indudablemente aun debía ser este un tributario del Beni. Así es que al siguiente día, determiné pasar la cordillera, y al cabo de una penosa jornada y de muchas detenciones forzadas, llegué al punto más encumbrado de aquellas montañas; ¡mas cual fue mi desesperación al encontrarme envuelto entre nubes, que nada de cuanto me rodeaba me dejaban ver! Mi única esperanza de suceso dependía de la elección que yo hiciese de una corriente de agua, la cual solo me era permitido reconocer desde la altura en que me hallaba: dejé que mi tropa se adelantase y me quedé esperando. Una hora de inquietud se me hizo un siglo y empezaba ya a desalentarme, cuando, por una dicha inesperada, se entreabrieron las nubes un momento, y se me reveló un horizonte inmenso: los últimos repechos de las montañas, como surcos irregulares cubiertos de arboles, bajaban serpenteando lentamente hacia un mar de verdura sin límites, el cual era formado por las florestas de la llanura, que contornean las montañas en un espacio de más de cuarenta leguas. Seguía yo ávidamente con la vista, lleno de ansiedad, la dirección de las profundas quebradas, buscando el punto de su reunión, para ver si hallaba en él una vía de agua navegable. Un rayo del Sol vino a revelármela, haciendo brillar a una apartada distancia, y en la dirección del norte 15 grados este, las sinuosidades de un río en medio de la selva. Era este, como el puerto que aparece al navegante al cabo de una prolongada travesía; era el resultado de mis calculos, el triunfo de mis ideas, un tributario en fin del Río Securi, que yo había dejado cerca de la Trinidad de Moxos.

Por el espacio de dos días continué, pero en descenso, por la cresta de las mismas montañas, bajo una bóveda perpetua de ramas entrelazadas que forman una masa de verdura impenetrable al Sol, y llegué a la población de los salvajes Yuracarees, quienes me acogieron perfectamente en sus cabañas, manifestándose decididos a cooperar a mis proyectos. Partí con ellos luego, antes que este celo se enfriase, y me interné en el corazón de la selva más hermosa del mundo en busca de un árbol, que bastase él solo para construir una canoa. Mis salvajes, que conocían uno por uno todos aquellos arboles, me llevaron en derechura hasta el más grueso de ellos, cuyo tronco, de veinticinco pies de circunferencia, quizás había visto pasar muchos siglos. A los golpes del hacha saltan luego sus astillas, pero al llegar la noche solamente, y a impulsos de un trabajo tenaz, cae por fin haciendo estremecer la tierra, derribando todo cuanto encuentra por delante, y empujando unos objetos a otros, lleva la destrucción a más de doscientos pasos. Los golpes redoblados del hacha hicieron resonar el bosque durante siete días consecutivos; dirigía yo entre tanto los trabajos de los indios y trabajaba a la par de ellos para animarlos con mi ejemplo, hasta que el soberano de los arboles de aquellos contornos se vio trasformado en una lancha bastante espaciosa.

Hubo después que allanar, por entre el bosque, los obstáculos que se oponían a su marcha, de cerca de un cuarto de legua, hasta lanzarlo sobre el río; lo que se efectuó victoriosamente. Me felicitaba ya del buen éxito de mis deseos; pues que para llenar la misión que me había yo impuesto, no me faltaba otra cosa que hacer sino bogar hacia Moxos.

Mis promesas determinaron a tres Yuracarees a seguirme hasta Moxos, sirviéndome de remeros; y sin más provisiones que algunas yucas y otras raíces, nos pusimos en marcha, abandonando las selvas. Las aguas estaban demasiado bajas y el río lleno de saltos: en cuatro días, solo pudimos andar tres leguas hasta la confluencia del río Icho. Metidos siempre en el agua para arrastrar la canoa y casi descalzos, durante el día éramos devorados por las picaduras ponzoñosas de los quejenes, a los que reemplazaban, por la noche, enjambres de mosquitos más encarnizados todavía. Finalmente, en la confluencia en que los dos ríos reunidos forman el río Securi, siempre navegable, me fue preciso abandonar del todo los lugares habitados, y entregarme, casi falto de provisiones, a las contingencias de una navegación cuyo término y obstáculos no me era dado prever; sobre todo acompañado de gentes inexpertas, que, por no saber guardar solamente el equilibrio, exponían a volcarse a cada paso nuestra débil embarcación. La abundancia reinó desde luego, gracias a los buenos resultados de la pesca y de la caza; pero, a medida que adelantábamos, la selva se hallaba cada vez más y más desierta, y bien pronto nos vimos reducidos al pescado, sin sal, por todo alimento. En fin, después de haber visto muchos ríos considerables, todos ellos desconocidos, reunirse al que surcábamos, y al cabo de tres días de una navegación penosa, continuamente al rayo abrasador del Sol, o expuestos a las lluvias tan abundantes en las regiones calurosas, se presentó nuevamente delante de nosotros el Mamoré en toda su grandeza. Entonces me olvidé de los pasados sufrimientos. Me encontraba en Moxos, blanco de mis afanes, y a la mañana siguiente, después de una ausencia de cuarenta días, volví a ver la capital de la provincia, donde apenas me reconocieron, tal era la alteración que los trabajos habían causado en mi semblante.

Trazado el plano de este último itinerario me daba menos camino que por el Chaparé, y a más, había yo descubierto un tránsito no tan arriesgado como el de Palta Cueva. Mis votos, en esta ocasión, se veían también cumplidos; y me era permitido ofrecer al gobierno de Bolivia, en la delineación de una nueva vía para sus transacciones comerciales, un presente digno de sus beneficios; sin creerme por esto exento de la imprescriptible obligación de conservarle mi eterno reconocimiento.

Terminadas pues mis investigaciones en la provincia de Moxos, me embarqué nuevamente y volví a subir por el Mamoré hasta su confluencia con el río Sara, y enseguida por este hasta su reunión con el río Piray, el cual me condujo, al cabo de una molesta navegación de quince días, al puerto de los Cuatro Ojos, situado a treinta leguas de Santa Cruz de la Sierra. El 17 de noviembre de 1832, a los cincuenta días de permanencia en esta ciudad hospitalaria, me separé de ella penetrado de reconocimiento por los muchos favores de que sus habitantes me habían colmado. Dirigíme de nuevo a las montañas, y trepando hasta Samaypata me encaminé a Chuquisaca, que distaba ciento catorce leguas. Visité de paso las bellas comarcas de Valle Grande, donde terminan los últimos ramales de la cordillera oriental, y bajé luego hacia el Río Grande, que recibe todas las aguas de las provincias de Cochabamba, Mizqué, Arque, Chayanta, y de una parte de las de la Laguna y de Yamparaes en los departamentos de Cochabamba, de Potosí y de Chuquisaca. Atravesando las montañas y los fértiles valles de las provincias de la Laguna y de Yamparaes, y pasando sucesivamente por el Pescado, por Tomina, Tacopaya, Tarabuco y Yamparaes, llegué finalmente a la capital de Bolivia, antiguo asiento de la audiencia de Charcas, hoy día residencia de una corte suprema y de una universidad. La ilustrada ciudad de Chuquisaca o La Plata, circundada de montañas y de campos cultivados, ofrece enteramente la misma temperatura de la Provenza, en Francia, y podría producir los mismos frutos.

Dejando esta ciudad, atravesé el Cachimayo y el Pilcomayo, y bien pronto elevándome cada vez más sobre las montañas llegué a Potosí, ciudad de riqueza proverbial; la que por el producto extraordinario de sus minas de plata, ha dado a la España una parte del lustre de que esta ha gozado durante los últimos siglos. Admiré en ella sus grandes lagunas artificiales, sus numerosos ingenios, su casa de moneda, y trepé luego sobre su cerro cribado de boca minas, de las que han salido tantísimos millares de pesos, sin que haya esto mejorado la condición de los pobres indígenas, instrumentos indispensables de esos penosísimos laboreos. En la cumbre de este cerro, me hallé ochenta varas más arriba del nivel del Monte Blanco.

Después de haber escrupulosamente examinado los alrededores de Potosí, me dirigí a Taropaya, a Yocalla, y a la garganta de Tolapalca: enseguida bajé al profundo valle de Ancacato, que desemboca en el Lago de Pansa, y continuando por el valle de Cóndor Apacheta, me encontré en unas llanuras espaciosas que me condujeron hasta Oruro, la segunda Potosí, cuyas minas, ricas también en otro tiempo, cesaron más pronto de producir sus tesoros. La ciudad, bien decaída al presente, no suministra ya sino metales de estaño, o algún poco de oro arrancado, diremos así, a sus vecinas montañas.

Me encontré de nuevo sobre el llano Boliviano, la parte más poblada de aquellos parajes. Allí es en donde el cultivo de las papas, por una parte, y la cría de las llamas y de las alpacas por otra, han sido los elementos de esa gran sociedad, que dominada por los Incas, civilizó a todos los pueblos montaraces. En un viaje que hice a la provincia de Carangas, vi por todas partes, en medio de unas colinas paralelas, abundantes en minas de cobre, los vestigios de la población antigua: jamás había yo encontrado tantas «pucaras» (antiguas fortalezas), y tantos grupos de tumbas («chulpas») todavía en pie. Noté sobre todo las inmediatas al Crucero, cerca de Totora, y las de «Pataca-Chulpa» (las cien tumbas) cerca de Huaillamarca.

De regreso a Oruro, continué mi exploración por el llano, y me encaminé por Caracollo, Sicasica y Calamarca hasta La Paz, de donde pasé a visitar Tiaguanaco, tan célebre por sus ruinas. Allí he visto edificios inmensos que testifican una civilización tal vez más adelantada que la de los Incas, y que ciertamente debe serle anterior. Estos monumentos son notables, sobre todo, por las enormes dimensiones de los pedruscos tallados de que se compone su fabrica. En medio de una vasta llanura, donde se eleva un túmulo a más de cuarenta varas, se ven, rodeados de pilastras colosales, los restos de algunos templos cuadrados mirando hacia el oriente, que tienen como ciento ochenta varas de frente a cada lado, y cuyos pórticos están cubiertos de bajos relieves chatos representando el Sol, y el cóndor su mensajero: se advierten también allí, todavía, algunos fragmentos de estatuas gigantescas. Todos estos monumentos, colocados muy cerca de las orillas del famoso lago de Chucuito, cuna de Manco Capac, son bien diferentes de los que se notan en las islas de Coati y de Titicaca, donde fueron estos últimos edificados por los Incas, después que llegaron ellos a verse dueños, por la conquista, de los países que habitaba la nación Aimara, primera simiente de la civilización de los Andes.

Habiendo recorrido con examen los contornos del inmenso lago de Chucuito, que, situado a la altura de cuatro mil varas sobre el nivel del Océano, se extiende a más de treinta y tres leguas geográficas de largo sobre quince a veinte de ancho, presentando el aspecto de un pequeño mar, volví a pasar por la postrera vez la cordillera occidental, dirigiéndome al puerto de Arica. Más de tres años había yo pues empleado en la exploración de la república de Bolivia, y me aparté de esa bella y rica parte del continente americano llevando conmigo, no solamente materiales inmensos y de todos géneros para hacerla conocer bajo sus diversos aspectos, sino también el más vivo agradecimiento hacia su gobierno y hacia sus habitantes, que me habían siempre colmado de civilidades, y dadome, junto con la hospitalidad, finas pruebas de estimación.

Después de haber visitado los puertos de Islay y del Callao (Perú), me embarqué definitivamente en Valparaíso para pasar a Francia, en compañía de seis jóvenes bolivianos, nombrados por su gobierno para estudiar en Europa la metalurgia. Nos dimos a la vela en los primeros días de octubre de 1833, y a principios de 1834 volví a ver mi patria después de una ausencia de ocho años.[1]

Pasé inmediatamente a París, en donde me apresuré a someter al juicio del Instituto un álbum de más de quinientas planchas iluminadas, que había yo dibujado en aquellos lugares, copiando de la misma naturaleza; gran número de manuscritos; e inmensas colecciones geológicas, zoológicas y botánicas. Se nombró una comisión compuesta de los señores de Blainville, Geoffroy Saint-Hilaire, Adolphe Brongniart, Savary y Cordier, y el 21 de abril de 1834 presentó esta, sobre dichos materiales, una relación de la que copiaré aquí algunos pasajes.

---

1   En la parte histórica de mi obra, «Voyage dans L'Amérique méridionale», puede verse mi itinerario completo.

Zoología

Relatores, los SS. de Blainville y Geoffroy

Por los detalles en que acabamos de entrar, detalles que habríamos podido doblar y triplicar, siendo tan copiosos los materiales puestos a nuestra disposición, la Academia habrá visto sin duda que las observaciones zoológicas del señor de Orbigny, ya redactadas en parte y frecuentemente acompañadas de figuras iluminadas, copiadas de lo viviente, así como las colecciones de animales en apoyo, deben llenar muchos vacíos que había en nuestra colección; lo que adelantara notablemente la zoología de muchos puntos de Sudamérica, muy mal conocidos hasta el presente, como la Patagonia, las provincias del Paraguay y las del alto Perú.

Reconocemos que el señor de Orbigny ha tenido un acierto completo en los espaciosos límites de su misión, de una manera tan importante para nuestras colecciones como para la ciencia misma.

Botánica

Relator, el señor Adolphe Brongniart

En fin, la tercera región que él ha explorado con un cuidado muy especial, comprende toda la república de Bolivia y algunos puntos del Perú; ella abraza, entre los grados 13 y 22 de latitud sur, una extensión mayor que la de la Francia entera, y presenta las alturas más variadas, desde el nivel del mar al oeste y las llanuras inundadas de la provincia de Moxos al este, hasta las cimas cubiertas de nieves perpetuas de la parte más elevada de los Andes.

Tres años ha pasado en esta interesante comarca, la que ha recorrido por todas partes. En medio de las investigaciones de toda especie, a las que este laborioso viajero se había entregado, ha podido hallar todavía el tiempo suficiente para recoger y preparar con cuidado más de mil seiscientas especies de plantas, de entre las cuales muchas serán de un grande interés para la ciencia.

Esa inmensa cordillera de montañas, que costea el gran océano Pacífico, desde el cabo de Hornos hasta el istmo de Panamá, esta bien lejos de haber sido estudiada en toda su extensión con respecto a sus producciones naturales; Mutis, Ruiz y Pavón, Dombey, Haenke, y más recientemente los señores de Humboldt y Bonpland han explorado su parte norte, desde Panamá hasta Lima, es decir, hasta los 12 grados de latitud sur. Por otra parte, Ruiz y Dombey antiguamente, y en los tiempos modernos el infortunado Bertero, muchos botánicos ingleses y alemanes, y nuestros compatriotas los señores de Urville, Lesson, Gaudichaud y Gay habían estudiado con cuidado las riquezas vegetales de Chile desde los 30 hasta los 38 grados de latitud sur; pero todo el espacio comprendido entre los 12 y los 30 grados de latitud austral, no había sido visitado por botánico alguno conocido. Es en esta parte sin embargo en donde se encuentran las alturas más elevadas de la cordillera de los Andes; es en ella en donde las vastas planicies, vecinas al límite de las nieves perpetuas, se extienden sobre una grande superficie. Es de esta región, casi desconocida para los naturalistas, que el señor de Orbigny ha visitado una grandísima parte, comprendida entre los 12 y los 22 grados de latitud. Mas él no se ha limitado a recorrer solamente esa cadena de montañas tan notable por sus producciones vegetales, ha estudiado igualmente la vegetación de las partes bajas y abrazadoras que se extienden hasta las fronteras del Brasil; y si sus investigaciones sobre otros ramos de historia natural no le han permitido, como nos lo dice él mismo, recoger todas las innumerables plantas que encontraba en esos parajes, más de mil seiscientas especies distintas, colectadas de un modo muy inteligente en los sitios que podían presentar mayor interés a la geografía botánica, testifican a un mismo tiempo su celo activo para todos los puntos de las ciencias, y el tino que lo guiaba en aquellas de que él no había hecho un estudio especial.

Muchas plantas recogidas, sea en las provincias centrales o sobre las cordilleras, son evidentemente nuevas; y aunque sería preciso entrar en un examen más escrupuloso que el nuestro para fijar el número con exactitud, pueden contarse, sin riesgo de mucho engaño, más de trescientas o cuatrocientas especies totalmente desconocidas, que ha recogido en esta parte de su viaje; y todas, nuevas o ya conocidas, serán de un grande interés para la geografía botánica, suministrando un eslabón que faltaba para unir la vegetación de Chile con la del Perú y con la de Colombia.

Lo que da todavía más valor a estos objetos, son las notas precisas sobre las localidades, las alturas y los caracteres fugitivos de todas esas plantas que ofrecen los catalogos del señor de Orbigny. Estas notas y la atención escrupulosa con la cual se ve que, en los lugares importantes, este celoso viajero ha recogido las especies más pequeñas y menos aparentes, prueban que el señor de Orbigny, aunque no habiéndose ocupado especialmente de botánica, no era extranjero a esta ciencia.

Pero réstame señalar un verdadero trabajo científico, emprendido y continuado por este naturalista con una perseverancia y un talento que merecen los mayores elogios: quiero hablar de sus investigaciones sobre las palmeras.

La imposibilidad de conservar como corresponde en herbario, a manera de las otras plantas, esos inmensos vegetales, había hecho, hasta estos últimos tiempos, que su conocimiento fuese imperfecto; solamente los frutos de algunos de ellos se registraban en nuestras colecciones, y habían podido ser estudiados por nuestros botánicos. Para formarse una idea de sus otras calidades era necesario recurrir a las obras de algunos antiguos naturalistas, que habían dibujado estos arboles, tomando copia de la naturaleza, tales como Rumphius, Rheede, Plumier: estas nociones eran bien imperfectas a causa del poco adelanto de la botánica en la época en que esas obras se ejecutaron.

Se ha dado un gran paso en estos últimos tiempos con la publicación de la magnífica obra del señor Martius sobre las palmeras del Brasil; pero esta obra apenas estaba publicada y aun no existía en Francia cuando partió el señor de Orbigny. Muchos botánicos le aconsejaron que diese toda su atención al estudio de esta hermosa familia, y que aprovechase de sus talentos en el dibujo y de su habilidad en imitar la naturaleza con una rara exactitud, para traer a Europa los materiales más completos que le fuese posible recoger, durante su largo viaje, para una historia sobre las diversas especies de esta hermosa familia.

Nuestra esperanza a este respecto ha sido más que colmada, y una serie de dibujos de cuarenta y ocho especies de palmeras, representadas, no solamente en entero para hacer conocer su porte, la forma de sus troncos y la disposición de sus hojas, sino también en los menores detalles de sus flores y de sus frutos, son unos materiales importantísimos; si se considera sobre todo que estos dibujos están acompañados, para todas las especies, de una descripción muy detallada hecha en los mismos lugares, y de notas sobre su uso y su distribución geográfica; y para la mayor parte de entre ellas, de porción de tallos, de hojas secas, de frutos y de flores que ayudaran a verificar y completar lo que los detalles de los dibujos del señor de Orbigny dejasen por desear. Más zoologista que botánico, en medio de investigaciones y observaciones de toda especie, este sabio viajero ha hecho lo que muchos botánicos habían descuidado, por la dificultad que presenta el estudio de estos vegetales tan notables. Merced al señor de Orbigny las palmeras de Bolivia son mejor conocidas que las de la Guayana.

Por todo lo que precede se ve que las colecciones botánicas del señor de Orbigny, junto con las notas y los dibujos, que las acompañan pueden extender muchísimo nuestros conocimientos sobre la vegetación de la América meridional. Permítasenos, al concluir, manifestar un deseo que sentimos vivamente: este es de que no se dejen tan preciosos materiales guardados por largos años en las colecciones públicas, o en los cartapacios del autor, para publicarse luego por fragmentos que les quitarían todo el interés del conjunto geográfico.

Cuando se ve que las bellas colecciones, hechas antiguamente por Commerson y por Dombey en países vecinos a los visitados por el señor de Orbigny, están todavía en gran parte inéditas, y que algunas porciones solamente han sido descriptas en veinte obras diferentes, no es nada extraño el temor que manifestamos.

Si se reflexiona, por otra parte, en la suerte que cabe al mayor número de jóvenes doctos a quienes la pasión por el estudio de la naturaleza arrastra a esos viajes peligrosos; si se recuerda que en diez y ocho años corridos desde que la paz general ha vuelto a abrir los mares, sobre ocho viajeros naturalistas del Museo de historia natural que han emprendido largas expediciones, cinco, Godefroy, Havet, Plée, Duvaucel, y ha muy poco todavía, el infortunado Jacquemont, han perecido lejos de su patria; que Lalande y Leschenault sucumbieron al cabo de pocos años a las enfermedades contraídas en sus penosísimos y largos viajes, y que por tanto el señor de Orbigny es acaso el único, entre los que han vuelto a Francia con sus colecciones, que tiene la posibilidad de hacer conocer por si mismo los resultados de sus investigaciones, se convendrá en que es muy justo esforzarse, cuanto sea posible, para hacerle gozar de la recompensa más dulce que él debe esperar después de tan larga peregrinación; tal es la publicación de materiales conseguidos a costa de tantos riesgos y fatigas; sobre todo, cuando una profunda y vasta instrucción de parte del viajero anuncia de antemano toda la utilidad que las ciencias habrán de sacar de tan importante trabajo.

Geografía

Relator, el señor Savari

Es bien raro que un naturalista viajero dé su atención, con el mismo interés que a los objetos tan variados de sus estudios especiales, a un asunto de investigaciones no menos útil, pero más árido, la configuración exacta y detallada de los parajes que recorre. Es más raro que este viajero extienda así voluntariamente el circulo de sus tareas, cuando sin preparación, sin guía y casi sin instrumentos arrostra nuevas dificultades. Esto es lo que con un celo infatigable ha hecho el señor de Orbigny.

A la llegada de este señor a Bolivia da principio en cierto modo su segundo viaje. La república de Bolivia, compuesta de la mayor parte del antiguo alto Perú, es un país poco más o menos igual a la Francia en superficie: país notabilísimo bajo su aspecto geográfico. Un lago inmenso; grandes ciudades casi tan elevadas sobre el nivel del mar como la cima de las más altas montañas de Europa; montañas que dominan este lago como el Monte Blanco domina el Ródano y Ginebra; sobre esas montañas, ricas minas y las más encumbradas de cuantas beneficia el hombre: de la otra parte de las cordilleras, vastas llanuras cruzadas por grandes ríos, navegables en una extensión de unas de doscientas leguas, y cuyas corrientes, poco conocidas hasta de los habitantes mismos, en nada se asemejan a las representaciones trazadas al acaso en nuestros mapas; un clima frío en la proximidad del ecuador: sobre una vertiente de las montañas, tempestades periódicas cada día durante una parte del año, en el resto de él un cielo constantemente despejado; sobre la otra vertiente, una humedad perpetua; tal es el país para la formación de cuyo mapa detallado el señor de Orbigny ha recogido allí mismo los elementos minuciosos.

Estos elementos son reconocimientos ejecutados, para las direcciones, con ayuda de la brújula, para las distancias recorridas, con el reloj en la mano. Las formas del terreno, dibujadas sobre una grande escala, han sido hechas a pincel con un talento admirable. No trepido en comparar estos reconocimientos con lo que el depósito de la guerra posee de mejor, en este genero, sobre muchos puntos de España.

Para dar, en cuanto a la configuración del país, una idea de las rectificaciones que, según el señor de Orbigny, requieren los mapas actuales más desparramados, bastara citar la posición de una grande ciudad (La Paz) trasportada de un lado de la cordillera principal sobre el lado opuesto. Esto es lo mismo, poco más o menos, que si un mapa de Europa presentase a Turín sobre la vertiente de los Alpes que mira a la Francia.

Un asunto de investigaciones, que toca menos directamente a la Academia de ciencias, pero que será siempre de un interés general, esto es, el estudio de las lenguas y de las antigüedades del país, ha dado resultados muy curiosos al señor de Orbigny: más de treinta y seis vocabularios distintos; rastros de sistemas de numeración, cuya base es unas veces el número cinco, otras el doce; singularidades sorprendentes y características, tales como una lengua hablada en una extensión considerable del país, y en la que cada objeto tiene dos nombres exclusivamente empleados, el uno por los hombres, el otro por las mujeres: todos estos datos, de los que muchos se ligaran tal vez a las conexiones y a las grandes emigraciones de los pueblos, darán probablemente más realce a la narración que debe esperarse del señor de Orbigny. La historia de las artes encontrara también en ella algunos documentos preciosos.

Volviendo al objeto especial de este informe, y para hacer apreciar en una palabra el trabajo que me ha sido sometido, diré que los materiales topográficos del señor de Orbigny unidos a las posiciones determinadas por el señor Pentland, harán que pueda construirse el mapa detallado de un país, que es tan grande como la Francia, con una exactitud comparable a la de nuestros mapas de la España; yo expresaré el deseo de que las minutas de este trabajo, que acaso no volverá a ejecutarse jamás, sean conservadas en una de nuestras colecciones nacionales: el autor se encuentra en el caso de terminar la redacción y el dibujo, de publicar en fin sobre una escala reducida, aunque bastante grande todavía, el mapa de las regiones que ha recorrido. Semejante publicación sería ciertamente la mejor y más propia demostración de agradecimiento que la Francia dirigiese al gobierno de Bolivia, por la protección ilustrada que ha prestado este al señor de

Orbigny, poniendo constantemente a su disposición todo genero de recursos.[2]

---

2   Se nombró igualmente una comisión en la Sociedad de geografía, la que según el informe de sus comisarios, tuvo a bien acordarme, en 1834, la medalla de oro del gran premio
anual de 1832.

Geología

Relator, el señor Cordier

Los materiales geológicos presentados por el señor de Orbigny, se componen, de un itinerario detallado que encierra buen número de observaciones y de consideraciones generales; de un atlas de ocho hojas, mostrando por medio de recortes figurativos la disposición de los terrenos; y de más de seiscientas muestras de rocas, escogidas con discernimiento y acompañadas de catalogos circunstanciados.

Estos materiales nos hacen conocer de una manera satisfactoria la constitución de dos grandes regiones de la América meridional, cuya extensión reunida es tres veces mayor que la de la Francia; y a más, sus resultados puestos en combinación con las observaciones anteriormente recogidas en esa parte del mundo por otros viajeros, nos dan las probabilidades más justas sobre la naturaleza, hasta entonces ignorada, de los terrenos de las otras regiones, que componen el interior de ese inmenso continente. Entraremos en algunos detalles que justifiquen esta aserción...

Para apreciar los variados y numerosos resultados de las investigaciones del señor de Orbigny en las provincias de Bolivia, sería preciso seguirlo en sus itinerarios, sea cuando traspasaba por repetidas veces la doble cordillera de los Andes, sea cuando costeaba las montañas, que parten desde los Andes, atravesando casi sin interrupción el interior de la América, para ir a reunirse con las del Brasil, sea cuando recorría las pampas de Moxos y de Madeira.

Puede juzgarse por lo que antecede, del alto interés que ofrecen las investigaciones geológicas del señor de Orbigny. Sería bien sensible que de tantos materiales preciosos, adquiridos a costa de tan grandes esfuerzos, de fatigas, perseverancia y sacrificios, no quedase otra cosa sino una colección de fragmentos de rocas que existe depositada en el Museo. Es pues de desear que el señor de Orbigny redacte sus observaciones, para deleitar con ellas al mundo ilustrado, publicándolas junto con un mapa geológico que resuma los resultados más importantes.

Conclusiones generales de los cinco comisarios

La Academia ha oído sucesivamente los informes, que los miembros de la comisión estaban encargados de presentarle sobre los diferentes puntos de las investigaciones, a que se ha entregado el señor de Orbigny durante su apartada y laboriosa expedición. Resta solo hacer conocer las conclusiones generales de la comisión.

La comisión tiene la honra de proponer a la Academia: 1.ª De expresar al señor de Orbigny su alta satisfacción por el número y la importancia de los materiales y de las observaciones que ha traído de su viaje; 2.ª De declarar que sería utilísimo para la ciencia el que los resultados de este viaje se publicasen; 3.ª De decidir que ella contribuirá por su parte a fomentar y facilitar esta publicación; 4.ª De enviar al señor ministro de la instrucción pública una copia del presente informe, manifestándole cuán importante sería que él tomase las medidas necesarias para facilitar dicha publicación; 5.ª De llamar la atención del señor ministro sobre los títulos, que tiene el gobierno de Bolivia, para ser acreedor al reconocimiento de todos los amigos de las ciencias, y particularmente al de los sabios franceses, por la protección tan ilustrada, tan generosa y eficaz que ha prestado al señor de Orbigny, durante su viaje por los diferentes lugares que dependen de la república. El señor ministro de la instrucción pública tuvo a bien acordar, por tan favorables informes, la publicación de mi viaje, principiada muy luego bajo los auspicios del señor Guizot.

Me puse pues a trabajar con toda la actividad posible; pero me parecía que un complemento a mis estudios americanos era indispensable, para que mi obra fuese tan útil como yo lo deseaba. Me era necesario establecer, por una comparación positiva, las conexiones o las diferencias que podían existir entre la configuración orográfica, la composición geológica, y sobre todo las posibilidades agrícolas e industriales de las cordilleras de Bolivia, y nuestras montañas de los Pirineos y de los Alpes. Deseaba recorrer también, bajo estos mismos puntos de vista, los campos del norte, del oeste y sobre todo del mediodía de la Francia, a fin de poder señalar con conocimiento de hecho, al tratar de cada provincia americana, las mejoras que en ellas podrían introducirse. Bien se concibe que era preciso invertir mucho tiempo en investigaciones de esta especie, tanto más cuanto que, sin ser ayudado en manera alguna a este respecto, debí imponerme toda clase de sacrificios para conseguir mi objeto. Finalmente a fuerza de perseverancia y armado de una firme voluntad, pude vencer poco a poco las dificultades, y estos viajes de exploración, hechos a mi costa, y reiterados en todos los puntos de Francia, en Saboya, en Suiza, en Alemania y en Bélgica, me han permitido el poder fijar mi juicio sobre una multitud de cuestiones, concernientes a la mejora de los países que yo había recorrido, y principalmente de Bolivia, a la que sobre todo deseaba ser útil, sin que ella soñase en la tarea penosa que me había yo impuesto en su favor. Estos han sido los motivos que me han hecho suspender por tanto tiempo la publicación de la narración histórica de mi viaje, relativa a las montañas bolivianas.

Pero, a pesar de todos estos atrasos, mi obra[3] esta ya para terminarse. Ella se compone de una serie de volúmenes que contienen: 1.ª La parte histórica o la narración de mi viaje; 2.ª La geografía; 3.ª La geología; 4.ª La paleontología; 5.ª El hombre americano; 6.ª Los mamíferos; 7.ª Las aves; 8.ª Los peces; 9.ª Los moluscos y los caracoles; 10.ª Los crustáceos; 11.ª Los insectos; 12.ª Los foraminíferos; 13.ª Los pólipos; 14.ª Las palmeras; 16.ª Los criptógamos.

Tal era el estado de cosas relativo a mis publicaciones sobre el nuevo mundo, cuando S.E. el general don José Ballivian, presidente de Bolivia, animado del más ardiente celo por el adelanto y la mejora de su bella patria, tuvo a bien acordarse de mí, encargándome de dar a luz una completa descripción geográfica, estadística e histórica sobre aquella república. Honrado con esta nueva prueba de confianza de parte de un gobierno al que deseaba ser útil, acepté gustoso semejante tarea, a pesar de mis otros trabajos científicos, aprovechando esta ocasión, que yo anhelaba, para dar a Bolivia un testimonio público de mi gratitud, haciendo conocer su suelo, y las principales y más útiles producciones de este, al mismo tiempo que el provecho que podría sacarse, conforme a nuestra industria y agricultura, de sus diversos modos de beneficio.

Tenía pues la posibilidad de publicar muchísimos y muy preciosos documentos recogidos en mis exploraciones trasatlántica y Europea, diversidad

---

3 Historia intitulada «Voyage dans L'Amérique méridionale» (le Brésil, la République orientale de l'Uruguay, la République Argentine, la Patagonie, la République du Chili, la République de Bolivia, et la République du Pérou.)

de aplicaciones muy importantes para la industria local y para el comercio; todo lo cual, siendo de un interés demasiado especial para Bolivia, no me habría sido permitido imprimirlo en la obra general de mi viaje.

Al emprender esta particular, totalmente exenta de preocupaciones políticas, habré conseguido el objeto que me propongo, siempre que pueda cooperar a los nobles pensamientos de mejora y de progresos para Bolivia, que ocupan incesantemente a S.E. el general Ballivian, como también si alcanzo, con este largo trabajo, a dar a los Bolivianos una prueba de mi agradecimiento y de mi adhesión a todos.

Plan de la obra

Una descripción geográfica, estadística, e histórica de Bolivia puede considerarse de dos modos diferentes: o debe darse principio a ella por la exposición de las generalidades relativas al conjunto, entrando luego en los detalles parciales y peculiares a cada departamento y a cada provincia; o seguir una marcha inversa, describiendo primeramente las especialidades, es decir, las provincias, para dar enseguida el resumen por departamentos, y terminar la obra por consideraciones generales que pueden deducirse de todos los hechos particulares. Este segundo método de redacción es el que adoptaré para mi trabajo, por ser más apropiado que el anterior, así como también el más lógico; pues que de deducciones en deducciones viene a resumir las circunstancias de hechos ya conocidos, agrupándolos para sacar las consecuencias.

Adoptado este plan, trazaré primeramente la circunscripción de un departamento; luego me ocuparé detalladamente de cada provincia dando a conocer su situación geográfica en latitud y longitud, su extensión en superficie, sus límites, su configuración, sus accidentes orográficos; la dirección, la forma y la composición geológica de sus montañas, las de sus valles y llanuras: haré después una descripción completa de los ríos que la cruzan, de los lagos y pantanos que la cubren, de la naturaleza de sus terrenos y de su temperatura. Para completar mi cuadro, procuraré por último dibujar a grandes rasgos el conjunto de su fisonomía animal, vegetal y mineral, según sus diversas regiones.

Después de dar a conocer el país bajo el aspecto de sus caracteres naturales, principiaré la historia. La primera época contendrá, según los primeros escritores y conforme a mis observaciones, los detalles sobre las naciones americanas que antes de la conquista del nuevo mundo habitaban la provincia. Describiré sus límites antiguos, sus divisiones, sus emigraciones, sus costumbres, procurando escudriñar lo que respecta a la parte verdadera o fabulosa de su historia y de su religión.

Delineado este primer cuadro, pasaré a la historia de la conquista.

Seguiré en sus excursiones a esos atrevidos y valerosos aventureros españoles, que sedientos del oro cruzaban el país por todas partes, haciendo conocer a las hordas salvajes, o a pueblos medio civilizados, el poder de las armas europeas. Acompañaré también a los perseverantes apóstoles de la fe evangélica, que no temían arrostrar, con tal de conseguir el objeto de su misión religiosa, tantos peligros como a cada paso veían brotar bajo sus pies. Procuraré, a más, dar una descripción de esas nacientes colonias, señalando sus progresos, y su tránsito del yugo de la España a la independencia nacional: finalmente, atravesando todas las épocas y los diferentes grados de civilización, llegaré al estado actual, que merece un más amplio desarrollo.

Habrá primero un capítulo que trate de la población según las divisiones políticas y las castas, y en el cual se dará una ligera reseña de los usos, de la manera de vivir de los habitantes, de sus diversiones, de sus costumbres en general y en particular. Enseguida haré una descripción de todos los lugares habitados, tratando de sus recursos, de su comercio, de las vías de comunicación que unen a los unos con los otros. Considerando la provincia en su conjunto, me ocuparé de los productos de su industria actual, de las producciones naturales que podrían utilizarse en los reinos animal, vegetal y mineral.

Otro capítulo indicara las mejoras agrícolas, industriales y comerciales de que cada provincia es susceptible, haciendo conocer en lo posible, por medio de la comparación con las diferentes regiones de la Europa, qué procederes debieran aplicarse de preferencia a cada ramo, en los puntos de Bolivia que se asemejan más a aquellas, a fin de aprovechar todos los recursos locales tan multiplicados, y en gran parte desconocidos hasta el presente. En estas últimas consideraciones, que son las más importantes, analizaré la cuestión de las grandes vías de comunicación, y la de los conductos para el trafico comercial, dando el más amplio detalle sobre la navegación interior, y sobre la posibilidad de entablar una correspondencia directa entre Bolivia y la Europa, ya sea bajando por los ríos Madeira y el de las Amazonas, ya sea por los ríos Pilcomayo, Paraguay y el de La Plata; abriendo así un manantial inagotable de riquezas tanto para Bolivia, como para el gobierno europeo que quisiere emprender esta obra gigantesca, tan digna de un siglo de progresos.

Después de haber hecho la descripción sucesiva de todas las provincias, conformándome al orden que acabo de indicar, terminaré la obra por las generalidades de conjunto, que bajo los mismos puntos de vista abrazan toda la república. Este último resumen comprenderá la historia y la geografía antigua de los Incas, cuya misteriosa cuna sobre las riberas del lago de Chucuito pertenece igualmente a Bolivia. Es en Tiaguanaco, entre la nación Aymara, en donde se ha desarrollado desde luego La vida agrícola y pastoral, en donde las ideas sociales han germinado, en donde ha nacido el primer gobierno monárquico y religioso del Perú. Es también en Bolivia (en La Paz) donde se dieron los primeros gritos de la libertad y de la independencia de Sudamérica, el 16 de julio de 1809.

Orden de la publicación

Dos circunstancias me determinan a empezar la descripción de Bolivia por los departamentos del Beni y de Santa Cruz de la Sierra, o diré mejor por las provincias interiores de Caupolicán, de Yuracares, de Moxos y de Chiquitos. Consiste la primera en que las provincias del centro del continente son las menos conocidas por la masa de la población boliviana, y en que es importantísimo para el gobierno como para los especuladores el saber las ventajas que ellas ofrecen, a los diversos géneros de beneficio o a sus transacciones comerciales, independientemente del interés que inspira siempre al ciudadano amante de su patria, el conocimiento de una parte de su propio país, que acaso nunca se vera en el caso de visitar. Confío en que se comprenderá igualmente el segundo motivo; él estriba sobre el deseo bastante natural que yo experimento, de hacer que la obra que he sido llamada a redactar, sea lo más completa posible. Si me son familiares todos los detalles concernientes a las provincias de Moxos, Chiquitos, Santa Cruz de la Sierra y Yuracares, estoy bien lejos de poseer todos los datos que yo quisiera sobre los departamentos de Chuquisaca, de La Paz, de Cochabamba, de Potosí, de Oruro y de Tarija. Doy pues principio a la obra por las provincias interiores esperanzado en que podré obtener, durante su publicación, por la cooperación activa de tantos hombres instruidos como posee Bolivia, el complemento indispensable de mis particulares observaciones.

Con el objeto de dar a luz una obra más completa, hago desde hoy un llamamiento general al patriotismo de los Bolivianos, pidiéndoles: 1.ª Documentos antiguos o modernos sobre la historia, consistiendo, ya en manuscritos, ya en notas que contengan los datos precisos de los cambios de gobierno bajo el régimen español, durante las guerras de la independencia, o después de la gloriosa batalla de Ayacucho.

2.ª Indicaciones relativas a los antiguos restos de la civilización de los indígenas; todos los objetos de aquellos tiempos, como vasos, armas, ornamentos, etc. Será preciso adjuntar algunas notas sobre el estado y demás circunstancias en que dichos objetos se hubieren recogido.

3.ª Descripciones parciales o generales de las provincias, ciudades y pueblos, y finalmente todos los datos pertenecientes a la geografía, a la estadística, a la agricultura y a los productos de las diferentes comarcas.

4.ª Detalles especificados sobre todas las minas, ya beneficiadas o por beneficiarse, de oro, plata, estaño, cobre, plomo, etc. Muestras de minerales, a fin de hacer los análisis químicos, y poder indicar, según los actuales conocimientos metalúrgicos de la Europa, si deben aplicarse nuevos métodos para su laboreo. En fin, todos los documentos sobre la dirección y riqueza de las vetas, y sobre los productos antiguos y modernos de las minas.

5.ª Me atrevo a reclamar aun, entre los objetos que pertenecen a los tres reinos, aquellos que pudieran presentar algún resultado útil, o interesar a la curiosidad por su naturaleza, formas y colores.

Cuidaré entre tanto durante el curso de la obra, de inscribir siempre en las correspondientes paginas, los nombres de todos aquellos que se hicieron acreedores al reconocimiento público, suministrándome cualquier clase de datos, o objetos antiguos y de historia natural. A este respecto que desde ahora me sea permitido nombrar a don Antonio Acosta, quien ha tenido la bondad de proporcionarme documentos muy preciosos sobre las provincias de Esquivel, de Muñecas, de Caupolicán y sobre otros muchos puntos de la República.

Ayudado pues por el generoso e ilustrado concurso de todos los Bolivianos amantes de su patria, no dudo que mis esfuerzos lleguen a verse coronados, haciendo que esta obra sobre Bolivia, sea un monumento nacional digno de la riqueza prodigiosa de esta bella parte del continente americano.

Teniendo que hacer uso de un idioma que no es el mío, debe prestarme su cooperación en la parte literaria de este trabajo el joven Boliviano don Ricardo Bustamante, cuya solicitud recomiendo muy particularmente a la consideración de sus compatriotas, en atención al noble deseo que lo anima de servir a su país.

Descripción geográfica, histórica y estadística de bolivia departamento del beni[4]

Hay casos en que la dependencia política de un pueblo influye considerablemente sobre la marcha progresiva de su civilización. Cuando Moxos, por ejemplo, que dista más de doscientas leguas de Santa Cruz de la Sierra, pertenecía al departamento de este nombre, no hay duda que estaba condenada a no poder salir de su condición estacionaria; bastaba para ello la sola circunstancia de no comunicarse con otro punto sino con su capital, lo cual hacia que, tanto sus necesidades, como la abundancia de sus recursos, fuesen totalmente ignoradas por el gobierno. Para cambiar este estado lamentable de cosas, para cortar los abusos y aplicar un remedio a tantos males, para utilizar, en fin, los cuantiosos bienes con que la naturaleza ha dotado a esta provincia, el general don José Ballivian, presidente actual de la república, tomó el partido de formar de ella, bajo el nombre de Beni, un departamento separado, reuniéndola con los territorios de Caupolicán y de Yuracares.

La creación de este departamento, en 1842, es una de las numerosas medidas que anuncian la entrada del país en la senda del progreso, al mismo tiempo que el celo ardiente, por el bien general, que anima a su actual gobierno.

Acrecer el valor intrínseco de un pueblo, y realzarlo a sus propios ojos es darle ciertamente una existencia nueva, es infundirle el animo necesario para que pueda salir de su funesto adormecimiento, y encaminarse rápidamente hacia las mejoras de toda especie. Esperemos pues que semejantes previsiones no dejaran de cumplirse, y que estas tres comarcas, que se veían reducidas a un estado medio salvaje, constituyendo hoy en día el nuevo departamento del Beni, mudaran enteramente de condición: yo, por mi parte, confío en ello tanto más, cuanto que, por la próxima apertura de su navegación con la Europa, por sus minas de hierro, y por mil otros recursos naturales que las caracterizan, estas tres provincias han de llegar a ser, indispensablemente, el centro de grandes especulaciones comerciales, y quizás el foco de industria más considerable que tendrá Bolivia.

---

4   «Beni», significa viento, en la lengua tacana.

El departamento del Beni encierra, en su circunscripción, esa inmensa superficie de llanos y de montañas, que compone la extremidad norte de la república. Bajo una forma oblonga, esta superficie, que se dirige de nordeste a sudeste, viene a limitarse al oeste y al noroeste en las provincias de Guancané y de Carabaya, pertenecientes al Perú; al norte, siguiendo los antiguos límites con el Brasil, en la reunión del río Beni con el Mamoré, como a los 10 grados de latitud sur: sírvele enseguida de límite el curso del Mamoré hasta su confluencia con el Guaporé, como asimismo el rumbo de este, dirigiéndose hacia sus cabeceras, hasta el punto en que el río Verde deposita en él sus aguas. Dejando la frontera del Brasil, el departamento se halla separado de la provincia de Chiquitos (comprendida siempre en el departamento de Santa Cruz de la Sierra) y también de la provincia de Santa Cruz, por una línea ficticia, que atraviesa los lugares inhabitados de la parte sur y sudeste de las llanadas de Moxos.

La vertiente de la cordillera oriental de las provincias del Valle Grande y del departamento de Cochabamba lo limitan al sur y al sudeste, así como, más adelante, el río de los Mocetenes: finalmente, las montañas que están al norte de Muñecas lo separan de las provincias de Yungas y de Muñecas, pertenecientes al departamento de La Paz.[5]

Circunscripto pues, de la manera que acabamos de ver, el departamento del Beni, tiene una superficie oblonga como de veintiuna mil leguas cuadradas (de a veinticinco el grado de superficie) comprendidas entre los 64 y 73 grados de longitud occidental del meridiano de París, y entre los 10 y 16 de latitud sur. Esta superficie se compone, al este y al norte, de vastas llanuras bañadas por innumerables ríos navegables, todos ellos tributarios del río Madeira, y por consiguiente del río de las Amazonas; y al oeste o al

---

5   Los materiales, de que compongo la relación concerniente a esta parte de la república, son debidos, primeramente a los preciosos e interesantes datos que me ha suministrado el señor don Antonio Acosta, quien ha recorrido la provincia como observador inteligente; 2.ª a un opúsculo manuscrito, sin nombre de autor e intulado «Descripción de la provincia de Caupolicán», que encontré en La Paz en 1833; 3.ª a otro de la misma condición, cuyo título es «Adiciones por un ciudadano residente en Caupolicán»; y finalmente a los datos que he podido recoger yo mismo. Pero el señor Acosta es ante todo acreedor al reconocimiento público, por los documentos muy positivos que me ha dado sobre la geografía, los cuales me han servido para rectificar y formar el plano de la provincia, contenido en el mapa general de Bolivia.

sudoeste por las montañas de la vertiente oriental de las Cordilleras, montañas, que se ven siempre revestidas de la vegetación más prodigiosa del mundo.

Este departamento se divide en tres provincias: la de Caupolicán, que ocupa la raya noroeste, en las montañas y los llanos que están al pie; el país de Yuracares, que no es sino la continuación meridional de las mismas montañas y llanuras; la de Moxos, en fin, que solo comprende la llanada del nordeste. Diferenciándose estas tres comarcas acerca de muchos puntos, quiero dar de ellas, por separado, una descripción bastante detallada.

Departamento del Beni provincia de Caupolicán

«Circunscripción y extensión.» Como dejo dicho, la provincia de Caupolicán ocupa la parte noroeste del departamento comprendida entre los 10 y los 16 grados de latitud sur, y entre los 70 y 73 de longitud occidental del meridiano de París. Ella forma una superficie oblonga, dirigida de nornordeste a sudsudoeste, que tiene ciento veinte leguas marinas de largo, y sobre sesenta de ancho, tomado el término medio. Esta superficie es también, poco más o menos, de seis mil doscientas cincuenta leguas cuadradas, de veinticinco el grado.[6]

Límites

Los límites de la provincia de Caupolicán son: al sur, la cadena trasversal de montañas, que la separa de la provincia de Muñecas (departamento de La Paz); al oeste y al sudoeste, la gran cordillera oriental, que la circunscribe netamente por la parte de las provincias de Guancané y de Carabaya (república del Perú); hacia el norte, ella no tiene otro límite, por el lado del Brasil y del Perú, que los inmensos desiertos todavía desconocidos, y habitados solamente por algunas tribus salvajes; finalmente, el curso del río Beni la limita al este por la parte de Moxos.

Montañas

La provincia de Caupolicán es una de las más curiosas bajo su aspecto orográfico. Su territorio empieza en esas nevadas y agudas cimas que forman, al oeste y sudoeste, la cordillera oriental. En efecto, esta imponente cadena de montañas, entre las que figuran las dos más encumbradas de América, el Illimani y el «Ancco-unca» o Nevado de Sorata,[7] cuyos picos se elevan a la altura prodigiosa de más de siete mil seiscientas noventa y seis varas sobre el nivel de los mares, va, de noroeste a sudeste, desde La Paz hasta traspasar los límites de Bolivia, circunscribiendo la provincia al sudoeste. Otra cadena situada al sur, mucho menos alta y trasversal a

---

6   El tamaño de las leguas de camino, en las montañas, es ordinariamente doble que el de las leguas marinas, y en los llanos, solo una tercera o una cuarta parte mayor.

7   El señor Acosta ha tenido ocasión de contemplar, de un punto muy inmediato, situado al sudoeste de Apolo, esta montaña, que domina todo el llano boliviano y el lago de Chucuito.

la cordillera, parte como un estribo de esta, y se dirige al estenordeste, declinando progresivamente hasta terminarse al noroeste de Apolo y a poca distancia de este lugar.

Una tercera cadena de montañas, paralela a esta segunda, y que sirve también de estribo a la cordillera oriental, continúa girando hacia el norte de la provincia. De estas tres serranías principales resulta una vertiente central, trasversal a la dirección de la cordillera, y que viene a formar el gran valle de Pelechuco y del Tuyche, hacia el cual convergen las pendientes y los ramales laterales de las otras dos cadenas. Efectivamente el declive del valle central esta al nordeste, el de la falda del sur al noroeste, en tanto que el de los repechos del norte se encuentra al este. Todas estas montañas van gradualmente en descenso hasta terminarse un poco al este de Aten y de Apolo, donde hay todavía un eslabón independiente y elevado; este es el «Altuncama», cuyo temperamento, muy apropiado para el cultivo de las papas, indica que su altura sobre el nivel del océano es de más de dos mil quinientas varas.

Más allá de esta gran mole desprendida de las otras montañas, y que ya se encuentra sobre un suelo más bien ondeado que montañoso, comienzan las llanadas que sin interrupción se extienden hacia el norte sobre todo el resto de la provincia, y en cuyo espacio apenas se descubren de vez en cuando algunas simples colinas.

Exceptuando el Altuncama, que es una especie de muro, todas estas montañas cuanto más contiguas están a las cordilleras son tanto más escarpadas. Cerca de Pelechuco, no se ven sino pendientes rapidísimas, paredones, diremos así, perpendiculares, crestas agudas o precipicios horrendos formados por la dislocación del terreno, lo cual es un efecto de las revoluciones geológicas del globo. A medida que uno se aleja de esos lugares tan imponentes, las montañas van siendo menos riscosas, hasta llegar al cabo a ser reemplazadas hacia el este por insignificantes collados.

Geología

Aunque no poseo dato alguno positivo sobre la geología de la provincia de Caupolicán, por lo que he visto en sus inmediaciones sobre la cordillera, hacia el norte de La Paz, debo creer que la parte contigua a Pelechuco pertenecer a la misma edad geológica, de lo que serían también una prueba los numerosos lavaderos de oro de aquellas regiones. Creo, pues, que los dos lados de la cordillera, en toda la parte de Suches y de Pelechuco, y aun hasta los lugares adyacentes a los ríos Motosolo y de Moxos, dependen del terreno «siluriano», representado por pizarras y por filados de un color azulino. Creo todavía que más abajo, lo mismo que en Yungas, las montañas, compuestas de una materia arenisca, pertenecen o al orden «devoniano» o al orden «carbonífero», así como pudiera también creerse que las llanadas, ni más ni menos que en Moxos, están cubiertas de aluviones modernos, o de terrenos diluvianos.[8]

Ríos

De la configuración orográfica de un país depende siempre la dirección de sus ríos, siendo las cadenas de montañas las que determinan los grandes valles, y las pendientes de estos los valles secundarios. Tengo ya dicho que el declive general, partiendo de la cordillera, daba origen al valle de Pelechuco y de Tuyche, que se extiende hacia el nordeste; esta es igualmente la dirección del río de este último nombre. Este río, que es el mayor de todos los de la provincia de Caupolicán, arranca, bajo el nombre de río de Pelechuco, desde las cumbres nevadas que están al este de Suches, y formándose de muchos pequeños torrentes, desciende hasta el valle que lo denomina. Hacia la izquierda recibe el tributo de algunos arroyuelos, en tanto que por la derecha vienen a arrojarse en él los torrentes de Santa Ana y de Pilcobamba: algo más abajo, y por este mismo lado, se le reúnen el río del Puente Grande, bastante caudaloso para ser atravesado por medio de un puente, y el río de Amantala, más considerable todavía, y que toma su origen, lo mismo que el río de Pata, en la cadena del norte. Vienen también a desaguar en él, por la ribera izquierda, el riachuelo de Motosolo, célebre por sus minas de oro, y más adelante el río de Moxos. Desde el punto en que el río de Pata se arroja en el Pelechuco, este es ya bastante caudaloso para que no se le pueda pasar sino en balsas, de las que a lo menos es indispensable hacer uso en la época de las crecientes. Es también en ese punto donde él toma el nombre de Tuyche, y baja ense-

---

8   Véase, para todas estas comparaciones, la geología general de la república.

guida haciendo mil rodeos, pero llevando siempre su dirección general hacia el estenordeste. Poco a poco vase engrosando aun, recibiendo, por la derecha, ricos tributos del río de Santa Cruz y del río Tupili, sobre todo de este último, que es el más considerable. Hacia el este, a una gran distancia, llega luego, por el lado izquierdo, a reunirse con la corriente del río de Chupiamonas. Finalmente, después de haber acaudalado casi todas las aguas de la región montañosa de la parte habitada de la provincia, acaba por incorporarse, como a cinco leguas del este de San José, al río de los Mocetenes, y forma entonces el río Beni.

Cuando este río pasa cerca de San José, se encuentra ya depositario de todos los raudales de las provincias de Muñecas, de Yungas de Sicasica y de Ayupaya, de las cuales me ocuparé más tarde: sigue luego majestuosamente por la llanura, hacia el norte, dando numerosos giros y acreciéndose todavía, por su izquierda, con las aguas del riachuelo de Tumupaza, y con las de los ríos Itaca y Tequije, cerca de Isiamas; y en Cavinas, con el tributo del río Madidi que nace en la provincia de Carabaya, perteneciente al Perú, y que corre en una dirección paralela a la del río Tuyche. El Beni continúa enseguida, corriendo por el llano, inclinándose al nordeste hasta los 10 grados de latitud, en donde se une finalmente al Mamoré, formando el río de Madeira, que es uno de los principales tributarios meridionales del río de Las Amazonas.

El riachuelo que pasa por Aten es el único que no desagua en el río Tuyche: él se dirige hacia el sur hasta caer en el río Mapiri.

Lagos

Si se exceptúan algunos muy pequeños, que se encuentran sobre los puntos más encumbrados, hacia el oeste de la cordillera, bien pudiera decirse que la provincia de Caupolicán carece de lagos. El más espacioso de todos, situado en las inmediaciones de Suches, solo tiene una legua de largo, y como un cuarto de legua de ancho. Se ven otros dos, más pequeños, cerca de Cololo: las aguas de todos ellos son muy heladas y enteramente desprovistas de pescado.

Temperatura y clima

La provincia de Caupolicán, primeramente por su situación entre los trópicos, y en segundo lugar por sus montañas, las que elevándose hasta el nivel de las nieves perpetuas van luego declinando considerablemente hasta igualarse con los llanos, encierra en sí todos los temperamentos y todos los climas. Efectivamente, si se desea una temperatura la más fría, y bajo de la cual caigan noche por noche fuertes heladas, acompañado todo esto de una sequedad grandísima, no hay más que fijarse en Suches. Si se desea estar en un clima, al mismo tiempo que muy frío, lleno de nieblas y cerrazones, o cubierto de esas nubes húmedas que se ven constantemente detenidas por la cordillera, no hay más que encaminarse a Pelucho. A más de estos dos extremos del frío seco y del frío húmedo, que resultan de la rarefacción del aire, debida también esta a la demasiada elevación de las montañas sobre el nivel de los mares, allí se encuentran, si se quiere, todos los temperamentos intermedios entre los ya mencionados y la zona tórrida, hasta llegar a los calores más insoportables partiendo de los fríos más rigurosos. Así pues, Santa Cruz, Aten, Apolo, Pata y Moxos participan de la temperatura de los límites tropicales, es decir, que hace en ellos todo el calor de los climas cálidos; pero al mismo tiempo se respira un aire templado por la elevación de las montañas. No sucede así más al interior, en los distritos de Tumupaza, de Isiamas y de Cavinas, en donde se experimenta un calor tanto más sofocante, cuanto que no hay en ellos sino llanuras uniformes y horizontales.

Si uno puede a su antojo encontrar en la provincia de Caupolicán, ora el frío de los polos, ora el calor de las zonas tórridas, si ella participa en fin de todos los temperamentos, ofrece también, en cuanto a las lluvias, una grande variabilidad, según la distinta posición de los lugares. En Suches, por ejemplo, que esta al oeste de la cordillera, reina un cielo enteramente raso; su temperatura es seca, y en el verano solamente, desde el mes de diciembre hasta el de marzo, caen algunos aguaceros o un poco de granizo. Entretanto, si se pasa al otro lado de la cordillera, se halla, poco más o menos a la altura de tres mil varas sobre el Océano, un nivel permanente de nubes. Allí, lo mismo que en Pelechuco, hay casi siempre una especie de neblina que encapota el aire; y las lluvias en aquel punto son muy frecuentes. Más abajo, en donde ya el cielo se despeja del todo, llueve principalmente en un período fijo, que cuenta desde diciembre hasta marzo. Sucede otro tanto en los llanos, donde aun se observa mucha más regularidad acerca de las estaciones lluviosas.

Los vientos que reinan en la provincia son generalmente el norte o el nordeste, que traen consigo un aire húmedo y caliente, muy favorable en todo para la naturaleza; pero si llegan después de alguna tempestad a ser súbitamente reemplazados por el viento del sur, que sopla entonces con mucha violencia, baja al punto la temperatura de 10 grados por lo menos; lo que es tan pernicioso para el hombre y los animales, como puede serlo para la misma vegetación.

Fisonomía vegetal y animal

Como era de esperar, en razón de las diversas zonas de temperamento y de altura, las producciones naturales y el aspecto de la provincia varían según esas zonas, y según los climas que estas determinan. En Suches, al oeste de la cordillera, el suelo, que aun participa de la gran planicie boliviana, es seco y bastante árido, y su vegetación pobre y desmedrada por consiguiente. La zoología y la botánica ofrecen allí un aspecto de particular tristeza, análogo y muchas veces idéntico al de la Patagonia.[9]

Al este de la cordillera, en un punto superior a la región de las nubes, hay primeramente una zona vestida de menuda yerba.[10] Algo más abajo empieza a manifestarse la vegetación leñosa, que poco a poco va cubriendo aun las rocas más escarpadas: es entonces cuando se descubren, por todas partes, arboles notabilísimos tanto por su follaje como por su elevación, entremezclados ya con las enredaderas,[11] ya con infinita variedad de plantas cubiertas de lucidas flores; por otros lados se ven graciosas palmeras, descollando entre los grupos de verdura como para ostentar sus elegantes y ligeros penachos. Donde quiera que se lleve la vista, se admiran

---

9   Ocuparéme a fondo de la descripción de esta zona, al hablar más adelante del departamento de La Paz, donde hay dos provincias, la de Pacajes y la de Omasuyos, que se hallan situadas sobre las altas planicies.

10   Habiendo estudiado en Yungas esta zona y la siguiente, haré su descripción al tratar de dicha provincia.

11   Véase lámina 1.

los más prodigiosos contrastes, los paisajes más pintorescos, y sobre todo la animación constante producida por el movimiento y la algazara de esos seres, tan varios en sus formas y colores, que alegran a la madre naturaleza compitiendo con las flores para ser de ella uno de los más bellos ornamentos.[12] Hay allí efectivamente una muchedumbre de pájaros a cual más preciosos: los loros parleros, los «tunquís» o gallos de roca de color de fuego,[13] el cefalóptero de plumaje oscuro, pero de una configuración muy caprichosa,[14] los «cotingas», los recamados «tangaras»,[15] los veleidosos picaflores y tantísimos otros que pueblan esas hermosas campiñas. No son menos abundantes los cuadrúpedos en aquella comarca.

Sobre los encumbrados llanos se encuentra la dócil llama y también la alpaca, tan útiles ambos cuadrúpedos a los indígenas de las montañas: hay más abajo, venados, ciervos, jabalíes, gran-bestias, variedad de monos, y una gran multitud de animales que sería demasiado largo el mencionar uno por uno.[16]

No es tanta la variedad que se nota en las llanadas bajas, donde se halla el suelo por todas partes entrecortado, ya por espesos bosques tan antiguos como el mundo, ya por extendidos herbazales. Aquí la naturaleza, aunque no tan pródiga, es siempre demasiado rica, y abunda sobre todo en animales selváticos, y en toda especie de plantas.[17] En suma, la provincia de Caupolicán reúne a la vez, por sus diversas zonas de altura, todas las producciones naturales de Bolivia.

---

12 Véase lo que digo sobre la provincia de Yungas en general, y principalmente lo tocante a los alrededores de Chulumani.

13 Véase la lámina 1.

14 Véase la lámina 2.

15 Véase la lámina 3.

16 Escasamente me ocupo aquí de los animales y de la vegetación, por no tener, sobre esto, otros conocimientos que los que me suministran las comparaciones con la provincia de Yungas. Al ocuparme de esta, daré una noticia positiva de lo que acerca de estas materias he recogido en ella.

17 Siendo este espacio de llanuras muy semejante a Moxos, y participando de las mismas condiciones, con respecto a su vegetación y a sus animales, puede verse más adelante la descripción particular de esta provincia.

Historia

«Primera época, antes de la llegada de los Españoles.» Si hemos de juzgar por el estado presente y por las tradiciones populares, la provincia de Caupolicán parece haber sido en todos tiempos habitada por tres naciones diferentes: los «Quichuas», los «Apolistas» y los «Tacanas».

Atraída sin duda por la abundancia de minas de oro, y de pastos para la cría de las llamas y de las alpacas, la nación quichua había fundado desde tiempos muy atrasados los pueblos de «Suches» y de «Puyo-cucho».[18] Estos indígenas permanecieron bajo la dominación de los Incas hasta la llegada de los Españoles, dependiendo sus poblaciones de la provincia de Guancané o de la de Carabaya.[19]

La nación de los Apolistas ocupaba el lugar llamado por ella, en su idioma particular, «Hahuachili»,[20] el cual se halla situado no lejos del punto en que se encuentran hoy los pueblos de Apolo y de Santa Cruz.

Estos indios eran de un color bastante atezado, de mediana estatura y de facciones muy afeminadas; su carácter era apacible y dócil; nada se sabe por lo demás acerca de sus costumbres antes de la conquista. El idioma de que hacían uso era enteramente distinto de la quichua y de la lengua tacana.

La nación de los Tacanas habitaba, al este y al nordeste de la nación Apolista, en esas regiones de montañas y de llanos que en su idioma llaman estos indios «Irimo».[21] Su territorio se entendía desde Aten hasta más allá de Cavinas; es decir, sobre una banda que va de norte a sur, y que se encuentra comprendida entre los últimos repechos de las cordilleras y el río Beni, desde los 11 hasta sobrepasar los 13 grados de latitud sur. Las tribus septentrionales de esta nación se denominaban «Toromonas»; su dialecto, llamado lengua tacana, es uno de los más duros de América.

La tez de estos indígenas era más morena que la de los Mocetenes; pero no tanto como la de los Apolistas, y mucho menos todavía que la de los Aymaraes, los que comparativamente consideraban a los Tacanas como si

---

18 Que en quichua significa «rincón de nieblas»: por corrupción ha venido a llamarse «Pele-chuco» entre los españoles.

19 Véanse, la historia general de los Incas al fin de esta obra; la descripción particular de los Quichuas en las secciones que tratan de Cochabamba y de Chuquisaca; y sobre todo, el mapa antiguo de estas naciones antes de la conquista.

20 Que quiere decir «interior».

21 Que significa «lugar de su origen».

fuesen blancos. Del mismo modo que los Mocetenes y los Yuracarees, los Tacanas tenían casi todos la piel, por el cuerpo y en el rostro, maculada de pintas blancas. Su estatura los asemejaba a los Yuracarees, o a lo menos era idéntica a la de los Mocetenes: había hombres que tenían cinco pies y dos o tres pulgadas de alto; pero la generalidad de ellos no pasaba de la estatura ordinaria de cinco pies y una pulgada.

Sus formas eran iguales en todo a las de los Mocetenes; sus cuerpos robustos y bien proporcionados; todos sus miembros redondos y fornidos; su manera de andar era elegante y desembarazada. Por el modo como se halla constituida esta nación, todavía salvaje, debemos creer que en aquellos tiempos estaba también dividida en tribus que vivían dispersas, sea en el interior de las húmedas selvas que se encuentran sobre las montañas inferiores, sea en las llanuras que costean a estas. Su principal ocupación era la de la caza; pero se dedicaban también a la agricultura. Cada hombre estaba obligado a construir por sí solo la casa en que debía habitar con su familia; si alguno faltaba a este uso, que para ellos constituía una ley, perdía el título de hombre, y venía a ser el ludibrio de sus conciudadanos.

Las mujeres utilizaban el algodón, haciendo gruesos tejidos, que servían para cubrirles algunas partes del cuerpo; mientras que los hombres andaban enteramente desnudos, y solo se cubrían la cabeza con una especie de turbante[22] muy vistoso, compuesto de plumas; obra que también estaba encomendada a las indias, las que disponían estos sencillos adornos, matizando los colores con una gracia admirable.

Cada tribu tenía su jefe para conducirla a la guerra, o a las expediciones apartadas, así como también sus expertos en la cura de las enfermedades; pero estos indios no componían, propiamente hablando, un cuerpo de nación, aunque todas las tribus observasen entre ellas la paz y armonía más perfectas.

Existían, a más de estas tres naciones, algunas otras que nos son desconocidas: entre ellas, los «Huacanahuas», los «Suriguas» y los belicosos «Machuis» hacia el norte; los «Ultume-cuana» o hombres rojos, y los «Chuntaquiros» hacia el nordeste.[23]

---

22 Los que usaban los hombres se llamaban «panizas», y los de las mujeres «toromayas».
23 No hago aquí mención de los «Araomos» y de los «Pacaguaras» que habitan las riberas del Beni y dependen de la provincia de Moxos.

Segunda época, desde la llegada de los Españoles hasta nuestros días

La provincia de Caupolicán, colocada fuera de los caminos transitados por los primeros aventureros españoles que llegaron al Perú, permaneció totalmente ignorada durante largo tiempo. Es probable que los pueblos de Suches y Pelechuco hayan pasado de la dominación de los Incas al poder de los diversos conquistadores, que con tanta frecuencia se sucedían en medio de las multiplicadas contiendas de aquellos tiempos tempestuosos de la historia de América, y que no cesaron hasta el siglo décimo-séptimo. No es posible penetrar esta parte de la historia de Caupolicán, pues en ninguna parte existe un solo documento impreso que nos suministre el más ligero indicio: debemos creer, sin embargo, que alguno de aquellos, a quienes esta provincia cupo en propiedad en el repartimiento de las tierras conquistadas, se haya internado en ella con la mira de explorarla y ver si encerraba algunas minas; y que a estas excursiones y trabajos es debida la fundación, hecha por los indios quichuas, de los pueblos de Pata y de Moxos, sin que podamos fijar la data precisa de estos acontecimientos.

La entrada de los padres franciscanos es el primer hecho seguro y constante en la historia de esta provincia. Prevenidos sin duda estos religiosos de que existían en ella muchas naciones salvajes, se decidieron a ensayar la conquista espiritual; así es que en 1750 penetraron en Caupolicán, y fundaron fácilmente con la nación de los Apolistas, cuya sumisión pudieron ganar desde luego, las misiones de Apolo y de Santa Cruz de Valle Ameno. Fue tal el ascendiente que llegaron a tener sobre estos indígenas, y el buen éxito coronó de tal manera sus esfuerzos, que bien pronto las cabañas dispersas de aquella población salvaje se vieron reemplazadas por multitud de hermosos caseríos, que respiraban el orden y la limpieza, y en medio de los cuales se levantó una espaciosa iglesia con su convento.

No limitando sus conquistas a este primer paso, internáronse aun más los franciscanos, llevados por un celo digno de los mayores elogios; y habiendo logrado reunir en la misión de Aten a los altivos Tacanas, se abrieron un vasto campo para proseguir su trabajosa empresa. Desde luego, acompañados por estos últimos, pudieron adelantar hacia las llanuras, en donde otros Tacanas dispersos los aguardaban. De este modo, y haciendo frente a las más penosas fatigas, penetraron estos religiosos en el corazón de los desiertos para aumentar el número ya bastante crecido de sus prosélitos. Como a treinta leguas largas hacia el este, formaron con los Tacanas la misión de San José, se encaminaron enseguida por tierra, y crearon sucesivamente las de Tumupaza y de Isiamas. Finalmente, embarcándose sobre el Boni, se trasportaron hasta el confín de las poblaciones salvajes, y fundaron todavía la misión de Cavinas.

Aunque no hayan procurado los padres franciscanos introducir en sus misiones ni el lujo en los templos, ni la industria entre los habitantes, como lo han practicado los Jesuitas en Moxos y Chiquitos, no por eso han dejado de prestar grandes y muy señalados servicios a la humanidad, haciendo pasar a un considerable número de hombres, desde la vida enteramente salvaje al principio de la vida social.

La dirección de estas misiones era del cargo exclusivo de la comunidad: el convento de Apolo, que dependía de la ciudad de La Paz, suministraba los hermanos necesarios para la conservación y el buen gobierno de estos establecimientos, cada uno de los cuales poseía uno o dos religiosos, a cuyo cuidado estaba encomendada la administración de la iglesia y la practica de sus ritos. Sea que no les fuese posible, o que no lo creyesen conveniente, no enseñaban estos misioneros a los indígenas otra industria que la de cultivar la tierra; así pues, solamente aprovechaban los productos de esta, que consistían en cacao, coca, y multitud de otros frutos naturales extraídos de las florestas.

Las cargas ligeras que los franciscanos se veían obligados a imponer a los indígenas, a fin de procurarse los medios que eran menester para proveerlos de instrumentos de labranza, y demás útiles, cargas indispensables al bienestar de la sociedad, parecieron no obstante demasiado pesadas a algunas naciones. El hombre enteramente salvaje, dueño absoluto de todas sus acciones, con dificultad llega a penetrarse de los deberes que una sociedad en su infancia debe imponerse a sí misma, si desea entrar en la senda del progreso; por eso se impacienta y mortifica cuando pesa sobre él la más leve contribución. Habiendo pues los franciscanos llegado a convertir la tribu de los Toromonas, que habitaba de la otra parte de

Cavinas, y también algunos cuantos Pacaguaras, estos indígenas, injustamente desconfiados, o porque les fuese muy duro someterse a llenar tal cual imposición, esparcieron la voz de que los misioneros, so pretexto de enseñarles las doctrinas de la verdadera religión, solo trataban de reunirlos para hacerlos trabajar en beneficio de sus intereses personales: en consecuencia de esto los expulsaron de su nación, suplicándoles que jamás volviesen a presentarse en ella.

A fines del siglo decimoctavo, habían ya conseguido los franciscanos todo lo que podían pretender en la provincia. Sin embargo hacia la misma época, antes del año de 1800, esta orden religiosa abandonó su obra, se ignora bajo que pretexto, o con cual motivo: entonces todas las misiones que con Suches, Pelechuco, Pata y Moxos entraron bajo el dominio español, vinieron a formar la provincia de Caupolicán, dependiente de la intendencia de La Paz. Inmediatamente colocó el mandatario real un cura y un alcalde en cada parroquia o distrito, y nombró un subdelegado para gobernar y cuidar de los intereses de la nueva provincia, a la que se dio el pueblo de Apolo por capital.

En aquella época, el más grande mérito que podían contraer los empleados españoles a los ojos de la autoridad suprema, era el trabajar por el acrecimiento de las rentas del estado; todo cuanto concurría a este objeto era especialmente recompensado por ella. El primer subdelegado, don José Santa Cruz, padre del general Santa Cruz que fue más tarde presidente de la república de Bolivia, al hacerse cargo del mando de la provincia, puso todo su conato en obligar desde luego a los indígenas que hasta entonces se habían eximido de las imposiciones regulares, a que en adelante pagasen una contribución personal de cinco pesos por cada hombre, a lo cual daban entonces el nombre de «real tributo». Esta contribución, a cuya practica y cumplimiento estaban también sujetas las demás naciones de los altos llanos, fue puntualmente satisfecha por los indígenas de todas las misiones, que se sometieron a ella sin grande resistencia. El subdelegado Santa Cruz recibió del rey de España, en recompensa de este servicio, el título de maestre de Campo; pero el principal resultado de semejante medida fue hacer que desde aquel instante las naciones, que ya parecían dispuestas a salir del estado salvaje para entrar en el camino de la civilización, se apartasen de él, procurando alejarse a lo más escondido de los bosques, a fin de sustraerse al tributo anual, y sobre todo a las vejaciones de todo género y a las torpes violencias, frecuentemente empleadas por aquellos que estaban encargados de recaudarlo. La misión de Cavinas, en razón de hallarse tan alejada, fue la única que durante la dominación española se vio exenta de la contribución personal.

Tal era el estado de cosas hasta el año de 1814, en cuya época, a consecuencia de la lucha encarnizada que existía entre los patriotas, que anhelaban por la independencia nacional, y las tropas españolas, que creían sostener los derechos de su soberano, vino Muñecas a la provincia con el intento de sublevarla en favor de la causa de los libres.

Apoderóse de la capital y de algunas otras parroquias; pero bien pronto perseguido por el ejército español que mandaba el capitán don Agustín Gamarra, presidente años después de la república del Perú, tuvo que huir de Apolo, y más tarde de Aten, donde el último resto de sus partidarios prefirió morir antes que rendirse.[24] Fue en ese entonces cuando un indio tacana, para libertarse de los terribles castigos impuestos por Gamarra a los amigos de la libertad, huyó llevando consigo treinta familias y permaneció siete años escondido, sin que fuese posible dar con él ni con una sola persona de las de su séquito en el seno profundo de las selvas.[25]

En 1824, después de la memorable y gloriosa batalla de Ayacucho, Caupolicán, bajo la denominación de provincia, hizo parte del departamento de La Paz, uno de los seis que compusieron la república de Bolivia. Un gobernador reemplazó al subdelegado; pero la condición de los habitantes no cambió en lo más mínimo, quedando ellos sometidos a las mismas imposiciones. En el año de 1830, el acopio de la cascarilla vino a dar una nueva vida a la provincia, por el comercio que este precioso vegetal atrajo a su interior, y solamente desde entonces los habitantes, acostumbrados al simple comercio de trueque, empezaron a conocer el valor del metal amonedado. Repitiendo lo antedicho, señalaremos por último, entre las medidas más eficaces para la mejora de la provincia de Caupolicán, su separación,

---

24 Véase lo que digo de esta lucha al ocuparme de Aten.
25 Véase, en la parte que trata de Aten, la relación especial de esta historia.

en 1842, del departamento de La Paz, para pasar a ser una de las partes que han compuesto el nuevo departamento del Beni.

Estado actual de la provincia

División política

Con la mira de dar a conocer esta provincia lo más ampliamente posible, voy a ocuparme por separado de cada una de sus poblaciones.

Se ha divido generalmente la provincia de Caupolicán en dos partidos: el primero, que se compone de Suches, Pelechuco, Pata, Moxos, Apolo-Bamba, Santa Cruz de Valle Ameno y Aten, es conocido bajo el nombre de «Partido Grande», o «pueblos de Caupolicán»; el segundo, compuesto de San José de Chupiamonas, Tumupaza, Isiamas y Cavinas, se llama «Partido Chico, o pueblos interiores».

«Partido grande, o pueblos de Caupolicán».

Suches

Esta aldea, que es un anejo de Pelechuco, pertenece a la vertiente occidental de la cordillera oriental, y se encuentra situada sobre la pendiente misma de esta cordillera, entre dos montañas escarpadas, que son el asiento de perpetuas escarchas. Ella es una de esas numerosas colonias, cuya fundación, tanto entre los Incas como entre los conquistadores, solo pudo ser determinada por la sed insaciable del oro.

Su colocación en medio de los escombros de antiguos e innumerables lavaderos, manifiesta efectivamente que no ha debido su creación sino a esos laboreos mineralógicos, que han dado tantísimos productos, y que hoy mismo bastan para que más de treinta y dos familias de indios quichuas, acostumbradas a este género de faenas, puedan procurarse el sustento necesario. El excesivo frío que reina constantemente en aquel paraje, y la aridez de las montañas, no dan lugar a ninguno especie de cultivo, así es que la única industria de sus habitantes consiste en saber descubrir y arrancar de las entrañas de la tierra el preciado mineral.

Unas cuantas chozas, colocadas sin orden y ajenas de toda comodidad, componen el pueblecillo de Suches, que por otra parte no presenta la más mínima esperanza de mejora, a no ser que algunos hombres inteligentes vayan allí a beneficiar en grande, y de un modo más simple y menos costoso, las riquezas que encierra todavía el suelo frío e inanimado de aquellas regiones.

Viniendo de Escoma para Suches, que como ya se ha dicho es un anejo de Pelechuco, no hay que pasar por este lugar, al cual se deja a la izquierda.

Los arroyuelos que toman su origen en Suches, se dirigen al río Cojata.

Este se reúne después al lago de Titicaca, cerca de Escoma.

Pelechuco

Pelechuco, cuyo nombre es una corrupción de «puyo-cucho», que en lengua quichua significa «rincón de niebla», esta situada a siete leguas de Suches, sobre la vertiente este de la cordillera oriental. Esta es entre las parroquias de la provincia la que se encuentra más elevada sobre el nivel de los mares. Efectivamente, apenas se ha pasado la estrecha garganta de «Cololo», rodeada de nieves eternas, cuando en medio de montañas escarpadas, sobre una pendiente rápida y peñascosa y a la derecha de un torrente, se tropieza con el cantón de Pelechuco. A más de que llueve en él frecuentemente, su posición, tan próxima a las nieves perpetuas, lo hace demasiado frío para que su morada pueda tener el menor atractivo.

Nada tiene de notable este pueblo, edificado sin ninguna alineación sobre un terreno en declive, el cual se halla regado por un raudal de agua excelente. Una parte de la población se compone de indios quichuas, ocupados sobre las alturas vecinas en la cría y el pastoreo de ganados, que consisten en vacas, ovejas y llamas; o en cultivar en los alrededores algunos frutos de las regiones frías, como las papas y la cebada, y algo más abajo, en los valles templados, la racacha, los camotes, los zapallos, la yuca o mandioca y el maíz: siembran igualmente estas mismas plantas en los valles cálidos, al mismo tiempo que el maní, el arroz, los plátanos, los papayos, la gualuza, el tabaco, la coca, la caña dulce, el algodón y la piña, conocida más comúnmente fuera de Bolivia bajo el nombre de «ananá».

Si el temperamento sano de las dos primeras regiones permite que puedan realizarse en ellas toda clase de mejoras, no se puede esperar otro tanto de la región calurosa, en donde reinan, sobre todo en el fondo de los valles, fiebres intermitentes que atacan con vigoroso encono a todos los que fijan allí su residencia.

Por lo demás, siéndoles doblemente más fácil a estos indígenas el ganar mucho dinero, con ir solamente a buscar sobre las montañas de Motosolo, del fuerte de Amantala, de Yuncapampa y de los alrededores de Tapi, la cascarilla en ellas tan abundante, descuidan casi enteramente la agricultura, lo cual hace que los frutos de primera necesidad sean escasísimos y muy caros. Hay otra porción numerosa de indígenas, cuya ocupación consiste en conducir las tropas de llamas, con las cuales trasportan los artículos, ya de importación, como producciones naturales de los otros puntos de la provincia, ya de exportación como la quina, etc.

La población de Pelechuco, unida con la de Suches y la de los lugarejos adyacentes, es de dos mil quinientas almas poco más o menos.

Hallándose sobre el tránsito mismo de la única entrada de la provincia, su posición comercial no puede ser más aventajada. Así pues, todas las mercancías y los objetos de trueque llevados por los comerciantes, como también todos los frutos de los demás cantones interiores, pasan indispensablemente por su plaza: razón por la que el gobierno ha creído conveniente colocar en este punto un recaudador de aduanas, dependiente de la administración principal de La Paz.

El camino que se trae para venir de Suches a Pelechuco es el siguiente.

Se suben primero como tres leguas por los collados hasta el «alto de Cololo», enseguida se anda una legua bajando la cuesta por un camino nuevo; después legua y media de collados practicando al fin una breve ascensión hasta Calantica; hay que bajar por último dos leguas y media hasta la Garita, de donde solo falta una legua para llegar a Pelechuco.

Este camino muy mal atendido, y por el que se percibe, sin embargo, un derecho de peaje, sería muy fácil mantenerlo en un buen estado, por la abundancia de toda clase de materiales, propios para el efecto, que se encuentran allí tan a la mano. De Pelechuco hasta Pata que esta al nordeste, hay treinta y tres leguas de camino. Empieza este por la costanera derecha del valle de Pelechuco, y sigue constantemente ya bajando, ya subiendo del lecho de los ríos a la cumbre de las lomas que separan a estas dos poblaciones. He aquí para mejor inteligencia los detalles de este camino, junto con sus distancias.

Leguas
Partiendo de Pelechuco, se sigue siempre en descenso por la pendiente de las montañas hasta llegar, después de haber pasado por Piguara y Lavanara, al río de «Santa Ana.» 6
Del río de Santa Ana se sube una cuesta de media legua hasta «Gocotica». 1/2
Luego se sigue por la ladera de la montaña hasta «Pasto Grande». 1
Se baja de la montaña por pendientes muy ásperas hasta llegar a «Taunaza». 1

De donde solo falta practicar una bajada muy fácil para ponerse en el río de «Pilcobamba». 1/2

Después de haber pasado el río, que no es sino un torrente poco caudaloso, se trepa la montaña hasta un sitio llamado «Huancapata». 1-1/2

Se baja enseguida por un camino pedregoso hasta «Quichara». 1-1/2

Practicando subidas y bajadas de poco tiro, se llega a «Chamaljata»; 1

Y siguiendo por la ladera de la montaña, a «Culi». 1/2

De allí, tan pronto subiendo tan pronto bajando por las mismas laderas, a «Mamaljata.» 2

De donde solo falta que bajar hasta el río del «Puente Grande», el cual, más considerable que los otros, se pasa en efecto por medio de un puente de leños entretejidos y bien afianzados. 2

Dejando el río del «Puente Grande», se suben algunas cuestas, y se sigue por la ladera hasta «Paracorin». 1

Se suben y bajan algunas pequeñas cuestas hasta «Huayamacan». 2-1/2

Se sigue después por la ladera, y por cuestas poco espaciosas, hasta al lugarejo del «Fuerte». 1

Hay que subir una pequeña cuesta, y descenderla enseguida, por un sendero de los más escabrosos, hasta «Sampulo». 1

Se suben y bajan otras dos, cuyos caminos son igualmente malísimos, hasta el río de «Amantala», el cual bastante ancho, arrastra siempre un caudal considerable de agua. 1

Del río de Amantala se trepa una montaña por el espacio de una legua, y se anda otro tanto, siguiendo por su ladera, hasta llegar a «Ayapata». 2

Se baja luego a «Raqui-Raqui». 1

Después el collado hasta «Santa Rosa». 1

Hay que subir todavía a «Cuquiputa». 1/2

Y a «Cruz Pata» o «San José». 1/2

Enseguida se baja, se sube y se anda por la ladera de los collados hasta «Petiapo». 2

Después de haber descendido al valle de Pata, se camina una legua. 1

Y atravesando el río del mismo nombre, lleno de atolladeros, solo falta que subir otra legua para encontrarse finalmente en el pueblo. 1

«＿＿＿」» TOTAL 33

Pata

Este cantón, situado sobre una colina cubierta de plantas gramíneas y de tal cual boscaje ralo, se compone de unas cuantas chozas puestas en hilera: sus habitantes, que son los indios quichuas, alcanzan apenas al número de ciento sesenta y cinco. Esta pequeña población disfruta, en medio del país más fértil del mundo, de un temperamento húmedo y abrigado, muy agradable por lo tanto. A pesar de la carestía de agua que se experimenta, aun en la misma aldea, los lugares circunvecinos ofrecen inmensos recursos, tanto para la cría de ganados, como para el cultivo de las plantas tropicales. Las anchas playas del río Tuyche qué esta a poca distancia, los bosques de sus orillas, las llanuras de Piliapo, la quebrada de San Antonio, y otros muchos parajes donde los habitantes usurpan a la acción constante de la vegetación silvestre algunas partículas de terreno para sus labranzas, prueban en efecto la grande feracidad de aquellas regiones casi desiertas. Nada más que con el cultivo de la tierra, podría mantenerse allí una numerosa población, mientras que al presente solo hay un puñado de hombres que se encuentran perdidos, por decirlo así, sobre ese suelo virgen todavía.

Hoy los habitantes recogen la cantidad suficiente para ellos, de arroz, de maíz, de yucas, de bananas, de caña dulce y de maní; más su comercio consiste solamente en un poco de arroz y de tabaco, que suelen cambiar por géneros y vestidos. Hay algunos, sin embargo, que prefieren ir a explorar las selvas para recoger las producciones naturales, como la cascarilla, la copaiba, el estoraque, el incienso y el copal. Estos indígenas se ocupan también en la pesca de sábalos y de bagres que abundan en el río Tuyche, así como en cazar los innumerables pájaros, los monos de diversas especies, los venados, o mil otros cuadrúpedos que andan errantes por los bosques.

Las colinas podrían ciertamente proporcionar el alimento necesario para el pastoreo de numerosas tropas de ganado vacuno; pero actualmente no poseen los habitantes arriba de treinta vacas, por los estragos que les causan los tigres[26] tan abundantes en aquellas comarcas, y los que no pudiendo perseguir libremente en la estación lluviosa sus presas selváticas,

---

26 «Felis onca.»

se van a los lugares altos, donde para alimentarse tienen que atacar a los ganados.

Pata se encuentra siete leguas al este sudeste de Santa Cruz de Valle Ameno: para encaminarse de aquel a este último punto, se toma una senda trazada para las mulas, llevando el itinerario siguiente:

Leguas.
Partiendo de Pata se sube por una pendiente fácil hasta «Huichu-huichu.» 1-1/2
Se sigue luego la ladera de la montaña hasta «Tentación». 1-1/2
Enseguida se baja por un camino muy malo hasta «la Palizada». 1/2
Hay después un llano pantanoso y lleno de hoyos, en el cual han tenido que colocar multitud de troncos atravesados para facilitar la circulación: sin embargo, la mala construcción de este camino y el poco cuidado que se tiene de él, hacen que su tránsito sea muy dificultoso para las mulas, sobre todo en la estación de las lluvias. Atravesando este llano se llega a «San Juan Pampa». 3
De donde no hay sino una mala calzada que andar para ponerse en Santa Cruz de Valle Ameno. 1/2 ————
TOTAL leguas 7

Doce leguas al noroeste de Pata se encuentra su anejo de Moxos: para transportarse a este lugar hay que atravesar el río Tuyche, siguiendo después por las montañas hasta llegar a un valle, en el cual esta situada la aldea.

Moxos

Edificada sobre una colina cubierta en partes por plantas gramíneas, esta aldea cuyos alrededores son fértiles y muy propios para la labranza de la tierra y para la cría de ganados, sobre todo en los valles y las quebradas, reúne por lo visto poco más o menos las mismas circunstancias en que se encuentra su parroquia: pero aunque su población no es tan crecida como la de esta, pues que solo consta de ciento veintidós almas, su posición es mucho más ventajosa con respecto a las condiciones de existencia. Colocada efectivamente en un sitio más elevado, sus valles pueden producir las plantas tropicales, y sus montañas circunvecinas las plantas de las zonas templadas, tales como el trigo, las papas, etc. Los llamas, estos dóciles cuadrúpedos, penetran hasta Moxos llevando las mercadurías, lo cual es una ventaja más para el comercio, siendo el costo de las mulas mucho mayor.

Pudieran también criarse allí ganados con grande provecho; así como extenderse los trabajos de laboreo y de lavaderos de oro sobre las montañas más inmediatas a la cordillera.

Apolo-Bamba[27]

El pueblo de Apolo, hoy día capital de la provincia, fue fundado a mediados del siglo anterior por los misioneros franciscanos, que reunieron en aquel punto a los indígenas de la nación apolista, y formaron una misión, la cual habiendo sido adherida en el año de 1800 a las otras poblaciones comarcanas, vino a componer la provincia de Caupolicán.

Apolo se halla situado en el centro de una llanura ligeramente ondeada y cubierta de plantas gramíneas. Esta llanura, limitada al sur por unas montañas a las que sus valles y los recodos que estos forman, dan un aspecto muy pintoresco, tiene como de cinco a seis leguas de ancho, y su largo se extiende de norte a sur, como de doce a catorce, figurando un cuadrilongo. Al este se levanta, semejante a una pared, una grande montaña que se dirige de norte a sur, y a la que por su mucha elevación se ha denominado «Altuncama». Hay al oeste una colina baja, interpuesta entre las llanuras de Apolo y las de Santa Catalina que vienen a ocupar la parte oeste y sudoeste. Este último valle horizontal, que tiene doce leguas de largo sobre cinco de ancho, esta cubierto en parte de «pajonales», y lo atraviesa el río Tupili, cuyas orillas se ven adornadas de anchurosos y espesos bosques, los cuales contrastan de tal manera con lo raso del resto, que parecen haber sido plantados por la mano del hombre.

El pueblo esta formado de tres grupos distintos. El primero se encuentra situado antes de pasar el río, y se compone de casas diseminadas: en este grupo, que se llama la parcialidad de la Concepción, es donde se hallan establecidos los mercaderes de toda especie de frutos, y a quienes los habitantes nativos dan en su lengua particular el nombre de «mataguas», es decir, forasteros. El segundo grupo, colocado en el centro y sobre un ligero promontorio de greda rojiza, esta de la otra parte del río, y encierra la casa consistorial, la iglesia parroquial y el convento de los franciscanos, cuya fachada que mira al este, da sobre una plaza en la que los lados norte y sur se componen de varios edificios, y la parte del este, frontera al convento, de una serie de casas habitadas por los indígenas: estas casas, cada una de las cuales tiene una sola puerta y como de quince a veinte varas de

---

27   «Bamba» es una corrupción de «Pampa», que en lengua quichua significa «llanura».

74

largo, se hallan colocadas sobre la colina en forma de anfiteatro, de suerte que desde el convento se descubre todo cuanto pasa en el interior de ellas.

Tal era el modo como las habían dispuesto los franciscanos, con el objeto de estar a la mira de todos los pasos de los indios, y de poder velar sobre sus acciones. En aquel entonces, los comerciantes que venían a la provincia, estaban obligados a hospedarse en el convento para efectuar sus trueques en presencia de los religiosos. Un arroyo separa esta segunda parte, del tercer grupo que se encuentra situado sobre el camino de Aten, y dispuesto en el mismo orden que acabamos de ver en aquella.

La temperatura de Apolo es agradable y sana; sin embargo, como sus llanuras dejan libre acceso a todos los vientos, el aire viene a ser más seco que en Santa Cruz. Allí se cultivan los mismos frutos que en los otros distritos; pero la coca es el solo objeto importante del comercio de trueque. También hay en Apolo como de dos mil a dos mil quinientas cabezas de ganado, y si fuesen sus habitantes algo más hacendosos y prolijos, tendrían ciertamente todo género de bienes en abundancia. Un solo hecho bastara para justificar este aserto, por lo tocante a la gran procreación de los ganados. Un indio llamado Pedro Chambi, había reunido con el producto de su industria unas quince vacas, a cuya cría dedicándose luego con esmero, llegó de tal modo a multiplicarlas, que fuera del gran número vendido por él mientras vivió, aun dejó en 1828, al terminar sus días, como mil cabezas. Se ve pues que con algún cuidado las llanadas y las colinas podrían fácilmente cubrirse de ganados, tanto vacunos como lanares, y aun acaso de caballares. Sería igualmente posible que las montañas de Altuncama, en vista de su elevación, produjesen la viña y las papas.

La extracción de la cascarilla ha modificado algún tanto la manera de ser de estos habitantes, enseñándoles a estimar el valor positivo de las cosas, y dándoles una idea del dinero. Por el comercio de este específico han llegado a conocer también otros muchos objetos, que les eran enteramente ignorados, y con cuya posesión disfrutan hoy en día de mayores comodidades. Si hubiese continuado este comercio, no hay la menor duda que los habitantes de Apolo estarían ya bastante avanzados en el camino de una civilización, contra la que luchan incesantemente aquellos que se han constituido en directores de estos indígenas, bajo el necio pretexto de que la relación comercial con los extranjeros corrompe sus costumbres. Aunque pueda esto verificarse algunas veces, no por eso se han de negar las inmensas ventajas que necesariamente debe traer consigo la frecuencia de estas relaciones. El natural de estos habitantes, indígenas todos ellos de la nación apolista, y cuyo número no pasa de dos mil setecientos setenta y cinco, es el más apacible, y dócil: amantes de los placeres, buscan ante todo las diversiones. Las numerosas festividades del cristianismo, aumentadas todavía por los usos locales, les proporcionan frecuentemente la ocasión de reunirse para entregarse a las danzas alegres y jocosas, estimuladas por las repetidas libaciones de aguardiente, del cual abusan algunos hasta privarse de la razón. Tal es el modo como pasan la vida, sin pensar en ocuparse, ni en su porvenir, ni en el de sus hijos, confiados probablemente en la riqueza natural del país, cuyos productos bastan para la satisfacción de sus necesidades. Con un carácter vivo y ligero, tienen muchísima habilidad para imitar cuanto se les presenta: así es que reúnen todas las cualidades que los hacen susceptibles de civilizarse, más antes, quizás que las mismas naciones indígenas de los Andes. Falta únicamente para que pueda esto llevarse a cabo, que algunos hombres benévolos, despojándose de sus intereses particulares, quieran consagrarse al desarrollo de las facultades intelectuales de estos Indios y a su educación social, gobernándolos moral y físicamente.

Al sudeste de Apolo se encuentra el pueblo de Aten, que dista nueve leguas por el itinerario siguiente: Leguas.

Saliendo de Apolo, se anda por la llanura hasta «Puente Chico». 1
De aquí hasta «Puente Grande». 2
Y hasta llegar a «Pampa-Tupili». 3
Se sube luego la cuesta de «Chímasacro-Grande». 1
Enseguida se baja, de ella y se toma la falda de la montaña hasta «Chímasacro-Chico». 1
Y se anda finalmente hasta Aten. 1
———— TOTAL 9

Santa Cruz de Valle Ameno

Su deliciosa posición le ha hecho merecer a Santa Cruz el sobrenombre de «Valle Ameno.» Nada efectivamente puede haber de más encantador, de más pintoresco y alegre que sus alrededores, ni que sea más apacible y risueño que su morada. Situado en un llano, sobre una pendiente apenas perceptible que se inclina al sur, y al pie de un cerro de forma cónica, este pueblo se halla también circundado por colinas bajas, pero que van levantándose gradualmente hacia el norte hasta llegar a formar altas montañas, las que se ven coronadas de palmeras cuyo elegante follaje se entremezcla con las copas gigantescas de los arboles más robustos. El contraste que presentan los llanos con las colinas cubiertas de una vegetación primorosa y variada, la corriente del río de Santa Cruz que atraviesa el conjunto de este cuadro, esparciendo un saludable frescor, todo en fin concurre para hacer que este lugar sea el punto más agradable de la provincia.

Aunque pequeña, pues que solo contiene novecientos cuarenta y un habitantes, parte de ellos de la nación apolista, la parroquia de Santa Cruz es muy aseada, y mirando sus bellísimos contornos, fácilmente se desvía la atención de la irregularidad de sus calles y edificios. El terreno que la circunda produce con abundancia todos los frutos de la zona tórrida; así es que sus habitantes son todos labradores, y no solamente recogen lo suficiente para su consumo, sino que hacen también algún comercio con lo que les sobra; para lo cual ponen a curar al aire y al Sol los frutos del plátano, cortándolos primeramente en tiras o tajadas largas, que después de secas se trasforman en excelentes orejones. Preparan asimismo el tabaco y la coca, y todos estos productos vienen a servirles para operar sus trueques, a falta del dinero amonedado, que aun no ha entrado allí en circulación. Se ocupan igualmente los moradores de Santa Cruz en la cría del ganado vacuno, lo que se consigue con muchísimo provecho sobre las colinas. Hay épocas en que se dedican activamente al acopio de la cascarilla, explorando los bosques de las montañas vecinas; pero se encuentran estos ya tan destruidos, que al presente se ven obligados a correr diez o doce leguas para llegar a encontrarla. En cuanto a la pesca y a la caza esta comarca es tan abundante como la de Pata, y sus producciones naturales son enteramente las mismas: se ha descubierto, sin embargo, en los bosques de Santa Cruz, una infinidad de maderas de ebanistería las más finas y hermosas, tales como el guayabo, el granadillo, etc.

En resumen, si esta población quisiese aprovechar todos los recursos de que se encuentra rodeada, dedicándose con más ahínco, a la cría de los ganados, a la agricultura en el seno de esa tierra tan fértil y en donde la naturaleza le brinda sus tesoros a manos llenas, a la extracción juiciosamente graduada de la cascarilla y al laboreo, en fin, de las minas de oro y de plomo, que se dice haber en la sierra de Santa Clara, no hay duda que conseguiría duplicar sus riquezas; mas para esto sería preciso vencer primero esa apatía natural, que conduce a estos indígenas a no trabajar sino lo muy medido para procurarse las cosas indispensables a la existencia. Verdad es también que fuera menester, para mover y activar su ambición, una población más numerosa y mercados de exportación más extendidos.

Santa Cruz era un lugar muy salubre hasta el año de 1830, en que ya empezaron a sentirse algunas enfermedades, desconocidas hasta entonces, y las que atacaban con rigor a los habitantes. Hoy en día las fiebres intermitentes han asentado allí su dominio. Algunas personas han creído que provenía esto de la introducción de arboles pertenecientes a los valles calurosos;[28] pero según mis observaciones sobre la provincia del «Valle Grande»,[29] pienso que semejante cambio es más bien debido al desmonte causado por los incendios, que los habitantes tienen la costumbre de promover cada año con el objeto de renovar la yerba de los llanos y de las colinas. Lo cierto es que muchos lugares, muy sanos en otro tiempo, se hallan al presente invadidos por esa peste destructora, que va en aumento a medida que el desmonte se extiende. Es pues un deber del gobierno el tomar alguna sabia medida para cortar los progresos de semejante mal, y mejorar en lo posible los lugares inficionados.

Santa Cruz esta situado al oeste sudoeste de Apolo-Bamba. Para venir a este lugar se andan cinco leguas por el itinerario siguiente:

Leguas.
Se sube la cuesta de «Santa Teresa». 1

---

28   Esta es la opinión de uno de los autores de las notas manuscritas, que poseo sobre la provincia.

29   Más adelante detallaré con amplitud estas observaciones.

Se baja despúes esta, hasta «Huilipisa». 1

Y se sigue luego por un llano hasta «Bacqueria». 1

De donde hay que andar, por un terreno igual, hasta llegar a Apolo. 2

«_____» TOTAL 5

Aten

Este pueblo, antigua misión de los franciscanos, se halla situado en medio de montañas, en una hondonada bastante igual, y sus casas, aunque regulares, están desparramadas. Su clima es caliente y húmedo, muy sano por consiguiente, a pesar de las lluvias que caen allí con frecuencia.

Su cultivo, sus producciones y su comercio son de la misma naturaleza que en Apolo: críanse también algunos ganados en las llanuras herbosas de Tupili.

El número de sus habitantes alcanza poco más o menos a mil treinta y tres; estos indígenas pertenecen a una nación diferente de la de los Apolistas, y hablan la lengua tacana, tal vez una de las más chocantes y duras, así como de las más guturales de América. Su carácter, análogo al lenguaje, es irascible, tenaz, lleno de altanería, y muy poco alegre; son sin embargo más inclinados al trabajo que los Apolistas, sobretodo a la agricultura y a las correrías escudriñadoras en el seno de las florestas. Cada individuo de esta población, como ya hemos dicho en otra parte, esta obligado a construir él mismo, sin ayuda de otros, la casa que más tarde ha de habitar con su familia; si llega a faltar a esta costumbre, probablemente conservada desde su estado salvaje, se llena de oprobio, despojándose de la dignidad de hombre. En extremo pródigos y amigos de la ostentación, y ansiando siempre poder adquirir ornamentos lucidos para engalanarse ellos y sus mujeres, no hay trabajos, por penosos que sean, que no estén dispuestos a emprender a fin de procurarse tal satisfacción. Prefieren sobre todo los vasos y demás vajilla de plata, para colocarla como un adorno sobre sus mesas, o las vestimentas extrañas, cubiertas de galones y de bordados relucientes, con que se componen para salir a las procesiones del culto católico, tratando de distinguirse de los demás por lo brillante y singular de tales arreos.

Las facciones de los Ateníanos son bastante toscas, sin que haya en esto diferencia alguna entre ambos sexos: tienen la nariz corta y chata, la tez demasiado trigueña, y casi todos ellos están salpicados de manchas blancas por el cuerpo y en la cara, lo que contribuye a darles un aspecto muy extraño.

Un episodio de la historia de la provincia, particular a Aten, hará conocer la índole de sus habitantes.[30] En 1811, en consecuencia de haber sido derrotado por los Españoles el destacamento del ejército patriota, que bajo las órdenes del general Pinelo se encaminaba del Cuzco hacia La Paz, el doctor Muñecas, secretario de aquel jefe y eclesiástico de mucho mérito, se refugió con algunos otros oficiales y patriotas en el valle de Larecaja, donde logró con su influencia sublevar en tropel a los habitantes contra los Españoles. Después de una lucha larga y encarnizada, después de haber combatido con un valor heroico por la causa de la libertad y de la independencia, estos soldados improvisados habiendo sido finalmente vencidos por las tropas aguerridas y ordenadas de los Españoles, vióse forzado Muñecas a dejar Larecaja, de donde se encaminó, con algunos de los suyos, por el río luyo hasta Aten. Inmediatamente sublevó a los indios ateníanos y logró con ellos apoderarse de Apolo. Los Españoles, que no lo perdían de vista, poco tardaron en mandar tropas para combatirlo. El capitán don

Agustín Gamarra fue comisionado para esta empresa; y habiendo llegado a vencer en todos los encuentros a los patriotas, tan inferiores en número, tan poco aguerridos, y desprovistos enteramente de armas, se aprestaba para la toma de Aten, que debía coronar su triunfo. Doce Ateníanos, mandados por el capitán Pariamo, no pudiendo resistir en campo raso a cien soldados de tropa veterana y a quinientos flecheros, se emboscaron a distancia de una legua del pueblo, en un espeso monte[31] que se halla situado sobre una colina, resolviéndose a morir allí antes que rendirse al enemigo. Después de un combate de dos horas, el capitán Pariamo fue el único que llegó a salvarse, y Gamarra, que se vio dueño del campo, siguiendo la costumbre de los Españoles, empezó por castigar de la manera más atroz a todos aquellos que él suponía haber tomado las armas para alistarse en el ejército patriota.

Aumentándose las persecuciones de día en día, y cada vez con más rigor, un indígena llamado José Pacha, que era uno de los más comprometidos, propuso a veinte o treinta familias el abandonar sus moradas para ir a buscar

---

30 Este interesante pasaje pertenece al señor Acosta, que ha tenido la bondad de comunicármelo.

31 Este bosque, uno de los más impenetrables, ha recibido por esta circunstancia el nombre de «Ecoto-sacho», que quiere decir montón cerrado de arboles.

la quietud en lo más escondido de las selvas. Esta población emigrante se alejó pues, conducida por Pacha, en busca de un recinto donde no pudiese llegar a ser descubierta; y habiendo traspasado los desiertos, finalmente se detuvo en una hondonada, a la que dio el nombre de «Irimo»: en este lugar, situado como doce o catorce leguas al este de Aten, permanecieron estos indios más de siete años sin que se les pudiese descubrir. Como el cauto Pacha había tenido gran cuidado de que se tomasen todas las medidas necesarias, nada le faltaba a la nueva colonia. Para poder vestirse plantaron algodón, y mientras que se ocupaban los hombres en la caza y en labrar las tierras, las mujeres tejían y cuidaban de las faenas caseras. Pacha, que se constituyó jefe de la colonia, estableció una policía interior muy severa, distribuyendo los empleos según la edad y los sexos; y todos los trabajos se hacían en común, alternándose de modo que los que un día se ocupaban del cultivo, al siguiente iban a la caza, y viceversa; así es que todos los productos se repartían por igual, como si no hubiese más que una sola familia.

Para no renunciar a la religión católica, los moradores de esta pequeña república construyeron una capilla, colocando en ella algunas imágenes de santos, que habían tenido cuidado de traer también consigo en su emigración. Pacha, investido ya de los poderes civiles, quiso reunir a ellos el desempeño de las funciones religiosas: él era quien bautizaba, quien santificaba los matrimonios y enterraba los muertos, siendo a la vez el cura, el juez y el legislador de su colonia. Entre las medidas rigurosas tomadas por él, para no ser descubiertos, había dictado una ley, la cual mandaba que fueran enterrados vivos todos aquellos que, bajo cualquier pretexto, llegasen a ponerse en contacto con los habitantes de Aten; así es que pudieron vivir ignorados por tan largo tiempo, sin que nadie fuese tan imprudente y audaz para quebrantar una ley de esta naturaleza, y cuya infracción traía en pos tan horribles consecuencias. Hubo, sin embargo, una circunstancia que vino a ponerlos al cabo en descubierto.

Aconteció que una muchacha de trece años de edad, hija de un Manuel Cito, cuya familia se componía de su mujer y de esta sola niña, habiendo muchas veces oído hablar del gusto sabroso que da la sal a los alimentos, concibió el deseo, y con este el proyecto, de procurarse esta sustancia. Sin que sus padres se apercibiesen, escapóse del lugarejo y tomando la dirección de Aten, llegó a este pueblo, donde, sin ser vista, se introdujo en una casa aislada, y apoderándose de toda la sal que pudo encontrar, volvió a Irimo con el producto de su robo. Durante su ausencia, que fue de tres días, el vigilante jefe no dejó de apercibirse de la falta de la muchacha, practicando mil pesquisas para saber de su paradero, e instando estrechamente a los padres para que le dijesen qué era de ella. En medio de estas investigaciones se aparece la joven fugitiva; y por el contenido de su carga se descubre que venía de Aten, donde, por otra parte, ella misma confesó haber estado. Inmediatamente mandó Pacha que la castigasen con todo el rigor de la ley; pero en el momento de la ejecución, todos los habitantes reunidos imploraron su gracia con tanta instancia, y la pobre niña hizo tantas protestas, que al fin otorgóle el jefe su perdón. A los seis o siete meses, enteramente olvidada de que había escapado a la muerte, tentó una segunda excursión con el mismo fin, y habiéndola hecho espiar Pacha por todas la direcciones con la orden terminante de aplicarle las terrible pena decretada por él, fue prendida cuatro días después, y ni sus lagrimas, ni su desesperación pudieron enternecer a sus aprehensores, que la hicieron pasar incontinenti por el horrendo suplicio de ser enterrada viva.

Los infelices padres, sobrecogidos de horror a la nueva de tal acontecimiento, huyeron precipitadamente de Irimo, y fueron a Aten a quejarse al juez del espantoso castigo que acababa de sufrir su hija; poniendo así en descubierto la mansión de Pacha. Ordenó la autoridad que inmediatamente se aprehendiese a este, lo cual así que se efectuó, se le condujo a La Paz para ser juzgado; pero se tardó tanto en ajusticiarlo, que en 1823, cuando esta ciudad cayó en poder de los patriotas, Pacha se vio comprendido en el indulto general y pudo entonces volver a su país.

Irimo existe todavía, y se compone de las mismas familias, sometidas al presente a la jurisdicción civil y eclesiástica de Aten. Sus habitantes, por la grande fertilidad del terreno disfrutan de todas las comodidades de la vida, bajo un temperamento suave y en una posición deliciosa.

Las aguas del río de Aten van a reunirse al Mapiri, uno de los tributarios del Beni: por lo demás, esta es la sola corriente del centro de la provincia que no se dirige al Tuyche.

Partido chico pueblos interiores

Bajo esta denominación reúnen generalmente las poblaciones del interior, tales como San José de Chupiamonas, Tumupaza, Isiamas y Cavinas, separadas todas ellas, por inmensos desiertos, de las que acabamos de examinar. Voy pues a describir también estos pueblos, misiones antiguas, fundadas igualmente, como queda dicho, por los padres franciscanos.

San José de Chupiamonas

Saliendo al estenordeste de Apolo, y atravesando por caminos espantosos, llenos de peligros de todo género, en medio de unos desiertos sin término, y al cabo de treinta y ocho leguas de una marcha penosísima, se llega finalmente a San José de Chupiamonas, que ha tomado su nombre de un río cuyas aguas rojizas van a reunirse, no lejos de allí, con las del río Tuyche. El pueblo compuesto de setenta y tres indígenas, en todo semejantes a los Ateníanos, y que hablan la misma lengua, esta situado cerca de la confluencia que forma el mencionado río con el Tuyche, el cual es tan ancho en aquel punto, que es menester pasarlo en balsas: así es que los habitantes son muy útiles a los viajeros y a los comerciantes, ocupándose en pasarlos de una banda del río a la otra. En razón del número tan escaso de sus habitantes, se había pensado en reunir esta población con la de Aten; pero las justas reclamaciones de los negociantes la han hecho conservar como un punto indispensable para el comercio.

La temperatura de San José es muy cálida, sin que por esto se conozcan allí en manera alguna las enfermedades: su morada no puede ser más agradable, pues parece que la naturaleza se hubiese complacido en derramar sus dones en aquellos lugares salvajes, con una prodigalidad digna de la tierra de promisión. El extranjero que llega a San José queda pasmado de admiración al contemplar una vegetación tan hermosa, y la variedad infinita de frutos que allí abundan. Efectivamente sus bosques ofrecen por todas partes la vainilla, el aceite de copaiba, resinas, cortezas aromáticas, gomas, la cera y la miel de abeja y multitud de plantas medicinales. Críanse allí espontáneamente los frutos más exquisitos, y entre ellos el cacao, que sin ser plantado crece silvestre por todas partes dando abundantes cosechas. La caza ofrece cantidad prodigiosa de pájaros y de cuadrúpedos: entre estos pueden citarse la gran bestia, el oso hormiguero, los perico ligeros, muchos venados y jabalíes, y una especie de cerdos muy pequeñitos, que llaman en el país «quebo-queres». El Tuyche abunda también en pescados. Por último, esta tierra extraordinariamente fértil produce arroz, maíz, yucas, maní, bananas, ananaes, algodón y caña dulce; mas todas estas producciones sirven tan solo para el consumo de la población, y de ninguna manera para el comercio.

Tumupaza

Doce leguas al nordeste de San José, sobre una ligera colina compuesta de pedregales blanquiscos y en medio de un campo horizontal, cubierto de bosques o de pequeños herbazales, se encuentra situada la misión antigua de Tumupaza,[32] convertida al presente en una parroquia. Cuando por los meses de agosto, setiembre y octubre sube uno sobre las colinas, apercibe a lo lejos, sobre muchos puntos diferentes, la humareda producida sin duda por los fuegos de los salvajes, que viven desconocidos hasta hoy, en esos lugares tan fértiles circunvecinos a Tumupaza. Esta parroquia, compuesta de ochocientas ochenta y cinco almas, reúne, con respecto a sus producciones de cultivo y naturales, absolutamente las mismas circunstancias que San José.

Estos Indios, pertenecientes a la nación tacana, son bien constituidos y elegantes de talle, tienen el cabello negro y muy fino, la cara regular y la tez de un blanco pálido; su fisonomía es agradable y expresivas, y todo anuncia en ellos la alegría. Son por lo demás muy sobrios: todo su vestido consiste en una túnica hecha de un tejido de algodón, la cual les cae hasta las rodillas, y no tiene sino medias mangas: andan siempre descalzos, y tampoco se cubren la cabeza. Las mujeres son muy aseadas, y gustan mucho de los afeites: queriendo sacar a la naturaleza, a este respecto, de sus límites ordinarios, desde su juventud empiezan a ponerse brazaletes y ligas de tejidos de algodón, para modificar por este proceder sus brazos y piernas, y aparecer mejor formadas de lo que son. También se adornan el cuello con corales falsos, y son tan exageradas en este punto, que si les fuera posible llevarían sobre sí un almacén de semejantes atavíos. Vístense lo mismo que los Indios con una túnica de algodón, pero sin mangas, a la que dan el nombre de «dapi».

Esta túnica, blanca, azul o roja, la reemplazan, cuando pueden, por un vestido de saraza floreada a grandes ramajes y de fondo punzó: andan igualmente descalzas. Todo el haber de una familia consiste, por lo demás, en una casa, en algunos utensilios de cocina, en instrumentos de caza, como el arco y las flechas, en dos o tres túnicas, en otras tantas dapis, y en algunas mantas, con que se cubren al acostarse sobre el suelo desnudo.

---

32   «Tumu-paza», en lengua tacana, significa piedra blanca.

Los terrenos de Tumupaza son muy productivos; pero la falta de comercio hace que sus habitantes no cultiven sino lo muy preciso para satisfacer sus necesidades. El dinero[33] no es aun conocido entre ellos, reemplazándolo hasta el presente, para procurarse los objetos que necesitan, sus frutos que dan en cambio. El excelente cacao,[34] que se cría silvestre hoy en día por todas partes, puede suministrar lo suficiente para dar abasto a las ciudades más populosas. Los Españoles creían que, plantado primitivamente este vegetal, había sido desparramado entre los bosques por los innumerables monos que en ellos abundan: como quiera que sea, él cubre actualmente superficies inmensas, y la sola faena de recogerlo rendiría un producto anual considerable. A pesar de esta abundancia, que va continuamente creciendo por la extensión que toman los cacahuales, los indígenas solo recogen lo que les basta para pagar la contribución personal de seis libras de cacao en pepita por año, para darle su ración de ocho libras al cura, a más, como de diez a quince libras para trocarlas por los vestidos necesarios a la familia: lo restante, es decir, millares de libras se pierden todos los años, quedando abandonadas a los pájaros y otros animales selváticos. Es muy fácil comprender que hay sin embargo un motivo, para que no quieran los habitantes recoger lo sobrante del cacao: esto es, porque el cura o el alcalde no los fuercen a llevar sobre las espaldas, por el espacio de sesenta o ochenta leguas hasta la capital, el acopio de estos frutos. Efectivamente, estos pobres desgraciados son las solas bestias de carga de su país, y se les fleta de igual modo que a las mulas: cada hombre tiene que llevar, junto con sus víveres, treinta y tres libras de carga, en una cesta llamada «chiquito», por un salario tanto más mínimo cuanto que se paga en mercancías, y que no representan estas sino la mitad del valor real. Cuando hacen estos viajes de transporte, por cuenta del estado o en servicio del cura o del alcalde, se les retribuye con la cantidad de «catorce reales»; y cuando lo hacen por cuenta de los comerciantes reciben «tres pesos» partiendo de Tumupaza, y «tres y medio» desde Isiamas.

Es evidente que la onerosa ocupación que en la actualidad pesa sobre estos infelices, no solamente los entorpece y los hace echar menos su

---

33   Designan la plata bajo el nombre de «chipilo».
34   Véase la lámina 2.

estado salvaje, en el que siquiera se veían libres, sino que contribuye también a paralizar uno de los ramos más productivos del comercio de la república.

Si en el estado actual se ocupasen más activamente los habitantes en la cosecha del cacao, llegarían a centuplicar sus recursos; pero para esto sería menester, ante todo, abrir caminos practicables para las mulas, o emprender la navegación por el Tuyche. Una pequeñísima parte del año invertirían en esta faena, pudiendo dedicar el resto al tejido de los algodones, para no tener que pagar un duro por la vara de esos malísimos géneros de algodón que les llevan los comerciantes.

Isiamas

El pueblo de este nombre, antigua misión de los franciscanos, se halla situado diez y nueve leguas al nornordeste de Tumupaza, en el seno de una inmensa llanura entrecortada por bosques y pajonales. El puesto central que ocupa relativamente a los otros pueblos interiores, le hecho merecer la preeminencia de capital del Partido Chico, y es por lo tanto un vicariato distinto del de Apolo.

En cuanto a la agricultura y a la caza, Isiamas goza de los mismos privilegios que Tumupaza: hay además en su distrito una especie de ciervos muy grandes, y suele ser también mucho mayor el producto de su pesca en el río Beni, el cual solo dista de allí, cuando más unas trece leguas hacia el este. Todos los años, por los meses de agosto y setiembre, bajan los indios a este río, para recoger gran cantidad de huevos de tortuga, que se encuentran con prodigiosa abundancia sobre sus orillas. Pescan igualmente en los vecinos ríos de Tequije y de Itaca, y en una infinidad de estanques y de charcos que se forman cuando los ríos salen de madre.

Los habitantes de esta población, que asciende al total de mil ciento setenta, pertenecen a la nación tacana, y tanto sus costumbres como sus trajes los asemejan enteramente a los Tumupaceños.

Los bosques de Isiamas están llenos de arboles cuya madera es muy estimada para la ebanistería; podemos citar entre ellos el jacaranda y la caoba: hay también allí multitud de arboles resinosos, tales como el sandragon, y de plantas oleaginosas como el «tumijojo» (nombre equivalente a «pepita de piedra») que es una palmera, cuyos cocos sumamente duros, contienen almendras llenas de aceite: este se extrae solamente para alimentar las lamparas de las iglesias, y muy rara vez para el comercio. Sacan también el aceite de otras especies diversas de palmeras, como del «comoruru», por ejemplo, que tiene la corteza espinosa, y de la «tuema» y del «asajo». Esta última es la que de preferencia plantan, hasta en las mismas poblaciones, cerca de las casas; en donde se suelen ver igualmente algunos tamarindos.

Es poco notable la cría de ganados en Isiamas; se encuentran allí, sin embargo, algunos caballos.

Cavinas

Esta parroquia, situada a una distancia inmensa de Isiamas,[35] es la última misión que se encuentra al norte de la provincia. Partiendo del pueblo que acabo de nombrar, se llega a Cavinas navegando por el río Beni, el cual pasa hacia el este a poco trecho de este lugar. Aunque sería muy fácil entablar por tierra una comunicación, abriendo un camino en medio de los llanos, no hay duda que la navegación es preferible, siempre que se sustituyan a esas balsas formadas de troncos amarrados, de que se sirven actualmente, embarcaciones cómodas y regulares.

El pueblo de Cavinas, habiendo sido reducido posteriormente a las otras parroquias, se halla exento de pagar tributos; su población compuesta de Tacanas, en el número de mil, no tiene más jefe que su cura, quien esta encargado de regirlos tanto en lo espiritual como en lo civil; él es quien conduce sus frutos para cambiarlos por los objetos que ellos desean. Por lo demás, este distrito cuenta con las mismas producciones que Tumupaza, habiendo de particular en él, un árbol gigantesco, que produce cierta especie de almendras contenidas por grupos en una cascara muy gruesa. Las llanuras servirían ventajosamente para la cría de ganados, si no fuera la inmensa muchedumbre de murciélagos[36] que se ceban por las noches en chupar la sangre a los pobres animales, siendo esto hasta el presente un grande obstáculo para su progreso.

El río Madidi, que toma su origen cerca de Carabaya (en el Perú) pasa hacia el norte de Cavinas y no lejos del pueblo, el cual se halla precisamente construido sobre el ángulo muy agudo formado por la reunión de aquel río con el Beni.

La posición tan apartada de esta población la pone cuasi en contacto con muchas tribus todavía salvajes, pero que se encuentran en las mejores disposiciones para convertirse al cristianismo. Ya en 1830, setenta indios de esas tribus vinieron por su propia voluntad a someterse al régimen providencial de la parroquia; así es que si protegiese el gobierno su conquista, no tardarían todas ellas en constituir nuevas y grandes poblaciones, y esto

---

35   El autor de una nota dice que esta distancia es de cien leguas, lo que me parece demasiado.
36   Especie perteneciente al genero de los vampiros.

con tanta más espontaneidad, cuanto que se sustraerían entonces a las incursiones de los belicosos «Machuis», sus implacables enemigos.

Población de la provincia

Como acabamos de ver, la provincia de Caupolicán se compone de diez parroquias, cuya población dividida en tres naciones distintas, es la siguiente, según las reseñas tomadas en el año de 1832.

NOMBRES de los pueblos	NOMBRES DE LAS NACIONES y número de la población de cada distrito.			TOTAL de los habitantes de cada distrito
	QUICHUAS	APOLISTAS	TACAÑAS	
Suches				
Pelechuco	2.500	«	«	2.500
Pata	165	«	«	165
Moxos	122	«	«	122
Apolo	«	2.775	«	2.775
Santa Cruz de Valle Ameno	«	941	«	941
Aten	«	«	10.033	10.033
San José	«	«	73	73
Tumupaza	«	«	885	885
Islamas	«	«	1.170	1.170
Cavinas	«	«	1.000	1.000
Totales	2.787	3.716	4.161	10.664

Esta planilla nos demuestra que la población, enteramente indígena a excepción del alcalde y del cura de cada distrito, asciende a diez mil seiscientos sesenta y cuatro habitantes, de cuyo número, dos mil setecientos ochenta y siete pertenecen a la nación quichua, tres mil setecientos diez y seis a la nación apolista, y cuatro mil ciento sesenta y uno a la nación tacana. Si se agregan a estas cantidades como tres mil indígenas, todavía salvajes, que habitan hacia el noroeste, hacia el norte y hacia el nordeste de Tumupaza y de Cavinas, resultara un total general de trece mil seiscientas sesenta y cuatro almas.

Las tres lenguas primitivas de la provincia se hablan aun en ella por todas partes: así en Suches, Pelechuco, Pata y Moxos los habitantes se entienden solamente en quichua; los de Apolo y Santa Cruz de Valle Ameno siguen expresándose en apolista; mientras que en Aten, y en todos los pueblos interiores, la lengua tacana es la sola que esta en uso. Como los franciscanos tenían precisión de comunicarse continuamente con los indígenas, en cada población se encuentran intérpretes, a más de que las relaciones comerciales, debidas al acopio de la cascarilla, irán contribuyendo poco a poco a generalizar el uso del castellano entre los indios, que no dejan ya de comprender algunas palabras.

Estos indígenas, generalmente hablando los más dóciles, se sujetan, sin quejarse jamás, a las leyes que se les impone, siendo al mismo tiempo aptos para todo, tanto por su carácter, como por la facilidad de comprensión que es en ellos natural. Lo que dejo dicho en el detalle de cada parroquia bastara para dar una idea de sus costumbres y de sus habitos; podría solamente añadir que los caupolicanos son todos pobres, sin que los aflija semejante pobreza, pues que poseen lo necesario para alimentarse a saciedad y para vestirse y procurarse algunos placeres, no pudiendo inquietarlos por otra parte el porvenir de sus hijos, en el seno de esa naturaleza tan fértil. Su pobreza relativa es una verdadera riqueza en el actual estado de cosas; pues ¡cómo desear los objetos de que no se tiene la menor idea! ¿y porqué trabajar más de lo que es preciso para procurarse las pocas cosas que les son hoy en día conocidas? El espíritu de posesión de riquezas, y de ir haciendo acopio de medios para procurarse en el porvenir toda especie de goces, es ya, por decirlo así, un principio de civilización desconocido para los pueblos que se aproximan, tanto como el de Caupolicán, al estado primitivo. El único modo de remediar esa apatía natural, esa indolencia que se les echa en cara a todas las naciones todavía medio salvajes, es hacer nacer entre ellas, por la frecuencia de relaciones comerciales, las necesidades que les son hasta el presente desconocidas. Enseguida, el deseo de satisfacerlas, determinara necesariamente los esfuerzos del trabajo, con el que se han de proporcionar los medios.

Debe decirse, en elogio del carácter de estos habitantes, que todos ellos se consideran como si perteneciesen a una misma familia, viviendo en la más estrecha fraternidad: así, por ejemplo, cuando hay alguno cuya cosecha llega a ser insuficiente para su provisión del año, solicita como una cosa muy natural el auxilio de su vecino, quien con la mayor buena voluntad del mundo parte con él todo cuanto posee. Contando pues con los suyos, jamás un indígena pide a los extranjeros la más mínima cosa. Si dan ellos tan generosamente a sus compatriotas lo necesario a la subsistencia, no se hallan menos dispuestos a prodigar lo superfluo a los que son sus amigos.

El abuso de las funciones, que con motivo del gran número de festividades religiosas ha introducido el clero en Caupolicán, lo mismo que sobre el llano boliviano, es sin duda la causa principal de la ruina y del desorden. Si en semejantes días los indígenas de los «pueblos interiores» se contentan con ataviarse grotescamente y llevar sobre sus personas los variados plumajes de los pájaros de sus florestas, sin beber otra cosa que la «chicha», líquido fermentado, hecho de yucas, el cual ni es muy fuerte ni pernicioso, no sucede así con los naturales de Caupolicán, que vestidos con igual extravagancia hacen uso del aguardiente, ocasionándoles esta bebida grandes gastos al mismo tiempo que la pérdida de su salud. Por otra parte, estas festividades religiosas (durante las cuales se ocupan continuamente en beber con sus amigos, pasando así muchos días consecutivos) son tan multiplicadas, que casi no les queda tiempo para la labranza y demás faenas agrícolas, resultando naturalmente de todo esto grandísimos desórdenes.

Insalubridad de la provincia

La provincia de Caupolicán es generalmente muy sana: jamás se han experimentado en ella epidemias, y hasta las enfermedades endémicas son raras, o se hallan confinadas en puntos muy limitados. Decimos esto, porque las dos únicas pestes, que por ahora perjudican al aumento de la población, pueden desaparecer tan luego como se quieran aplicar algunos remedios. La introducción de la vacuna llegara fácilmente a extirpar la primera de estas pestes, que son las viruelas. La segunda, que hace sus estragos en el interior, es ocasionada por el viento frío del sur.

Extraordinaria suele ser la desolación que causa entre los habitantes de las regiones calurosas la aparición de este viento, el cual hace bajar inmediatamente la temperatura como de quince a veinte grados, sobre todo cuando sopla después del viento abrigado del norte. El viento del sur, que trae consigo un frío penetrante, no puede menos de ser riguroso para unos hombres cuyas vestimentas son siempre las mismas, siendo entretanto muy fácil de concebir que bastaría arroparse un poco más para moderar sus molestos efectos, cosa que no practican los indígenas, y contraen por ello, como es natural, reúmas y pleuresías; ocasionando estas una grande mortandad particularmente entre las criaturas, a las que no se tiene el cuidado de precaver por medio del abrigo contra tan funesto influjo. He aquí pues la sola causa de la lentitud con que se acrece la población, a pesar de la fecundidad de las mujeres del país.[37]

Hay en los llanos una enfermedad llamada «espundia», que no es otra cosa que una afección sifilítica muy susceptible de propagarse con el contacto. Hasta el presente se ha visto que, cuando ella ataca la boca, la nariz o otras partes del cuerpo, tanto los naturales como los extranjeros sucumben al cabo de diez o veinte años de crueles padecimientos. Con la practica de los métodos curativos, empleados en Francia, llegaría sin dificultad a extinguirse del todo esta dolencia, o a minorar considerablemente, por lo menos, sus fatales electos. Algunos ríos de las montañas, como el de Amantala, por ejemplo, suelen causar fiebres intermitentes a los moradores de sus orillas, sobre todo en las estaciones lluviosas; pero son contados los lugares donde esto sucede, y el resto de la provincia se halla exento de tales daños. Por lo demás, se ha notado que solamente de pocos años a esta parte, la población de Santa Cruz de Valle Ameno se ve infestada por semejantes fiebres, cuya existencia había sido siempre desconocida. Creo llenar un deber llamando particularmente la atención del gobierno acerca de este punto. También las provincias de Misqué y de Valle Grande, que eran muy sanas en otro tiempo, son hoy en día casi inhabitables; y habiendo observado yo mismo que el mal se aumentaba a proporción del desmonte ocasionado en las montañas por los incendios, que anualmente se practican para renovar los pastos, estoy persuadido que, haciendo cesar esta practica, disminuirían desde luego las fiebres intermitentes, y se restituiría su natural y antigua salubridad a esas comarcas.

Productos naturales

La provincia de que vamos hablando, en razón de sus diversas zonas de temperamento y de altura, y por los accidentes de su terreno ya llano, ya

---

37 El viento del sur no solamente es pernicioso a los habitantes de los pueblos del interior, sino que destruye tambien algunas veces la cosecha venidera de cacao. Parece que influye igualmente sobre los animales; pues se han encontrado monos muertos de frío, en las actitudes mas singulares y con todas las facciones descompuestas.

montañoso, presenta los productos más variados. En Suches y Pelechuco críanse los mismos animales que en el distrito de La Paz; pero a medida que se baja hacia los valles calurosos, vanse multiplicando las especies. Abundan allí sobre todo los mamíferos: multitud de monos traviesos pueblan los inmensos bosques, ofreciendo a los cazadores indígenas su carne tan sabrosa para estos, y sus pieles no poco estimadas en el comercio:[38] ciervos de todas clases y tamaños,[39] gran-bestias,[40] jabalíes y otros muchos cuadrúpedos, entre los que citaremos el «hayupas»,[41] pueden suministrar una caza abundantísima.

Encuéntranse además animales muy raros, tales como el perico ligero[42] y los osos hormigueros.[43]

A pocos países ha favorecido la naturaleza tanto como a esta provincia en cuanto a la variedad y belleza del plumaje de los pájaros: sus montañas están animadas por millares de ellos, distinguiéndose, entre los más notables, los brillantes «tunquís»,[44] los cefalópteros,[45] los picaflores, los «tanagras»,[46] los «ampelies», a cual más bellos; y una infinidad de loros y de guacamayos habladores[47] que anidan tanto sobre las montañas, como en los llanos. Encuéntranse en estos los «surucúes»[48] y multitud inmensa de otras especies, admirabilísimas por el lucido matiz de sus plumajes. Vecinos a estos, es decir, en las llanuras, se presentan al cazador, como un bocado exquisito, los «paujos» o pavas del monte,[49] los «manacaracos», o gallinetas montaraces,[50] los «huangues» o palomas torcazas.[51]

---

38 «Mycetes seniculus» y «Caraya».
39 «Cervus paludosus, campestris, rufus», etc.
40 «Tapirus americanus.»
41 Este es el Paca, «Coelogenus fulrus», animal de color «obero», bastante parecido al conejo.
42 El «Bradypus didactylus» y «tridactilus».
43 «Myrmecophaga jubata.»
44 «Rupicola peruviana.»
45 «Cephalopterus ornatus.»
46 Una multitud de clases del género «Tanagra».
47 Muchas especies del género «Ampelis».
48 Especies del género «Trogon».
49 Es una especie de «Penelope».
50 Es una especie del género «Tinamus».
51 «Columba.»

Los reptiles son raros en Caupolicán, y casi nunca hacen daño a los habitantes.

Entre tanto, cada año se recogen allí en copiosa cantidad los huevos de tortuga de agua dulce,[52] tan abundantes en las orillas del río Beni.

Además, todos los ríos de la provincia están llenos de pescados de diversas especies, entre los cuales los sábalos,[53] que suben muy arriba hacia las cabeceras, son los más numerosos; después de ellos, el «mucie» de los Quichuas, llamado también velador (pez salpicado de manchas pardas y negras), los bagres,[54] los sollos, los suches, y una infinita variedad, que sería demasiado largo mencionar. Hoy en día pescan los indígenas a flechazos, o valiéndose de una planta llamada «manuno», cuyo jugo difundido en el agua, hace morir inmediatamente los pescados. Por cierto que este último medio puede solo emplearse en un país en donde no se teme destruir al mismo tiempo la pesca venidera: en Francia, como en otras partes de Europa, tendría buen cuidado la policía de tomar sus medidas para vedarlo.

La vegetación ofrece en sus variedades infinitas una porción de plantas utilísimas al hombre. Abundan allí sobre todo las maderas de construcción, y pueden citarse, entre las más convenientes para la fabricación de muebles de lujo, el «granadillo» y el «guayabo».[55] Un árbol enteramente parecido al box europeo, tan útil para los grabados, se encuentra entre otras muchas especies, aplicables a diversos objetos y que allí se presentan a escoger. Las numerosas palmeras, a la vez que suministran una madera dura como el hierro, de la que se sirven los indígenas para hacer sus flechas, producen frutas jugosas y cocos aceitosos, susceptibles de utilizarse con grande provecho: hay otros arboles, tales como el que da las almendras apiñadas, de cuyos frutos se extraería también gran cantidad de aceite. El copaibo, y los arboles que crían las resinas más variadas, como el estoraque, el copal, el incienso, la sangre de drago, la grimilla, el «acco-acco», etc., etc., son abundantísimos en los bosques: mencionaremos asimismo los arboles productores de la goma elástica o cautchuc, y algunos otros, tales como el

---

52 Probablemente una especie del género «Emys».
53 «Paca lineatus.»
54 Especies del género «Pimelodus» y «Bagrus».
55 Llamado comúnmente en Francia «palixandre» o «palissandre».

yusuma o canelón, que brindan sus cortezas aromáticas, del mismo modo que el campeche y el yarunilas ofrecen sus materias propias para teñir.

Finalmente, la inmensa variedad de formas botánicas presenta toda clase de recursos industriales y comerciales.

Entre los productos de las plantas silvestres, aun podemos citar el cacao, que ha llegado a formar en los pueblos interiores bosques considerables, que se extienden cada día más y más, prometiendo recursos inagotables al comercio: sucede otro tanto con la vainilla, que crece naturalmente en las selvas.

Las plantas medicinales son multiplicadas; colocaremos en el primer rango la cascarilla,[56] que abunda sobre todas las montañas vecinas a los pueblos de Pata, Moxos, Santa Cruz de Valle Ameno, Apolo y Aten, en donde se acopia solamente la que se cría en los alrededores, mientras que superficies inconmensurables, tanto al norte como al sur, están vírgenes todavía, sin que jamás se haya efectuado en ellas el corte. Hay otras plantas medicinales, conocidas tan solo en el país, como el matice[57] de los Españoles, que los indios llaman «moco-moco», y cuyas hojas astringentes cierran las heridas, cortan la gangrena, y son antiescorbúticas; el bejuco,[58] antídoto famoso en el país contra la picadura ponzoñosa de las serpientes; el «ebacua-ruro», nombre que significa, en lengua tacana, «simiente de hijos»: esta planta se compone de unos bulbos pequeños, que los indios echan en infusión en el vino, dando a beber el líquido resultante a las mujeres estériles con muy eficaz resultado. El «tribi-cirué» tiene entre tanto una virtud contraria a la del «ebacua-ruro». Los indios del interior de la provincia, en vez de la «llipta» (pasta dura compuesta de cenizas llenas de potasa) que mascan junto con la coca los indígenas de los altos llanos, se sirven de una planta llamada «chimacro». Emplean igualmente el «chepereque» como un medicamento excelente.

Hay también allí multitud de plantas venenosas, entre las cuales es muy notable el árbol del «manuno», que se cría en las inmediaciones de Pata: cuando se toma del negro, y en una dosis copiosa, es un veneno sumamente activo; pero si se toma del blanco, no es otra cosa que un simple purgante.

---

56 Especie del género «Cinchona».
57 Especie de «Piperace».
58 Especie del género «Aristoloquia».

Se hace mucho uso de esta planta para pescar en los estanques, donde tan luego como se arroja, da la muerte a todos los pescados, sin que la carne de estos llegue con tal motivo a ser dañosa: suelen llevar también al interior este vegetal, para emplearlo, ya en la pesca, ya en la destrucción de los gusanos, que atacan a las bestias valiéndose de las heridas que les dejan los sanguinarios murciélagos.

De todos estos productos naturales de la vegetación, solo se exportan, tal cual madera de ebanistería, cuando expresamente se hacen algunos pedidos de ella; cierta porción de aceites de coco, de almendra y de copaiba; las resinas del estoraque, del copal y del incienso; y sobre todo, mucha cascarilla y buena cantidad de cacao.

No son menores las ventajas naturales que presenta en aquel país el reino mineral. El oro abunda particularmente, extendiéndose sobre una superficie considerable: se encuentran muchas minas de lavadero, o aventaderos de este preciado metal, en las cercanías de Suches, donde los Incas las beneficiaban antiguamente, y siguen hoy beneficiándola los actuales moradores; pero la carestía de agua es un grande obstáculo para este género de laboreos. Hay además mineros de veta en el río «Mutu-Solo», sobre las playas de Pelechuco, y más arriba de la aldea de este nombre. Las montañas de «Suni-chuli», en la dirección de «Charasani» hacia el norte de Pelechuco, encierran las venas más ricas: las ofrece igualmente el río de Amantala. Se hallan también algunos lavaderos sobre las colinas del río de Santa Rosa y en el río de Aten, sin que se practique el laboreo en ninguno de estos puntos. En todos los lugares donde se encuentran rocas silurianas, representadas por pizarras azulinas, puede afirmarse la existencia del oro; pues que este metal, cuando se halla en el fondo de los valles, proviene de la «denudación» geológica de esas rocas. En las montañas de Santa Clara, cerca de Santa Cruz de Valle Ameno, se ha descubierto últimamente una mina de plata y de plomo, la que tampoco se beneficia.

Productos industriales

Tanto en Suches como en los alrededores de Pelechuco se dedican los habitantes de Caupolicán a la cría de las llamas. Los otros pueblos poseen cierto número de vacas, algunos rebaños de ovejas y unos cuantos caballos mulas y burros; pero están muy distantes todas estas poblaciones de tener lo suficiente en ganados para proveer a sus necesidades, así es que se ven obligadas a comprar algunos más a los comerciantes que van a la provincia.

Los productos de labranza son algo más considerables: en las cercanías de Suches y de Pelechuco cultívanse las papas, la cebada para el pastoreo, el trigo, la quinua, la oca[59] y todas las plantas de las regiones frías. En los demás distritos, donde la temperatura es más caliente, se siembran, el maíz, el arroz, la coca,[60] el café, superior a todos los del mundo, el tabaco, el algodón, la caña dulce y otros muchos frutos, como el papayo, los zapallos, las sandías, la racacha, los camotes, la gualuza, la yuca o mandioca,[61] juntamente con el maní, los ananaes, la palta, el banano o plátano y los naranjos. En algunos pueblos del interior se ha introducido además el tamarindo.

Estas producciones agrícolas, sirven para el consumo de la misma provincia, exceptuando solamente la coca, el tabaco, el café, el arroz y las bananas de que se hacen orejones; frutos con que los indios efectúan sus trueques por mercancías extranjeras.

«Comercio.»

Los frutos de toda especie, que se aplican al comercio de la provincia de Caupolicán, pueden avaluarse como sigue.

Coca,	20.000 arrobas a 4 pesos	80.000
Cacao,	10.000 libras a 1 peso en trueque.	10.000
Tabaco,	1.00 mazos a 4 reales en trueque.	5.000
Arroz,	100 quintales a 8 pesos.	800
Diversas drogas, maderas, pieles de monos, loros, etc.	1.000	
Cascarilla,	3.000 quintales a 8 pesos.	33.000
	————	

---

59 Especie del género «Oxalis» que hoy se planta en Europa.
60 Al ocuparme de la provincia de Yungas hablaré sobre la cultura y el empleo de esta planta.
61 Es una especie del género «Janipha».

El presupuesto de gastos de la provincia es el siguiente:

Contribución personal de los indígenas.	7.800
Derechos de aduana.	16.000
Sueldos de los curas, en frutos y en dinero.	12.000
TOTAL	35.800

Se ve pues, por la diferencia de ambos totales, que la provincia dispone todavía de 94.000 pesos; sirviendo esta cantidad a sus habitantes para la adquisición de las mercadurías que les vienen del exterior.

El comercio de exportación se practica con las provincias vecinas, situadas sobre la alta planicie del departamento de La Paz, y con algunos puntos del Perú. Este comercio, como ya se dijo al hablar de las parroquias en particular, es puramente de trueque, arreglado sobre valores ficticios bien inferiores al valor positivo, redundando por lo tanto en pingüe provecho de los mercaderes ambulantes, que van al efecto hasta Caupolicán. Los artículos comerciales de importación son: la carne fresca o salada, el sebo, los quesos, el pan, la sal, la harina, el aguardiente: toda clase de gruesos tejidos indígenas de lana y de algodón para el uso de los indios, cierta porción de telas europeas para los empleados: las mulas, los caballos y algunos burros de carga para los trasportes.

Las facilidades de comunicación son en todo país el primer requisito para el adelanto del comercio y de la civilización. A este respecto, y como debe haberse ya entrevisto por los itinerarios que quedan detallados, los malos caminos han sido siempre en la provincia de Caupolicán el principal obstáculo a la propagación del comercio: este estado de cosas era entretanto mantenido de propósito por los empleados seculares o religiosos, a fin de conservar exclusivamente para ellos el monopolio de trueques. Habiendo

---

62   Cuando el Gobierno llegue a entablar el Banco de rescate de cascarilla, no hay duda que su producto se vera doblado, pudiendo contar entonces la provincia con una renta anual de 66.000 pesos.

pues el gobierno descuidado del todo y por largo tiempo la reparación de los caminos, no podía ciertamente existir el comercio sino a riesgo de los hombres y de los animales; así es que el negociante, al realizar sus ventas, se veía precisado a contar en el presupuesto de pérdidas las mulas que se estropeaban y las que perecían por causa de los malos caminos. Los inmensos espacios de terreno pantanoso, sobre los que se colocaban algunos troncos atravesados para facilitar la circulación, eran sobre todo los tránsitos de peligro, porque donde llegaba a faltar un tronco caía luego la pobre mula, quebrándose la pierna, o sumiéndose hasta los encuentros en el profundo lodazal. Felizmente el actual gobierno se aplica ya con mucho conato en mejorar estos caminos, deseoso de dar mayor impulsión al comercio. Se han renovado algunos antiguos, y hase abierto uno nuevo de veintidós leguas, que va de Apolo hasta Guanay.

Entre tanto, los gravámenes personales que pesan sobre los indios del interior, obligados como están a reemplazar a los animales de carga, transportando sobre las espaldas y por larguísimas distancias toda clase de mercancías, son sin duda alguna, la causa que hace más tardío el adelanto comercial en aquellas comarcas, paralizando hasta el deseo mismo de cosechar los frutos que la naturaleza ofrece espontáneamente por todas partes.

«Mejoras, agrícola, industrial y comercial de que la provincia es susceptible.» Este capítulo debería ser muy largo, en razón de la variedad del terreno y de las diversas zonas de altura que presenta la provincia; mas como tengo que examinar, al hablar de Moxos, la cuestión concerniente a las llanuras cálidas, y en la sección de Yungas lo que respecta a las montañas arboladas, calurosas y templadas, así como en la de La Paz lo tocante a las encumbradas planicies y a las montañas rasas y estériles, me remito a estas diversas provincias para la indicación de las mejores que les son comunes con Caupolicán, siéndome permitido el apreciarlas con tanto más acierto en aquellos lugares, cuanto que por mí mismo he recogido en ellos notas muy prolijas sobre la materia. Me ocuparé pues, por ahora, solamente de aquellas modificaciones importantes, que me parecen más especiales a la provincia de Caupolicán.

Acaba de verse que hoy en día, a pesar de la abundancia de pastos excelentes que presenta la naturaleza sobre las alturas de Pelechuco, en las cercanías de Pata, de Santa Cruz de Valle Ameno, de Apolo y de Aten, a pesar de los que ofrecen con profusión los llanos de los distritos interiores, la carne fresca y el tasajo se cuentan entre los artículos de importación comercial.

Si se fomentase la cría de ganado vacuno, es indudable que en vez de recibirlo del exterior, vendría a ser él un ramo importante del comercio de salida: otro tanto sucedería con los rebaños de ovejas, que llegando a multiplicarse suministrarían a la vez su carne y sus lanas en abundancia. Aumentándose en igual proporción los caballos y las mulas, se activaría considerablemente la exportación de los frutos, contribuyendo esta circunstancia al acrecimiento de las rentas de la provincia, y a la cesación de esa penosa y degradante servidumbre que hoy abate a los indios del interior, obligados como están de ir a puntos apartados haciendo el oficio de las bestias; libres ya de semejante cargo estos infelices, emplearían entonces sus jornadas en labrar la tierra, o en cosechar simplemente las producciones naturales del país, sin que les asistiese el temor bastante justo que antes los forzaba a desecharlas.

La dilatada extensión de las llanuras del interior sería como en Moxos el centro de la cría de toda especie de ganados; ellas mudarían completamente de aspecto al cabo de pocos años, cubriéndose de millares de vacas y de caballos. Con la posesión de estos, veríase el gobierno de Bolivia hartamente provisto de recursos para su ejército; recursos que están bien distantes de poseer las repúblicas de Chile y del Perú.

Por otra parte, la solicitud en buscar los animales vestidos de hermosas pieles, tales como los marimonos negros y rojos, no dejaría de producir grandes provechos, del mismo modo que la conservación de las pieles de gran-bestia, que con el curtido se transformarían en cueros los más convenientes para los arneses de coches; diremos otro tanto de la piel de los venados, que es tan elástica y suave como el cuero de la gamuza, del que fabrican en Europa los guantes más estimados, o el calzado de mayor comodidad.

Los huevos de tortuga que se encuentran sobre las orillas del Beni, darían, por medio de la preparación empleada en las riberas del Orinoco, la excelente manteca de tortuga, uno de los elementos de la cocina de los indígenas.

Vista la sin igual abundancia de pescado que se encuentra en el río Beni y en sus tributarios, podría entablarse sobre algunos puntos la pesca en todas reglas; conservando luego por medio de la salazón los productos de ella, de manera que se viniese a crear un nuevo y muy importante ramo de exportación, el cual no dejaría de ser estimado, sobre todo en las poblaciones de las altas planicies, como las ciudades de Oruro, de La Paz, etc.

La vegetación es lo que principalmente ofrece mejoras considerables. Tan luego como la industria de las ciudades se apodere de los productos naturales del interior, llegaran a verse llenas las plazas comerciales de maderas las más preciosas para la ebanistería, beneficiando así los bosques inmensos que cubren las montañas y los llanos. El box, actualmente tan escaso y tan caro en Europa, y del que no se pueden conseguir grandes planchas, se vería reemplazado por esos maderos amarillos, abundantísimos en aquellas comarcas, y que, a más de ser tan sólidos y compactos como aquel, tienen la ventaja de poder suministrar laminas de todos tamaños a los grabadores.

En cuanto a las paleras, no solamente reportaría de ellas el comercio sus cocos exquisitos y su rica madera para la ebanistería, sino también sus aceites utilísimos a la industria; igual provecho se sacaría de los almendros de cavinas.

Grandísimas ventajas se obtendrían con buscar escrupulosamente las varias y útiles resinas, sobre todo el copal, que es el primer elemento del barniz más hermoso que se confecciona en Europa.

La importancia de la goma elástica, empleada en el continente europeo para la fabricación de diversos artículos, como los corsees, las ligas y los tirantes o suspensores, se aumenta de día en día, constituyendo el más importante ramo del comercio y de la industria de los habitantes de Para, que van exclusivamente a dedicarse a su cultivo en grande, ¿qué impedimento hay para que la rica provincia de Caupolicán no pueda hacer otro tanto, siendo también poseedora de este vegetal? La cascarilla, que durante algunos años ha dado millones al comercio, aun no tiene cuando agotarse. Hasta el día de hoy solo se ha practicado el corte en las inmediaciones de los lugares habitados, y mucho importaría el extraerla de lodos los sitios en donde se encuentra. Según informes que he podido recoger, los indios dedicados a esta faena se dispersan por las montañas, y así, aislados uno a uno entre los bosques, cortan la preciosa planta sin ningún género de precauciones, sin elegir siquiera la estación más apropiada para el caso. Desprovistos además de parajes donde ponerla en depósito y a cubierto contra las frecuentes lluvias, les acontece muy a menudo el malograr completamente sus acopios, o el verlos en gran parte averiados. Siendo pues evidente que la cosecha de la cascarilla esta destinada a ser uno de los ramos más seguros de las rentas del Estado, convendría mucho que las autoridades reglasen el modo de practicar el corte, dictando para ello ciertas ordenanzas, cuyo principal objeto fuese poner un término a la destrucción que se generaliza y cunde por todas partes, dejando marcada en algunas la huella de su tránsito, con la ausencia total de los arboles que la mano de la naturaleza había plantado.

La necesidad de conservar sus maderos de construcción, de carpintería y hasta los que se destinan para servir de leña, ha obligado a la Francia, hace ya mucho tiempo, a crear la «Administración de Bosques», que tiene por objeto cortar los abusos de todo género a fin de conservar recursos para el porvenir. Tiempo es ya también de que Bolivia, en donde aun pertenece al Estado más de la mitad de los terrenos, trate de crear un cuerpo vigilante y activo que tenga a su cargo; 1.ª Poblar de arboles europeos, tales como el abeto, el abedul o álamo blanco, etc., las montañas vecinas a La Paz, a Chuquisaca y a Potosí, a fin de proveer a estas grandes ciudades de leña y de maderas de carpintería; 2.ª Prohibir, bajo las penas más rigurosas, el desmonte por medio del fuego; lo cual impidiendo detenerse a las nubes acrecenta de día en día la falta de humedad, y priva por lo tanto a los campos de su riego natural, haciéndolos estériles, o deja que los aguaceros impetuosos, teniendo el paso libre, arranquen y arrastren sobre las alturas la tierra vegetal, a la que suceden rocas desnudas e infecundas en los lugares donde crecían los arboles más hermosos; 3.ª Evitar que los indígenas arranquen en vez de cortar los arbustos que suministran la leña y el carbón, para que puedan estos volver a echar renuevos; disponiendo, además, que los cortes se afecten por tablones sucesivos, lo cual impedirá la destrucción completa que se hace ya sentir sobre muchos puntos donde crecen plantas leñosas; 4.ª Practicar la extracción de la cascarilla en grande, pero con arreglo a ciertas ordenanzas, y fijando ante todo la estación más propicia, para que al mismo tiempo que se aproveche en la totalidad el producto de las cosechas anuales, pueda siempre conservarse esta planta para el porvenir. Entre tanto, las medidas más eficaces que creo deber señalar, para la conservación y regular beneficiación de este ramo importante de las entradas del erario, son las siguientes.

1.ª Puede el gobierno de la república hacer contratar en Europa un empleado de «Bosques», inteligente y versado en el manejo y la aplicación de mejoras sobre la materia, para confiarle la inspección general de los bosques de cascarilla, el cual transportándose de un punto a otro vigile y dirija continuamente a los empleados subalternos colocados en cada provincia.

2.ª El empleado subalterno estará encargado de ordenar y dirigir la extracción de la cascarilla en cada una de las parroquias de la provincia. Para que la cosecha se haga con la perfección debida, será preciso empezar desde luego por abrir caminos en dirección a todos los valles donde se cría este vegetal, dividiendo enseguida el territorio en diez «secciones», por ejemplo, a fin de no beneficiar sino una por año, dando tiempo de este modo a las otras de volver a poblarse para cuando les llegue su turno.

3.ª La cosecha debe tener lugar solamente en los meses de junio, julio y agosto, que es cuando los tallos se encuentran en un estado más perfecto de madurez, y cuando la planta contiene mayor cantidad de savia, sin que sea de temer que llegue a secarse en consecuencia del corte.

4.ª Es menester dar principio en cada parroquia a la operación del corte, trazando ante todo un sendero de extracción, y construyendo una o muchas barracas en el centro de la «sección» que se beneficia, para que los jornaleros dispersos puedan ir depositando en estos sotechados el producto diario de sus faenas, y hacer que se seque allí la cascarilla sin los accidentes de averías o de completo malogro.

5.ª Para no destruir los arbustos al efectuar los cortes, será preciso elegir el momento de su mayor sazón, y cortarlos un poco más arriba de las raíces, sirviéndose para ello de podones; teniendo después la precaución, si la cepa no echase retoños, de dejar en reserva algunas plantas de trecho en trecho, las que sembraran de nuevo y naturalmente sus alrededores, en el transcurso de los diez años intermedios entre cada corte de la «sección». Si el Gobierno boliviano dictase medidas análogas a las tomadas en Francia para el corte regular de los bosques del Estado, es indudable que nunca se vería en la necesidad de suspender las cosechas de cascarilla, único medio que hoy emplea para impedir la total destrucción de este específico. Todos los años se recogerían productos considerables y de mejor calidad: estos productos conservarían siempre el mismo valor comercial, en ver, de bajar de golpe, como sucede cuando el corte abandonado al arbitrio y discreción de los indígenas se practica con tal desorden, diríase mejor, con tal desenfreno, que los acopios llegan a sobrecargar las factorías y luego los mercados de Europa, haciendo que se dejen de mano las cosechas en general, durante algunos años.

Finalmente, para que el comercio de la cascarilla tome una extensión conveniente, para que pueda, a más de ser duradero, producir las incalculables ventajas de que es capaz bajo una buena administración, sería menester que el Gobierno instituyese un régimen severo y bien reglamentado acerca de las cosechas, y que tratase de establecer cuanto antes el «Banco de rescates» proyectado, del cual depende la regularización de este comercio en el extranjero.

El segundo ramo importante del comercio de la provincia, que también puede recibir una inmensa extensión, es sin duda alguna el cacao. Se ha visto que cerca de los pueblos interiores de San José, de Tumupaza, de Isiamas y de Cavinas, los bosques se encuentran poblados de cacahuales, suministrando anualmente abundantísimas cosechas, de que no hacen caso los indígenas por no verse obligados a trasportar su producto sobre las espaldas. Bastaría para poner un término a tal estado de cosas, abolir desde luego esa servidumbre personal, y establecer en cada parroquia, sea factorías particulares al comercio, sea oficinas encargadas de dar a los indígenas, por cuenta del gobierno, un valor equitativo en cambio de las arrobas de cacao que ellos pudiesen recoger. Además, haciéndoles familiares ciertas necesidades que aun no conocen, se despertaría entre estos indígenas el deseo de adquirir los medios para la satisfacción de aquellas, empeñándolos por este medio a no desechar esos productos inmensos y de tanta valía, que todos los años sirven solo para el regalo de los animales de las selvas.

Aunque pudiera la provincia de Caupolicán dar incremento a la cultura de su coca, sin llegar por esto y en esto, sea dicho de paso, a competir jamás con las provincias de Yungas y de Muñecas; aunque sería posible fomentar en ella el cultivo del arroz, del café, del maíz y del tabaco, así como ocuparse en el laboreo de las minas de oro que abundan en las montañas, sacando de ellas los especuladores no pocas ventajas; aunque sería dable utilizar también el algodón, aplicándolo a la industria fabril para surtir a sus habitantes de géneros de vestimenta, creo que estos ramos comerciales e industriales deben ser de un orden secundario en esta provincia.

Para que cada una de las diversas partes de un territorio rinda el máximum de sus productos, para que el comercio tenga allí un interés, una tendencia especial, es menester dar, en detrimento de los otros ramos comerciales, una amplitud sin coto a el que con menos trabajo puede producir más pingüe utilidad; sobre todo cuando no tiene competencia vecina.

En último análisis, diré que fomentando exclusivamente en la provincia de Caupolicán, por una parte la cultura de la cascarilla en las montañas, por otra la del cacao en los llanos, los dos solos frutos que presentan un interés de utilidad general a la república, por la extensión que pueden recibir en su comercio, se tendría en vista el bien y el adelanto de las otras provincias de las altas planicies, dándoles mayor cabida para el despacho de los productos de su industria particular, ya sea fabril ya solamente agrícola. De este modo los caupolicanos tendrían también un campo libre para dedicarse con estímulo a la cosecha regular y ordenada de la cascarilla, y a la copiosa y activa del cacao.

Si fuese posible acantonar definitivamente los productos por provincias, dejando, por ejemplo, a la industria de los altos llanos de Bolivia, en los departamentos de La Paz, de Oruro y de Potosí la fabricación de los tejidos de lana y la cría de ganado lanar; a las provincias de Chiquitos y de Moxos los tejidos de algodón; a las provincias de Yungas y de Muñecas el cultivo de la coca; a los valles templados de Sicasica, de Apupaya, de Cochabamba y de Chuquisaca la siembra del trigo, el fomento de los gusanos de la seda y la plantación de viñas; a Santa Cruz de la Sierra, a Moxos y a Chiquitos la cría de toda especie de ganados y el cultivo de la caña de azúcar; finalmente, a Caupolicán la cascarilla y los cacahuales, se obligarla, por decirlo así, a sus respectivos habitantes a un trafico interior, o comercio mutuo de exportación, que haría cundir por todas partes, al mismo tiempo que la riqueza, los gérmenes fecundos de la civilización.

Los estados europeos tienen necesidad de esta clase de comercio recíproco, para utilizar cada uno sus producciones especiales. A este respecto, y en parangón de lo pequeño con lo grande, las más altas cuestiones de porvenir comercial pueden aplicarse a la república de Bolivia; presentando ella en sus diversas provincias todas las zonas, todos los temperamentos, y pudiendo producir con el fomento de la industria todo cuanto producen los otros pueblos y países del mundo.

Entre tanto, la primera medida que debe tomarse para el adelanto y las mejoras de la provincia de Caupolicán, y para hacer que ella adquiera prontamente el grado de importancia comercial a que se ve destinada, es el establecimiento de las vías de comunicación con las provincias del interior, y también el de las que deben mediar entre los diversos puntos habitados. Es fácil abrir sobre todas las montañas senderos de no mucho costo para el tránsito de las mulas, pues que las piedras (el material más preciso) se encuentran a la mano, no exigiendo por lo demás la conservación de estas vías sino un ligero cuidado. En los lugares donde se ha establecido al presente, sobre un espacio considerable de leguas, el abominable sistema de palizadas o de troncos atravesados, se podían construir terraplenes o calzadas de piedra; y a fin de impedir que, acequiándose estas con el pasaje continuo de las bestias, se llenasen de aguas llovedizas, darles una forma convexa y abrir una pequeña zanja a cada lado para el derrame de aquellas, como se practica en la construcción de caminos reales en toda Europa.

Estos caminos que indicamos, no necesitan de una anchura desmedida, y por consiguiente no exigen grandes gastos; a más de esto, la imposición de un derecho de peaje, nada gravosa por su modicidad a los transeúntes, cubriría fácilmente los desembolsos anticipados del Gobierno. Los ingenieros en el ramo de puentes y caminos, actualmente en ejercicio en la república, podrán por lo demás, en vista de los recursos locales, hacerse cargo de los medios más económicos que sean menester para establecer cuanto antes, con la cooperación y buena voluntad de los indios, esas vías de comunicación, únicos medios de estimular la industria y el comercio, y de activar la civilización de la provincia.

Caupolicán es a este respecto quizás la más favorecida de todas las provincias de Bolivia, hallándose cruzada por ríos navegables de cuya utilidad e importancia parece que no se hiciera el menor caso. ¿Como es posible creer, por ejemplo, que desde muy antiguo (más de sesenta años) se esté haciendo llevar en hombros de los infelices indios, por el desmesurado tiro de cincuenta o sesenta leguas, hasta la capital de la provincia, todos los frutos de los pueblos interiores de Ysiamas, de Tumupaza y de San José, siendo tan fácil embarcarlos y hacerlos subir por el Río Beni hasta un punto poco distante de Apolo? Ni como será creíble que, teniendo a su disposición un vehículo de tanta importancia, un río tan caudaloso como el Beni, no se haya hecho uso hasta el presente, para ir desde Ysiamas a Cavinas, sino de mezquinas balsas, mientras que se cuenta más de siglo y medio desde que en Moxos se navega en canoas? Es pues muy probable que semejante estado de atraso en Caupolicán, aun relativamente a las provincias vecinas, no provenga sino de la falta de relaciones comerciales. Y sucede efectivamente que hablar de la provincia de Caupolicán, a un Potosino por ejemplo, es ocuparlo de una cosa de que solo conoce el nombre, como conoce los de la China y de la Turquía, sin que ni por pienso esté al cabo de lo que allí se pasa.

Con medios tan sencillos como la navegación ya puede imaginarse lo que llegaran a ser Cavinas, Ysiamas y Tumupaza cuando embarcaciones de vela o de vapor trasporten sus productos, en cantidades del mayor peso que se quiera, tanto hasta cerca de Apolo por el río Tuyche, como hasta un corto tiro de La Paz por los ríos Mocetenes y Bogpi. Bastaría, sin embargo, para hacer cesar desde luego la triste servidumbre de los indios, en entablar la navegación de barcas; mas, para que la construcción de estas fuese cómoda y no costosa, sería menester que el Gobierno hiciese venir de Europa hombres inteligentes en el arte, a fin de que, economizando gastos inútiles, pudiesen dirigir a los indígenas en la construcción, en el armamento y en la manera de servirse de tales embarcaciones. Sin esta precaución, la inexperiencia de los habitantes puede todavía retardar, por largo tiempo, la ejecución de una medida que es de primera necesidad para la mejora de la provincia.

Pudiera yo decir en este lugar una palabra sobre las ventajas que le están reservadas a la provincia con la navegación del río Beni hasta el de las Amazonas, bajando enseguida hasta el mar para encaminarse a Europa; mas, como tengo que tocar este punto al ocuparme de la provincia de Moxos, que se halla igualmente cruzada por el río Beni, dejaré para entonces la exposición y el examen de cuestión tan importante.

Réstame hablar de algunas otras mejoras indispensables al bienestar de los moradores de Caupolicán. Se conseguirá restituir al país su salubridad, cortando el mal ocasionado por los fríos del viento sur tan mortífero para las criaturas de los pueblos interiores, así como los estragos causados por las viruelas entre las personas de mayor edad, cuando las aulas de medicina de la República suministren un número tal de discípulos, que pueda el Estado colocar en cada provincia un facultativo fija y suficientemente retribuido, para que con el auxilio de los curas trate de preservar a los infantes de la atroz mortandad, y propague la aplicación de la vacuna, juntamente con los otros preservativos de sanidad.

Misioneros instruidos y llenos de celo podrían igualmente, con el apoyo del Gobierno, tomar a su cargo la conversión de las castas salvajes que se encuentran al norte y noroeste de Tumupaza, Isiamas y Cavinas, creando pequeñas poblaciones, donde estos indígenas empezasen a gustar de los beneficios de la vida social; lo que contribuirá no poco al bien general del país.

Actualmente el uso inmoderado de los licores fuertes, tales como el aguardiente, que en las festividades religiosas beben con demasía, trae consigo la ruina pecuniaria de los indígenas, el grandísimo deterioro de su salud, y, como consecuencia indispensable, el desarreglo en las costumbres. Muy fácil sería, sin embargo, remediar males de esta naturaleza, imponiendo fuertes derechos a la introducción de tan perniciosos líquidos, o tomando cualquier otra medida que su buen tino le dictase al Gobierno; porque nada hay tan lastimoso como el ver cuanto perjudican semejantes excesos al adelanto social, embruteciendo moral y físicamente a los que se dejan dominar por ellos.

Por último, el establecimiento de una escuela de primeras letras en cada parroquia, medida cuya urgencia ha sido ya juiciosamente sentida por el Gobierno, contribuirá poco a poco a propagar en toda la República el idioma nacional, extinguiendo totalmente las lenguas indígenas, usadas todavía en algunos puntos, donde, por otra parte, la extensión de las relaciones comerciales ira alterándolas de día en día. En tanto que esas lenguas subsistan, no dejaran de ser un poderoso estorbo para la marcha progresiva de la civilización.

Provincia de Moxos

Circunscripción y extensión

La provincia de Moxos, una de las más espaciosas de Bolivia, pues que abraza ella sola tanto terreno como uno o dos departamentos de las regiones montañosas, ocupa el extremo norte de la república y del departamento del Beni, representando una superficie oblonga, que se dirige de noroeste a sudeste, hallándose comprendida entre los grados 10 y 16 de latitud sur y los 64 y 70 de longitud occidental del meridiano de París. Esta superficie, que tiene poco más o menos veintidós grados cuadrados, o sean trece mil setecientas cincuenta leguas, de a veinticinco el grado, se encuentra limitada hacia el norte por el Guaporé o Iténes y por el Beni (ríos que trazan los límites entre Bolivia y el Brasil), siendo el último el que la separa de la provincia de Caupolicán por la parle noroeste. Sus límites naturales hacia el oeste, por el lado del país de las Yuracarees, son las llanuras desiertas que están situadas al pie de las últimas faldas de la cordillera. Finalmente, la provincia de Moxos se halla circunscripta hacia el sur, sudeste y este por bosques impenetrables o por inmensos pantanos interpuestos, sin límite determinado, entre ella y las provincias de Santa Cruz de la Sierra y de Chiquitos.

Montañas

A pesar de hallarse la provincia de Moxos bastante vecina a las colinas de Chiquitos por el este, así como por el norte a las montañas brasileras, que contornean la orilla derecha del río Iténes, y por el oeste a las últimas faldas de la cordillera de los Yuracarees, no encierra en su circunscripción una sola montaña, ni aun siquiera insignificantes colinas, formando por lo tanto una superficie llana, que se reúne al sur con las inmensas planicies de Santa Cruz de las Sierra, y al noroeste con las de la provincia de Caupolicán. Sobre este horizonte sin límites, apenas se descubren cuatro puntos culminantes que se elevan a la altura de treinta varas sobre lo restante del terreno, y los que, a no hallarse en medio de un país tan sumamente llano, pasarían acaso inapercibidos. Estos cuatro puntos son unos morones aislados; el primero, que es el cerro del Carmen, esta situado como doce o quince leguas al sudeste de la misión de su nombre, y entre los ríos Blanco y de San Miguel; el segundo, colocado sobre la ribera derecha del río Machupo, y vecino a la misión que lo denomina, es el cerro de San Ramón; el tercero es un pequeño morro situado más abajo de Exaltación, sobra la orilla derecha del Mamoré: finalmente, el cuarto, que es el cerro de San Simón, se descubre al este de Magdalena; su reputación de muy rico me parece dudosa, como debe serlo la de todo lugar inaccesible; se asegura, sin embargo, que esta lleno de minas de oro y de diamantes.

Ríos

En un país montañoso los relieves determinan la dirección de las corrientes; pero en Moxos, cuyo territorio no presenta más que una sola llanura uniforme y sin asperidades, donde las pequeñas eminencias que separan a los ríos desaparecen bajo la inundación en las estaciones lluviosas, permitiendo atravesar en canoas una gran parte de la provincia, todas las corrientes serpentean por la llanura convergiendo del circuito hacia el centro, y encaminándose a la vertiente del Amazonas, después de haberse reunido en tres principales, que son el Guaporé o Iténes, el Mamoré y el Beni.

«Tributarios del Guaporé o Iténes.» El «Río Barbados» nace en la provincia de Chiquitos,[63] a una distancia bastante apartada de Moxos: esta corriente, la principal entre las que dan nacimiento al Guaporé, es navegable hasta más arriba de Casalbasco.

Como ella arranca de un marjal en donde toma también origen el río Paraguay, sería muy factible unir el primer tributario de este río con el Guaporé, abriendo para ello un canal de cuatro mil ochocientas varas solamente. De este modo se darían la mano los dos ríos gigantes de la América meridional, el Plata y el Amazonas, viniendo a formar un canal natural de más de mil doscientas leguas.

El «Río Verde» toma origen al norte de San Ignacio de Chiquitos, y dirigiéndose hacia el noroeste, va a reunirse al río Barbados, cerca de los 64

---

63 Al describir la provincia de Chiquitos hablaré más extensamente sobre esto río y los cuatro que siguen.

grados de longitud y de los 14 de latitud, formando con este el río Guaporé o Iténes: barcos de vapor pueden libremente navegar en él y subir muy arriba hacia sus cabeceras.

El «Río Serre» nace al norte de Concepción de Chiquitos, y siguiendo la misma dirección que el río Verde, se incorpora al Guaporé como veinticinco leguas más abajo. Es igualmente navegable para barcas de alguna dimensión.

El «Río Blanco o Baures» toma su origen también al norte de Concepción de Chiquitos; y como los dos anteriores se encamina hacia el noroeste, pasando inmediato al Carmen y a Concepción de Moxos, para ir a desaguar en el Guaporé, cerca del fuerte de Beira. Se puede navegar por este río hasta Chiquitos.

El «Río Itonama» recibe, bajo el nombre de río de San Miguel, gran parte de las aguas de Chiquitos; se une luego al «Huacaré», cerca de Guarayos, y sigue en paralelo al río Blanco hasta incorporarse al Guaporé juntamente con el río Machupo, cerca del fuerte de Beira. Los buques de vapor pueden por todas partes navegar sobre sus aguas hasta Chiquitos.

El «Río Machupo» acaudala los tributos de muchos riachuelos que parten del seno de las llanuras inundadas de Moxos: estos riachuelos son, el de «San Juan», navegable desde San Pedro, el «Moocho», el «Molino», el «Machupo» y el «Chananoca», todos ellos ya reunidos al Machupo cuando este río pasa por delante de las misiones de San Ramón y de San Joaquín, para ir a juntarse con el río Itonama, y a par de este arrojarse después en el Guaporé, cerca también del fuerte de Beira.

El río Guaporé, una vez depositario de todos estos caudales de agua, corre en dirección al oeste noroeste hasta llegar a incorporarse con el Mamoré, hacia los 12 grados de latitud sur y 68 de longitud occidental del meridiano de París.

«Tributarios del Mamoré.» El río «Mamoré» recibe todas las aguas de la vertiente oriental de las cordilleras: sus tributarios, empezando por aquellos que se encuentran más al oriente, son los que siguen.

El «Río Ivary» nace en las llanuras inundadas que están al oeste del país de los Guarayos, y dirigiéndose hacia el noroeste, recibe por su izquierda las aguas de los ríos «Tico» y de «San Antonio», yendo a reunirse con el

Mamoré un poco más arriba de la Trinidad de Moxos. Ente río es navegable casi en todo el largo de su curso.

El «Río Grande» reúne todas las aguas de las provincias montañosas de Chayanta, de Cochabamba, de Mizqué y de Valle Grande, descendiendo enseguida a la llanada de Santa Cruz, y adunándose con el Piray para formar el río «Sara» hacia el norte de la provincia. Se puede navegar en sus ondas hasta muy cerca de Santa Cruz de la Sierra.

El «Río Piray» nace en las montañas de Samaypata, provincia de Valle Grande, desemboca en el llano de Santa Cruz de la Sierra, y pasa inmediato a la ciudad de este nombre, recibiendo por todas partes pequeños tributos, y continuando enseguida paralelo al río Grande hasta juntarse con él para formar el río Sara, muy al sur de los 15 grados de latitud. Siendo muy rápida su corriente en algunas partes, solamente cuando sale de madre pueden navegar en sus aguas los barcos de alguna dimensión.

El «Río Ibabo» toma origen bajo el nombre de «Yapacany» en la cordillera orienta, hacia el este del país de los Yuracarees, y continúa corriendo, paralelo a los ríos Grande y Piray, hasta arrojarse en el río Sara, unas cuantas leguas más abajo del punto en que desagua, en este mismo, el último de aquellos. El río Ibabo es navegable en su mayor parte.

El «Río Mamoré» nace al este del río Ibabo, sobre las montañas de la vertiente oriental de las cordilleras y en el país de los Yuracarees. Su corriente, que recibe desde luego los caudales del «Chimoré», se encamina por la llanura de Moxos hacia el norte, inclinándose unos cuantos grados al oeste. Este río, recibiendo el tributo de los demás ríos de la provincia, conserva el nombre de Mamoré hasta los 10 grados de latitud sur, en cuyo término incorporándose con el Beni, toma la denominación de río de Madeiras. El Mamoré puede servir de vehículo a los paquebotes hasta el pie de las cordilleras.

El «Río Chaparé», formado de los ríos «Coni, San Mateo, Paracti» y otros muchos, nace en el país de los Yuracarees, al oeste del Mamoré sobre la vertiente oriental de la cordillera, y dirigiéndose al norte se reúne al Mamoré hacia el sur de los 15 grados de latitud meridional. Se puede navegar por él casi hasta la confluencia del río Coni, es decir, hasta el punto donde empieza la llanura.

El «Río Securi», formado por los ríos «Chipiriri, Samucebeté, Isidoro, Yaniyuta, Securi y Sinuta», navegables todos ellos hasta el pie de las cordilleras, recibe los raudales de la vertiente oriental de estas, desde los 68 hasta los 70 grados de longitud occidental, y se incorpora al Mamoré más arriba de la Trinidad, hacia el norte de los 15 grados de latitud.

El «Río Tijamuchi» que nace en la cordillera oriental, al oeste de los últimos tributarios del río Securi, recibe las aguas del río «Taricuri» y atraviesa la llanura de la provincia por la parte nordeste hasta el Mamoré, al cual se reúne como a los 14 grados de latitud, un poco más arriba de la misión de San Pedro. Grandes barcas pueden ascender por él hasta el pie de las montañas.

El «Río Aperé» toma origen, al oeste del anterior, sobre las mismas montañas: recibiendo luego el tributo del río de «San José» se encamina hacia el nordeste para ir a incorporarse con el Mamoré, más abajo del Tijamuchi, distante menos de medio grado el uno del otro. Es igualmente navegable este río hasta muy arriba de su corriente.

El «Río Yacuma» nace también al oeste del Aperé y en la misma serranía; adunándose luego con el río «Rapulo», pasa inmediato a la misión de Santa Ana y va a reunirse con el Mamoré muy al norte de los 14 grados.

Se puede subir por él hasta el confín de las llanuras.

El «Río Iruyani» tiene sus cabeceras en la llanura, y recibiendo el caudal del río «Bococa» se arroja en el Mamoré hacia el norte de los 13 grados.

El Mamoré, después de haber atesorado los caudales de estas once corrientes principales, se aduna como a los 12 grados con el río Iténes o Guaporé; continúa enseguida su marcha hacia el norte hasta recibir el desagüe del Beni y formar el río de Madeiras. «Tributarios del Río Beni.» El río Beni, del que ya se ha hecho larga mención al hablar de Caupolicán, arranca de las montañas situadas al nordeste de la cordillera, en las provincias de Cochabamba, de Sicasica, de Yungas, de Muñecas y de Apolobamba; y desembocando en la llanura como a los 14 grados de latitud, recibe por el oeste los tributos del río «Mapiri», del río «Tuyche», etc. Sigue luego corriendo hacia el norte hasta los 11 grados, en donde cambia de rumbo, torciendo al nordeste para ir a incorporarse con el Mamoré a los 10 grados de latitud.

Cuando se consideran en su conjunto las corrientes que cruzan la provincia de Moxos, no se puede menos de admirar que haya una superficie de diez y ocho grados, o sean diez mil leguas, surcada por treinta y cuatro ríos, navegables casi en todo el largo de su curso, no teniendo entretanto otro conducto para su desagüe que el río Mamoré. Resulta naturalmente de esta singular disposición territorial, que en la estación lluviosa la mayor parte de las aguas de las provincia de Chiquitos, del centro de Bolivia y de la vertiente oriental bajan a la vez, con más o menos ímpetu, a depositarse en el fondo de ese gran receptáculo, diremos así, que forma la provincia de Moxos, en donde no encontrando fácil y natural conducto para su derrame, cunden por la llanura, ocasionando inundaciones periódicas, de que pocos parajes están a cubierto: así es que puede recorrerse casi toda la provincia en tal estación, bogando en canoas que pasan sin impedimento alguno por sobre las pequeñas eminencias que separan a los ríos. Mas, si en el tiempo de lluvias hay solamente pequeñas lenguas de terreno, que hallándose al abrigo de las inundaciones forman una especie de islas en donde se crían ganados y se labra la tierra, todo cambia de aspecto en la estación de la seca: los ríos se encajonan en sus cauces, prados magníficos sustituyen a los fangosos bañados, y la provincia presenta por todas partes un suelo virgen que se brinda a la agricultura. Su territorio es un conjunto de llanuras sobre las que se aperciben de trecho en trecho boscajes aislados, ocupando terrenos más altos, a donde no alcanzan las aguas de las crecientes anuales.

La perfecta igualdad del terreno de Moxos determina en esta provincia una disposición geográfica muy particular. No solamente las pequeñas eminencias que deberían encontrarse entre las diversas corrientes, son enteramente ajenas de su territorio, sino que también ríos diferentes toman origen en un mismo pantano, como sucede con el río Machupo y el río de «Huarichona» (tributario del Itonama), que nacen ambos en el mismo lago. ¿No sería esta una ocasión oportuna para preguntar a los geógrafos demasiado sistemáticos, que en todas partes quieren que haya indispensablemente montañas entre cada surco de agua, cómo es que en este lugar no existen? A más de los ríos que acabo de mencionar hay todavía multitud de arroyos, ramificaciones de esos troncos principales, y de los que no doy aquí la nomenclatura. Sus corrientes solo pudieran servir para la navegación en las épocas de crecientes: en el resto del año se mantienen casi totalmente secos.

Lagos

Si en tiempo de crecientes la provincia de Moxos, inundada casi por todas partes, forma, por decirlo así, una sola sabana de agua; en la estación de seca las llanadas quedan enjutas, y únicamente se ven sobre las partes más hundidas del suelo, numerosos pantanos, particularmente al este y al oeste de la provincia, sin que se encuentren muchas lagunas permanentes. Pueden citarse algunas sin embargo: La «Laguna de Chitiopa», que esta situada mucho más arriba del Carmen, y en la misma cabecera del río Blanco, al que da origen por consiguiente.

La «Laguna de Itonama», que se halla colocada sobre el río del mismo nombre, como veinticinco leguas más arriba de Magdalena: tiene esta laguna cerca de dos leguas de ancho, sobre cuatro a cinco de largo y esta formada por un ensanche extraordinario del río. Solamente en un tiempo sereno se aventuran los indios a navegar en ella; pero siempre con cierto recelo que no deja de ser fundado, pues las oladas que suele de improviso levantar el viento, sumergiría infaliblemente sus canoas.

Cerca de San Ramón, se ven dos lagos permanentes, el uno situado a distancia de media legua y el otro a poco menos de dos leguas. Ambos tienen una forma oblonga y como una legua de diámetro a lo más. Es muy exquisito el pescado que se saca de ellos; pero la multitud de caimanes estorba mucho a los pescadores. Encuéntrase todavía, en las cercanías de la misión de San Joaquín, otro lago de la misma dimensión que el anterior y que también contiene pescados en abundancia.

Por el tiempo de la seca se ven finalmente a más de los citados, sea en medio de la llanura, sea inmediatos a los ríos, infinidad de pequeños lagos o estanques, cuya demasiado estrechez hace que carezcan de importancia: por otra parte, aquellos que se encuentran sobre la orilla de los ríos, como por ejemplo los que están sobre las riberas del Mamoré, cambian frecuentemente de sitio según los terromonteros o las avenidas de tales ríos.

Geología

La provincia de Moxos no presenta pues, por lo visto, otro aspecto geográfico que el de una llanura, circunscripta hacia el sur, por las montañas de los Andes y las colinas de Chiquitos, hacia el norte, por los montes brasileros del Diamantino y del Iténes. Esta llanura, en la que vienen a rematar todas las corrientes de la vertiente oriental de las cordilleras y de las vertientes occidental y septentrional de la provincia de Chiquitos y de la Capitanía general de Mato Grosso, se reúne con las pampas por medio del Monte Grande, al paso que prolongándose por la parte norte, establece en aquel punto la comunicación con la gran fuente del Amazonas: de modo que la provincia de Moxos no es otra cosa que la continuación septentrional de las pampas, la continuación meridional de las llanuras del Amazonas, o más bien, una prosecución de ese inmenso bajo que esta situado entre las últimas faldas de las cordilleras y los montes del Brasil, y que abraza de norte a sur todo el centro del continente meridional de América, interrumpido solamente, del noveno al décimo grado de latitud, por la serranía poco elevada que determina las numerosas cachuelas y las cascadas del río de Madeiras.

Cuando el río de San Miguel sale de madre, lo que se verifica todos los años, sus ribazos ofrecen aluviones terrosos, mezclados con arena muy fina o con una arcilla negruzca, y depositados en capas horizontales.

Estos terrenos vanse levantando gradualmente con la adición de las partículas arrancadas a los lugares altos de la provincia de Chiquitos.

Hay entre los ríos de San Miguel y de Baures pantanos considerables, cubiertos de aluviones fangosos modernos, y de arcillas cenagosas rojas que creo tienen alguna relación con mi terreno «pampeano», aunque no haya visto yo en ellas animales fósiles: estas arcillas forman en aquel lugar la capa inferior a los aluviones actuales; pues no se les echa de ver sino cuando estos aluviones, compuestos de tierra negruzca o de arena muy fina, llegan a ser arrancados por las «erosiones». Estos terrenos son notables sobre todo en el arroyo de San Francisco y algo más adelante, en dirección a la misión del Carmen. Según me aseguraron, estas mismas arcillas se extienden, subiendo hacia el sur, sobre una vasta superficie que se encuentra entre los ríos Blanco y de San Miguel.

En medio de ellas se levanta, como a distancia de doce leguas al sudsudeste, un pequeño morón de piedra arenisca de la «formación devoniana», que tiene mucha analogía con la de los Guarayos.

El río Blanco no atraviesa sino por sobre aluviones modernos; he hallado sin embargo sobre muchos puntos de las cercanías de Concepción, y principalmente en los contornos inmediatos a la misión, algunos retazos de terreno «pampeano» debajo de la arena finísima de recientes aluviones. Todas las llanuras, que se extienden desde Concepción y desde Baures hasta Magdalena, están formadas de aluviones, a excepción de los lugares poblados de pequeños boscajes en donde se descubre un poco de arcilla cenagosa roja: los ribazos de «Guacaraje» y varios puntos de los alrededores de Magdalena también la manifiestan. Estos pequeños retazos de terreno «pampeano», diseminados por todas partes, me dieron una prueba inequívoca de que ese limo cubre la parte oriental de la provincia, y que si no esta visible en otros puntos es porque ha sido tapado. En aquellas planicies, una vara de diferencia en el nivel es bastante para que lo encubran los aluviones, haciéndolo desaparecer totalmente. Hay al este, 20 grados norte de la brújula y como a diez leguas de Magdalena, un morro bastante alto que no alcancé a visitar; pero que, según me aseguró un Cura que la había examinado, debe componerse también de piedra arenisca.

Entre Magdalena y San Ramón se ven todavía llanuras cubiertas de aluviones, advirtiéndose solamente cerca de la hacienda de San Carlos, y entre los ríos Machupo y Huarichona, algunas manchas de arcilla rojiza.

En San Ramón se descubre debajo de esas arcillas cenagosas, una verdadera arcilla que contiene gran número de pepitas de hierro «hidratado», y que ofrece en todo la capa de mi terreno «guaraniano». Es efectivamente el mismo envoltorio, y entran en su composición los mismos granos redondos. Puesta la una junto a la otra estas dos rocas no presentan la más mínima diferencia. Sobre los ribazos del río Machupo se manifiestan arcillas rojas, cubriendo todos los puntos en seco, de los contornos de San Joaquín. Sin embargo, sobre el sitio mismo de la misión y en su circuito, así como siete leguas más al norte, y también cerca de la confluencia de los ríos Machupo e Iténes, he notado bajo terrenos «pampeanos» retazos considerables del «terciario guaraniano» con pepitas de hierro «hidratado». Estas arcillas, llenas de negras y lustrosas pepitas de «hidrato» de hierro, cubren, según mis particulares observaciones, una superficie de cerca de veinte leguas de largo, en donde el más rico mineral de hierro se muestra a flor de tierra sin que jamás se haya pensado en beneficiarlo. Al efectuar este descubrimiento el año de 1832, inmediatamente calculé las pingües ventajas que podría reportar a la república el laboreo de estas minas; y no cabe la menor duda en que se operaria un cambio favorable de cosas, proporcionando a sus habitantes el material y los medios para entregarse a todo género de empresas industriales.

La ribera izquierda del Guaporé, cerca del Fuerte de Beira, se compone de terrenos bajos inundados en tiempo de crecientes, o de retazos de terreno «guaraniano» con sus pepitas de hidrato de hierro: la ribera derecha, por el contrario, se va levantando en colinas hacia la serranía formada por uno de los ramales del Diamantino, la cual serranía, dirigiéndose en paralelo con la corriente del río Iténes hacia el oeste noroeste y estesudeste, continúa hasta un punto bastante apartado en medio de las selvas, donde viene a determinar las cachuelas y las cascadas del río de Madeiras. Compónese esta serranía de piedras areniscas desmoronantes, muy ferruginosas y generalmente rojas, análogas en todo a las de la Sierra de San José de Chiquitos y también a las de las últimas faldas de la cordillera, que bajan hacia el norte y nordeste de Cochabamba. Esta piedra arenisca forma un todo compacto de capas que se esconden bajo un ángulo de doce o quince grados. Estas capas, que parecen extenderse hasta muy lejos hacia el norte, van a rematar cerca del río Iténes, donde son encubiertas, sobre una anchura de más de una legua, por conglomeraciones ferruginosas, en vetas perfectamente horizontales, y que contienen mucho hidrato de hierro. Estas conglomeraciones, enteramente idénticas a las de Chiquitos, y aun diré también a las de la provincia de Corrientes, representan exactamente mi terreno «guaraniano». He hallado pues, en esta parte de la provincia, las conglomeraciones ferruginosas del «terciario guaraniano» como nivel de los terrenos antiguos; en la arcilla, la capa con sus pepitas de hierro «hidratado», análogas a las de Corrientes; y por último, el terreno «pampeano» con sus limos: todo lo cual se encuentra cubierto por aluviones modernos.

La corriente del Guaporé me ha presentado por todas partes, sobre su ribera izquierda, aluviones modernos, que se extienden hasta un punto que esta diez leguas antes de llegar a la confluencia, en donde he creído notar nuevamente una capa considerable de arcilla cenagosa rojiza, mezclada con aluviones: la orilla derecha se compone entretanto, por el espacio de algunas leguas, de conglomeraciones ferruginosas frecuentemente encubiertas por aluviones, luego de aluviones solamente y de terrenos inundados hasta la confluencia del Mamoré. No me ha ofrecido este sobre sus riberas, durante casi todo el largo de su curso, otra cosa más que aluviones modernos arenosos. He notado sin embargo, algunas leguas más abajo de Exaltación, en medio de un bosque situado a poco trecho del río, una pequeña colina aislada en el llano, a la que no pude acercarme; pero me aseguraron que se componía de piedra arenisca desmoronable, análoga tal vez a la piedra arenisca carbonífera. Encontré también arcillas cenagosas rojizas, debajo de aluviones, en los alrededores de las misiones de Exaltación, de Santa Ana, de San Pedro, de San Javier, de Trinidad y de Loreto.

La corriente del río Chaparé me ha enseñado por todas partes aluviones modernos arenosos; he creído notar sin embargo, sobre muchos puntos, que bajo estos aluviones se ocultaban arcillas cenagosas, pero sucede esto tan solo a una gran distancia de las montañas. Los primeros guijarros se manifiestan en la confluencia de los ríos Coni y de San Mateo. He visto realizado esto mismo en el río Securi. En todos los parajes donde la corriente no transita por sobre los terrenos ya recorridos por las aguas, he visto una espesa capa de terreno de aluvión, formada de arena muy fina o de arcilla parda, hornaguera, la cual encubre una arcilla cenagosa, amarilla o rojiza, de una época bien distinta y que anunciaba evidentemente provenir de causas anteriores al actual estado de cosas. Un documento histórico sobre la edad de los aluviones me lo aseguró completamente. Sobre un ribazo del río Securi, algo más abajo de su reunión con el río Sinata, llegué a descubrir una barranca, poco más o menos, de ocho varas de alto, que había quedado a descubierto por estar las aguas enteramente bajas. Esta barranca se componía; de dos varas de arcilla cenagosa amarilla rojiza, un poco untuosa y en la que no vi resto alguno de cuerpos organizados; de una capa de seis varas de arena muy fina, frecuentemente entremezclada con arcilla y con arcilla hornaguera negruzca. En la parte inferior de estas últimas capas, y en un pequeño trecho lleno de carbón de leña, encontré gran número de fragmentos de vajilla de barro cocido, cuyas formas revelaban aun el uso a que estaban probablemente destinados los vasos y demás útiles que tales tiestos debieron componer. Estos vestigios de una morada antigua de la raza indígena, que descubrí enterrados como cinco varas más abajo del terreno actual, sobre el cual se alzan hoy en día arboles corpulentos y que cuentan muchos siglos, dióme un seguro testimonio de que la existencia de toda aquella arena menuda o de esa arcilla hornaguera debía ser posterior al establecimiento del hombre en aquellos lugares; siéndome permitido por lo tanto, considerar con evidencia esas capas de aluvión como enteramente análogas a las capas formadas por los fenómenos todavía existentes.

La corriente del río Grande me ha presentado aluviones hasta la confluencia del río Piray; pero muy luego hame ofrecido este por todas partes arcillas cenagosas, o levemente pegajosas, amarillentas o rojizas, las cuales componen todo el albeo del río y sus ribazos. Son estas arcillas las que toda vez que las aguas se encuentran bajas determinan esa especie de cachuelas, en donde la diferencia súbita del nivel haciendo que la corriente sea más rápida, obliga a los navegantes a retirar del agua sus canoas y a trasportarlas por tierra hasta salvar la cachuela, para volver a emprender su marcha por el río. Esta especie de resaltos de media vara a dos varas de altura se componen totalmente de arcilla amarilleja poco cenagosa y en la que no están muy marcadas las capas. He notado en esta arcilla concreciones calizas, análogas a las de las pampas; y he descubierto además, en el albeo mismo del río, osamentas de grandes mamíferos fósiles en un estado algo desmenuzable, las cuales me dieron una prueba inequívoca de que todas esas arcillas, más o menos cenagosas, o los limos de la provincia, pertenecen evidentemente al mismo periodo geológico que el gran depósito de las pampas, y que por lo tanto deben resultar de una causa común.

Para dar un resumen sobre la composición geológica de la provincia de Moxos, voy a pasar sucesivamente en revista las diferentes épocas geológicas, que se ven marcadas en el vasto recinto que ella forma.

En ninguna parte se encuentran allí vestigios de rocas de origen ígneo.

Los «gneiss» y los «filados» de la época «siluriana», son igualmente desconocidos.

El terreno «devoniano», representado por piedras areniscas compactas, es la parte más ínfima que allí se advierte. Estos terrenos no presentan grandes superficies: dos pequeños retazos que pertenecen a series ocultas bajo los aluviones, se muestran tan solo, la una inmediata a la misión del Carmen, la otra al este de Magdalena; ambos dos al este de la provincia.

Los terrenos carboníferos presentan en medio de aluviones, y bajo la forma de piedras areniscas rojas y desmenuzables, dos pequeños morones, el uno cerca de San Ramón, y el otro no lejos de Exaltación. Estos terrenos constituyen, por la parte del norte, la serranía de Beira, inmediata al río Iténes, y que se dirige de oeste noroeste a estesudeste: ellos componen también, por el sur, las últimas colinas de la vertiente oriental de la cordillera, que forman la otra extremidad de la provincia. Es ciertamente una circunstancia muy notable el que esas dos extremidades de la gran llanada de Moxos[64] estén formadas par serranías. La primera de estas, que es la de Iténes, va a perderse hacia el sudoeste, al paso que la otra se inclina al nordeste; de lo cual debiera acaso inferirse que antes de las dislocaciones que han colocado a estos terrenos en el sitio donde hoy se encuentran, no formaban ellos sino un solo depósito. Dichos terrenos «carboníferos» se hallan cubiertos, ya por aluviones modernos, ya por «conglomeraciones ferríferas» pertenecientes a los terrenos «terciarios».

Entre tanto no he visto en Moxos una sola capa que pueda corresponder a los rangos, «triásico, jurásico», o cretáceo.

Los primeros depósitos, que han nivelado las dislocaciones del rango «carbonífero» son «conglomeraciones» ferruginosas de hierro «hidratado» o de arcillas llenas de ese mismo hierro en pepitas. Estos depósitos, de que se ven a descubierto algunos retazos en San Ramón, San Joaquín y sobre las riberas del río Iténes, cerca del fuerte de Beira, me han parecido idénticos a mi terreno «guaraniano», que tan desenvuelto se manifiesta en Corrientes sobre el río Paraná; y en efecto, él se compone también de «conglomeraciones ferríferas» o de arcilla llena de pepitas de hierro «hidratado». Como

---

64   Véase en la lámina 10, fig. 1, el corte geológico trasversal de la provincia, y el mapa geológico de Bolivia.

quiera que sea, estos terrenos forman capas perfectamente horizontales, las que en el fuerte de Beira se sobreponen inmediatamente a las piedras areniscas de los terrenos «carboníferos».

En todas las otras partes, ellos se encuentran encubiertas por arcillas cenagosas.

La provincia de Moxos carece en su conjunto de todos los terrenos «terciarios» marinos.

Se diría que las capas «pampeanas» cubren totalmente la provincia, y efectivamente, en los lugares donde los aluviones se ven arrancados, están ellas representadas por un depósito horizontal, compuesto de limo rojizo, o de arcilla cenagosa amarilleja, algo pegajosa. El limo parece dominar menos aligado con otras materias en la parte este de la provincia, mientras que en el sur las arcillas tienen la supremacía.

Estas capas me han ofrecido en el río Piray osamentas de «mamíferos» fósiles característicos de su época. He tenido ocasión de ver este depósito en varias partes; entre el río Blanco y el río San Miguel, entre este y el Machupo, sobre la corriente y al oeste del último; cerca de la confluencia del río Iténes en el duodécimo grado, cerca de Exaltación y de Santa Ana al oeste del Mamoré; al este del mismo, en San Pedro, en Trinidad y en Loreto; lo he reconocido luego bajo los aluviones del río Securi y del río Chaparé, y en el río Piray sobre una dilatada superficie. Cuando se hallan a descubierto las capas inferiores se advierte que están sobrepuestas al grado «terciario guaraniano». Por todas partes se encuentran tales capas más o menos encubiertas por los aluviones modernos. Los innumerables puntos donde se manifiestan, me indicaron que deben ellas haber venido a llenar las desigualdades y a nivelar las inmensas llanuras de la provincia, tal cual se ve que ha sucedido en las pampas: la superficie que abrazan en aquella, es acaso igual a la mitad de estas. Esta superficie parece hallarse sobre el grado «guaraniano» en vez de estar sobrepuesta al grado «patagoniano», del cual carece la provincia de Moxos.

En la parte superior a las capas pampeanas y en todas las depresiones formadas por las denudaciones de tales capas, son aluviones los que cubren la mayor parte del suelo de la provincia. Estos aluviones consisten ya en arena muy fina, ya en arcilla o en limo hornaguero, compuesto de despojos vegetales. La extensión de estos aluviones, así como su espesor, que es de diez a doce varas, harían presumir que algunas conmociones violentas los hubiesen producido; pero es evidente que se forman todos los años por las avenidas de los ríos que bajan rápidamente de las montañas, trayendo consigo partículas terrosas y areniscas que se desparraman por la llanura, y dejan anualmente en ella una nueva capa. No se encuentra un solo guijarro sobre la superficie de la provincia de Moxos, y hasta pudiera yo decir que jamás he notado en toda ella un solo grano de arena un poco gruesa. Es menester acercarse al pie de la cordillera para tropezar con las primeras guijas.

En último análisis, la provincia de que tratamos, representa un grande y profundo receptáculo, una especie de gran lago al cual llegan por todas partes los ríos y arroyos, arrastrando materias terrosas o arrenaseas, que en la época de las inundaciones cunden por la explanada, y contribuyen a levantar gradualmente el suelo. Estos aluviones parecen venir en mayor abundancia de las regiones occidentales, en donde vierten sus aguas todos los torrentes de los Andes; así es que por tal lado, en poquísimas partes llegan a descubrirse las capas «pampeanas», al paso que dichos aluviones son comparativamente de muy exigua importancia.

En las estaciones lluviosas, los innumerables ríos que por todos lados se precipitan con ímpetu sobre la llanura, trasforman a esta en un lago, hasta tanto que desparramado por los campos ese volumen inmenso de aguas, llega a derramarse por el único evacuadero natural de la provincia, que es el río de Madeiras.

Algunos autores, propensos a ver por todas partes riquezas imaginarias, han sentado que los jesuitas habían extraído del cerro de San Simón cantidades considerables de oro y de diamantes. Otros se han adelantado a creer que se encontraban piedras preciosas en las orillas de los ríos Beni, Mamoré y Guaporé. Las investigaciones geológicas que he practicado yo mismo me han asegurado que no pueden absolutamente existir en Moxos materias tales: sería por consiguiente trabajo perdido el ponerse a buscar allí, tanto los diamantes, como el oro, la plata o todo otro metal de esta naturaleza. Entre tanto, la provincia de Moxos encierra en su seno un tesoro de mucha más valía; tal puede decirse de las minas de hierro que he descubierto cerca de San Ramón y de San Joaquín. Si estos mineros llegan a beneficiarse, es de esperar que sus productos sustituirán ventajosamente a esos preciados minerales, dando al país una riqueza menos efímera, y por lo tanto más positiva.

Temperatura y clima

El clima de Moxos, como el de todos los lugares situados bajo la zona tórrida, es tanto más caluroso cuanto que la provincia entera solo consta de una grande llanura, o por mejor decir, esta formada por una fuerte depresión del suelo sin asperidades. Cuéntanse en ella dos estaciones totalmente distintas, que son el verano o la estación lluviosa, y el invierno o la estación de secas. La provincia de Moxos tiene pues que participar única y exclusivamente o de la una o de la otra de esas estaciones. En el tiempo de seca es menester bajar a los ríos para encontrar agua, mientras que, durante los seis meses de lluvias, la inundación abraza de tal modo el territorio, que se puede navegar en canoas casi por todo él, sin hallar el menor embarazo.

Presentando entonces la provincia el aspecto de una vasta laguna, con dificultad se descubren sobre ella algunos puntos, que a manera de islas permanecen a cubierto contra la invasión de las aguas. En semejante estación, sopla contantemente el nordeste, el cielo se muestra de continuo totalmente encapotado, y solo a intervalos muy distantes asoma de vez en cuando el Sol. Hay ocasiones en que llueve a destajo durante dos o tres días consecutivos, cayendo perpendicularmente los chorros de agua sin ser desviados por el menor soplo de viento: otras veces, nubarrones colosales se cruzan en tumulto por las bóvedas etéreas, y cuando llegan a entreabrirse, torrentes de lluvia se desploman con tal ímpetu y abundancia por el espacio de algunas horas, que la tierra se ve cubierta, hasta la altura de un pie, de aguas que se derraman luego muy lentamente.

Las misiones de la provincia han sido fundadas sobre los pocos puntos que están al abrigo de las inundaciones; es en ellas donde se han establecido las haciendas para la cría de ganados y para las labranzas.

Hay igualmente algunos boscajes, que siendo los únicos lugares del centro de las llanuras a donde no alcanzan las aguas, sirven de refugio en la predicha estación a los reptiles de las cercanías, y a todos los animales salvajes que ofrecen entonces fácil y buena caza; pero sucede frecuentemente que los tigres, huyendo también de las inundaciones, vienen a buscar allí la segura presa que le brindan las manadas de ciervos de diversas especies, y la cantidad variada de mamíferos; así es que los Indios, careciendo de armas para defenderse, no se atreven a llegar allí cuando están solos, y oyen con espanto los frecuentes bramidos de esos animales feroces. Los pájaros ribereños y acuáticos, qué se ven diseminados a lo largo de los ríos todo el tiempo que dura la estación de seca, se reúnen en los periodos lluviosos, los primeros, sobre los terrenos no inundados, los otros, sobre el lago que forma la llanura. Millares de estos seres aligeros pueblan el territorio de Moxos. Encuéntranse en los parajes menos hondos las garzas azules y blancas, los jabirus, etc., y en todos los otros puntos bandadas de patos tan numerosas, que forman una inmensa nube cuando levantan el vuelo.

En el mes de marzo se van ya minorando las lluvias; los terrenos comienzan a orearse; las diversas corrientes naturales arrastran en su curso las aguas que cundían por la llanura, reemplazándolas por toda ella magníficos herbazales. A principios de abril ya no desbordan los ríos, y las llanadas ostentan solamente una multitud de lagunillas circunscriptas. Hacia este periodo del año se advierten por los aires, a una altísima distancia, innumerables bandadas de grandes y pequeñas garzotas que se encaminan invariablemente de sur a norte, formando cada bandada dos hileras de la misma dimensión, que unidas por un extremo representan la figura de un ángulo. Este es el periodo de una de esas emigraciones generales, en que los pájaros ribereños abandonan las regiones del sur, ya demasiados secas, para ir a buscar los bañados de Moxos y del Amazonas que empiezan a despejarse, dejando sobre la llanura cantidad de pescados, cuya fácil adquisición presenta pasto abundante a esos volátiles viajeros, que llegan allí a millares. Es digno de admiración el espectáculo que presenta a la vista tanta diversidad de pájaros confundidos; el jabirú de collarín punzó se enmarida graciosamente con la blanca garzota, con la espátula rosada, con los disformes «savacúes», con los «tántalos», con los esparavanes o garzas reales y con los «socos». Todos ellos se disputan a porfía y metiendo una bulla espantosa la presa que yace en tierra.[65] Auméntase entretanto el número por instantes con la llegada de otras bandadas que se presentan atraídas por esa ralea general; y cuando ya todos se encuentran hartos, el jabirú, sin abandonar el campo, se retira gravemente hacia un lado, mientras que las garzas blancas y azules y otras aves de la misma familia, levantándose en tropel, van a posarse desparramadas sobre los bosques vecinos. Es tal la abundancia de garzotas en la provincia, que se suelen ver sobre sus campos, bosques enteros blanqueando a lo lejos como si estuviesen cubiertos de nieve.

Cuando los bañados se encuentran enteramente secos, esta numerosa familia los abandonan para ir a tomar su asiento cerca de los ríos; así es que las orillas del Mamoré se ven por todas partes animadas por multitud inmensa de pájaros ribereños: allí el «tántalo», en bandadas de algunos millares, se pasea con mesurado andar sobre las partes fangosas, acompañado de la espátula rosada, o de las garzas blancas; al paso que se ven los bancos de arena cubiertos de «rayadores» y de gaviotas, que hacen resonar el aire con sus graznidos, si acierta a pasar por allí alguna embarcación, a la que persiguen unidos con los chotacabras, temerosos acaso de que los navegantes les destruyan sus nidales.

La distribución de las tormentas según las varias regiones, no deja de ser un fenómeno curioso. Durante el estío, torrentes de lluvia inundaban la tierra; jamás se oye entretanto el estampido de un trueno, y hasta el viento parece mantenerse quedo. En la estación del invierno, es decir, desde mayo hasta setiembre, el tiempo es generalmente hermoso, y los vientos varían de norte a nordeste. En tal periodo, las tempestades se forman de repente por la parte del sur: se oye entonces tronar estrepitosamente por todos lados: ruge el viento sur, y a par que cae el rayo, un verdadero diluvio inunda todo el suelo. Es necesario haber presenciado esas tormentas de las regiones tropicales, para tener una verdadera idea de la violencia con que sopla el viento, y de los torrentos de agua que se desprenden sobre la naturaleza espantada. Un frío rígido y penetrante sucede a semejantes borrascas, que hacen declinar súbitamente la temperatura como de veinte grados, mante-

---

65   Véase la lámina 7.

niéndola en el mismo punto uno o dos días, pasados los cuales renace la calma.

Estas tempestades son tanto más singulares, cuanto que son desconocidas sobre las montañas, donde solo reinan en el verano (el cual empieza por noviembre y termina en mayo), siendo entonces casi periódicas como sucede en Chuquisaca. La impetuosidad con que sopla el viento del sur promueve inmediatamente en los grandes ríos gruesas oleadas, que obligan a los viajeros a suspender su marcha para no verse irremisiblemente sumergidos junto con sus canoas.

La seca acompañada de tempestades se prolonga hasta el mes de agosto, y la provincia, casi enteramente enjuta, no posee más agua que la correntosa de los ríos, o la muy escasa que se mantiene estancada en lo interior de los inmensos bañados. La tierra se encuentra talmente seca, que se raja por todas partes, y la naturaleza entera parece calcinada con el solo reflejo de un Sol abrasador. Por este tiempo se pueden recorrer a caballo todas esas llanuras poco antes inundadas; los ganados retozan libremente por los verdosos y dilatados campos, y finalmente, la provincia de Moxos muestra con ufanía todo el completo de su vasta superficie.

Una nueva estación principia en los meses de noviembre y diciembre: la vegetación, que había suspendido su crecimiento durante la estación de seca, desenvuelve un tierno y lucido follaje con el fomento de algunos aguaceros de primavera: la naturaleza entera despliega ostentosamente sus más primorosas galas. ¡Cuan deliciosas son entonces las mañanas bajo la zona tórrida! Al despejarse con los primeros rayos del Sol la espesa niebla que cubría las campiñas, con cuanto regocijo se respira el aire fresco de la atmósfera, y el perfume que por todas partes despiden de su seno las flores recién abiertas, o las hojas que se desarrollan bajo la doble influencia del calor y de la humedad! Los pajarillos celebran alborozados el retorno de la aurora, saltando de hoja en hoja, y cortejando a esas hijas predilectas de la primavera, cuya diversidad de coloridos presenta los más admirables contrastes. Aquí, matas enteras de la púrpura más viva o del dorado de mayor pureza, allí, los acacias cuyo olor es idéntico al de la vainilla, acullá, en fin, la pudorosa sensitiva con sus leves penachos color de rosa, lisonjean agradablemente a la vista y sonríen a la imaginación.

Fisonomía animal

Las inundaciones hacen que el centro de la provincia carezca algún tanto de mamíferos; pero subiendo los ríos hacia todas direcciones, se encuentra multitud considerable de monos[66] que ofrecen pieles magníficas, particularmente los de la especie más grande: son también abundantes y muy notables por la hermosura de su piel los marimonos[67] y los monos chillones.[68] Cerca del Carmen hay muchedumbre de murciélagos que se alimentan de mosquitos.[69] No son nada escasos los tigres,[70] sobre todo en las selvas; y al paso que rara vez se ven allí jabalíes,[71] abundan prodigiosamente los antas[72] o gran-bestias, los ciervos[73] y los venados.[74] Suelen también encontrarse a veces algunos borochis[75] o lobos colorados, cuyos dientes, en virtud de una preocupación popular, se emplean frecuentemente como un antídoto contra la picadura ponzoñosa de las víboras. Los ríos se hallan entre tanto llenos de carpinchos[76] y de delfines o bufeos.[77]

Hay allí, en cuanto a los pájaros, mucha menos variedad que en los países montañosos. Abundan, empero, en los bosques y cerca de los lugares habitados, cantidad de gallinazos[78] y diversidad de aves de rapiña diurnas[79] y nocturnas.[80] Los carpinteros,[81] los varios picaflores y multitud de loros habitan las florestas; así como en los bañados, a la par que los patos,[82] muchedumbre considerable de pájaros ribereños, tales como el

---

66 Especies de los géneros «Lagothrix, Cebus fulvus, Calitrix antomophagus».
67 «Ateles paniscus.»
68 «Mycetes seniculus y Caraya.»
69 «Noctilio rufipes affinis», etc.
70 «Felis onca.»
71 «Dicotyles torquatus y labiatus.»
72 «Tapirus americanus.»
73 «Cervus paludosus.»
74 «Cervus campestris, rufus y nemorivagus.»
75 «Canis jubatus.»
76 «Hydrochoerus capibara.»
77 «Inia boliviensis», de Orb.
78 «Cathartes urubú y aura.»
79 Especies de los géneros «Falco, Buteo, Nisus, Maiagua», etc.
80 Especies de los géneros «Noctua, Strix y Bubo» (sobre todo el «Bubo magillanicus»).
81 Especies del género «Picus».
82 Especies del género «Anas».

«jabirú»,[83] los «tántalos»,[84] las «garzas azules»[85] y «blancas»,[86] el «soco»,[87] los «savacúes»,[88] las «gallinetas de agua».[89] Encuéntranse finalmente, sobre las orillas de los ríos, los «rayadores»,[90] las «gaviotas»,[91] los «caprimulgus»[92] y las «espátulas.»[93]

Los reptiles terrestres son rarísimos en Moxos, y bien pudieran contarse las ocasiones en que se encuentra una que otra serpiente venenosa: de vez en cuando se ven algunos boas acuáticos, no pocas tortugas,[94] y los caimanes de que los ríos y bañados están llenos; estos feroces anfibios destruyen el pescado y son el terror de los moradores de la provincia.

Los viajeros que costean los ríos se hallan expuestos al punzante aguijón de las rayas[95] y aveces a la mordedura de la «palometa»;[96] pero también están seguros de encontrar pesca fácil y abundante para su alimento, pues por todas partes se presentan a la mano del pescador, y casi voluntariamente, los enormes «surubíes»,[97] los sustanciosos «pacus», considerable número de bagres[98] y sábalos,[99] y otras muchas especies de que se ven atestados, diremos así, todos aquellos ríos.

Es bastante exigua la variedad de insectos en la provincia de Moxos, y solo se conocen aquellos que afeccionan la humedad. Hay entre tanto muchedumbre de jejenes y de tábanos, que se complacen en torturar durante el día al pobre viajero, mientras que por la noche enjambres de mosquitos no le permiten gustar un solo instante de reposo.

---

83   «Micteria americana.» Véase la lámina 7.
84   «Tantalus leuculatur.» Véase la lámina 7.
85   «Ardea americana.»
86   «Ardea pealei.»
87   «Ardea violacea.»
88   «Cancroma cochelaria.»
89   «Galeonila y Fulica.»
90   «Ryncops niger.»
91   Especies del género «Sterna».
92   «Caprimulgus arenarius», de Orb.
93   «Platalea ajaja.»
94   Especies del género «Emys».
95   «Trygon histrix.» Véase la lámina 14, fig. 1.
96   «Serrasalmus marginatus.» Véase la lámina 5, fig. 2.
97   «Platistoma pardalis», y «Orbignyanus». Véase la lámina 5, fig. 2.
98   «Simelodus maculatus, pati», etc.
99   «Paca lineatus.»

Por causa de la extensión de los bañados, inundados una parte del año, la vegetación de esta provincia es mucho menos variada que la de las demás que componen el departamento. Las llanadas se hallan guarnecidas de plantas gramíneas muy convenientes para el pastoreo: en los lugares pantanosos crecen los juncos, y esa admirable planta acuática que es el gigante de aquellas comarcas, y cuyas hojas de dos varas de diámetro, se tienden pintorescamente sobre las aguas.[100] Los ribazos ostentan una variedad inmensa de vegetales; y mientras que los terrenos recientemente abandonados por las aguas se ven cubiertos de cañaverales o del «chuchio» de los indígenas, tan útil a estos y a los viajeros; mientras que los puntos un poco más elevados ofrecen por todas partes a la vista, tan pronto los «lisos», tan pronto los sauces; abundan los terrenos más antiguos, del «lambaiba»[101] de jugosas frutas; del «bibosi»,[102] cuya corteza suministra la materia principal para los trajes de los Moxeños; de diversas especies de nogales, y de infinita variedad de árboles y plantas, tales como el acacia, las «mimosas», etc., etc.

La palmera es el vegetal que más abunda. Las llanuras inundadas están pobladas de un árbol llamado «carandai»,[103] cuyas hojas en forma de abanico se columpian con suma gracia sobre su tronco esbelto; crecen entre tanto, en los llanos secos, el «totai»,[104] utilísimo en los tiempos de penuria; el vistoso «tarampabo»;[105] el «cuci»,[106] de frutos aceitosos. Se ve también sobresalir entre los bosques el variado follaje de los «motacúes»[107] más comunes; el del «marayahu»,[108] cuyos frutos saben muy bien al paladar; el de la «chonta»,[109] de tronco tan duro como el hierro; el de la palma real,[110] la más hermosa que se conoce por la forma de sus hojas; el del «vinte-pes»[111] de raíces muy

---

100 «Victoria regina.» Véase la lámina 9.
101 Especie de «Piperace».
102 Especie de «Ficus». Véase lámina 7.
103 «Copernicia cerifera.» Véase lámina 9.
104 «Cocos totai.» Véase lámina 6.
105 «Oenocarpea tarampabo.»
106 «Orbignia phalerata.»
107 «Maximiliana princeps.»
108 «Bactris maraja.»
109 «Astrocarium chonta.» Véase lámina 12.
110 «Mauritia vinifera.»
111 «Iriartea Orbigniana», Martius. Véase lámina 13.

extrañas; el del empinado «sumuque»;[112] el de la «palma de rosario»;[113] el del «chuco»,[114] de hojas lustrosas; y los de la «palma chica»[115] y de la «palma enredera».[116]

A más de estas plantas leñosas, las llanadas, las selvas y la orilla de los ríos están cubiertas de plantas de mediana altura, entre las que se cuentan la pudorosa sensitiva, varias clases de índigo, y cantidad prodigiosa de frutos silvestres.

112 «Cocos botryophora.»
113 «Euterpe precatoria.» Véase lámina 6.
114 «Thrinax chuco.»
115 «Mauritia armatum.» Véase lámina 6.
116 «Desmoncus rudentum.»

Historia

Primera época, antes de la llegada de los Españoles

Los primeros historiadores que han escrito sobre la provincia de Moxos, hacen mención de un gran número de naciones distintas. El padre Diego de Eguiluz[117] cita las siguientes: los «Cunacurees», los «Mayumanas», los «Huarayus», los «Tapacuras», los «Baures», los «Yuguehuares», los «Toros», los «Chumacas», los «Pudayares», los «Fundibularios», los «Panuanas», los «Punoboconos», los «Canacurees», los «Casaveones», los «Morohionos», los «Camies», los «Chiriguas», los «Humuhuanas», los «Canicianas», los «Cayuvavas», los «Ducricumas», los «Curaguanas», los «Caridionos», los «Marochinas», los «Cayapimas», los «Suruguanas», los «Paririnas», los «Barisinas», los «Carivinas», los «Carecomoros», los «Chucucipeonos», los «Chuminanas» y los «Maporoaboconos», es decir, treinta y siete naciones diferentes. Estudiando sus idiomas, haciendo la comparación de los unos con los otros, y reuniendo todos los dialectos, he conseguido, después de tantas investigaciones, poder reducirlas a diez: los «Moxos», los «Itonamas», los «Canichanas», los «Movimas», los «Cayuvavas», los «Itenes», los «Pacaguaras», los «Chapacuras», los «Maropas», y los «Sirionos», de cuyo examen vamos a ocuparnos por separado.

---

117 «Relación de la Misión apostólica de los Moxos», publicada en 1696. «Choix des lettres édifiantes», t. VII. «Missions de L'Amérique», t. I. pág. 308, t. II, pág. 64.

Nación de los Moxos[118]

He creído deber conservar, por nombre de la nación más numerosa de la provincia, el de su tribu principal, que ha tomado de aquella misma esta denominación de Moxos. Antes de haber comparado los idiomas indígenas entre sí, yo estaba en la persuasión de que los Moxos constituían una nación diferente de las otras: en igual creencia estaban todos los Españoles que conocen el país; empero, la comparación de los idiomas me ha hecho reconocer que los Baures o Bauros, considerados como nación enteramente distinta, no son sino una tribu cuyo lenguaje, aunque no tiene arriba de una octava parte de palabras análogas al idioma de los Moxos, no hay la menor duda en que no es otra cosa que una variante de este. Sucede otro tanto con los «Muchojeones», que se dicen aliados de los Baures. Los nombres de Baures y Muchojeones son de origen americano: el de Moxos fue dado a lo que parece, por los primeros Españoles que entraron en la provincia. Cada una de las grandes tribus que voy a mencionar, se subdividen aun, en multitud de secciones que llevan diferente denominación. Los solos Baures cuentan hasta veinte.

Esta nación, según mis conjeturas particulares, habitaba toda la parte sur de la provincia de Moxos, en medio de esas llanuras, frecuentemente inundadas, que se extienden entre el curso de los ríos Guaporé y Mamoré, y que se hallan limitadas por un lado, en la entrada de los bosques del pie oriental de los Andes bolivianos, y por el otro en las selvas de Santa Cruz de la Sierra y de Chiquitos, ocupando una ancha banda de este a oeste, desde los 13 hasta los 16 grados de latitud sur, y desde los 64 hasta los 69 de longitud oeste. Estos indígenas, los primeros habitantes del sur de Moxos, véanse, hacia esta parte, separados de los otros Americanos, por un centenar de leguas de bosques inundados en tiempo de lluvias, y enteramente inhabitables. Tenían sus moradas en los lugares menos expuestos a las inundaciones, como por ejemplo sobre las riberas del río Mamoré, del río Aperé, del río Securi y del río Tijamuchi, hacia el oeste; sobre las riberas de los ríos Baures, de San Simón, y hasta el Guaporé, por el este. Hacia el sur se comunicaban con los «Sirionos» de las selvas de Santa Cruz; al sudeste

---

118   Todos los detalles relativos a los indios, antes de la conquista, son tomados de la obra ya citada del padre Eguiluz, que lleva por título: «Relación de la misión apostólica de los Moxos», 1696.

con los «Chapacuras»; al oeste con los «Yuracarees», y hacia el norte con los «Movimas, «los «Canichanas» y los «Itonamas». Separados por inmensos desiertos, los Baures y los Moxos habían cortado sus relaciones desde muy largo tiempo.

La tez bronceada de los Moxos, no tan subida como la de los Chiquitos y de los Chapacuras, tira un poco al amarillo; sin embargo, es tan poco marcada la diferencia, que solamente puede notarse comparando un gran número de individuos juntos.

Su estatura, mayor que la de los Chapacuras, es de cinco pies y seis pulgadas; pero tomado un término medio, queda reducida a cinco pies y dos pulgadas.

Sus formas son en general desvaídas y esbeltas, sus cuerpos robustos, todos sus miembros bien fornidos y rollizos, sus espaldas muy anchas, sus pechos graciosamente combados; y tal es la robustez de estos naturales, que suelen ser propensos a la obesidad.

Las mujeres guardan la proporción relativa ordinaria en cuanto a la estatura, y por lo demás participan de las mismas formas: tienen un aire elegante, y sus anchas caderas revelan en ellas una constitución de las más robustas: sus manos y pies son pequeñísimos, y su cintura no tan tosca como la de las Chiquiteñas.

Por lo tocante a las facciones, tienen comúnmente estos indígenas una cara menos redonda que la de naturales de Chiquitos, y el carácter de su fisonomía, aunque abierta y llena de dulzura, es menos alegre. Hay muchos hombres que pueden pasar por arrogantes mozos, y algunas mujeres son realmente bonitas, sin que cambie por esto el detalle de las facciones. En general los hombres son lampiños.

Su habla difiere esencialmente de la de los Chapacuras y de las otras naciones de Moxos. Lejos de ser dura, pudiera decirse que es eufónica: casi todas las palabras tienen una acentuación muy fuerte que termina en «a, e, i, o», particularmente en las tres primeras vocales. Hay un pequeño número que tiene al fin una consonante; mas estas son la «m» y la «n» que casi siempre forman diptongos en «on an, am», que no se pronuncian tan fuertemente como en las lenguas derivadas del latín. El sonido gutural de la «j» española es poco usado, y el de la «u» nasal muy raro. Las únicas consonantes totalmente desconocidas son la «f» y la «x». La «ch» francesa, del mismo modo que la de los Españoles, se emplea con frecuencia. Rara vez se encuentra la «e» muda de los Franceses, como tampoco su «z». Hay una particularidad muy notable en el idioma moxo, y es que los nombres de todas las partes del cuerpo principian por una letra determinada, como puede verse en la planilla siguiente.

Nombres españoles	Nombres baures Escritos por mí en 1831		Nombres moxos Escritos por mí en 1831		Nombres muchojeonas Escritos por mí en 1831
Carillo	Ichemira	Chacané	Humiro-raki	Numiro	Ichemira
Oreja	Ichacaney	Kisé	Huichoca,	Nuchoca	Ichacanan
Ojos	Ikisé		Yuki	Nuuqui	Ikise

He notado además que a estas palabras, escritas tal cual lo están en el diccionario, se encuentra unido un pronombre posesivo,[119] cosa que debe existir también entre las otras tribus. Cada una de ellas tiene algunas palabras que le son peculiares; así pues, sobre cuatrocientos vocablos muchojeones, ciento quince tienen analogía con los de los Baures, y cuarenta y nueve son idénticos; al paso que, sobre el mismo número, cincuenta palabras de los Baures tienen analogía con las de los Moxos, y solamente cuatro son idénticas. El sistema de numeración, que llegan hasta veinte entre los Baures y Muchojeones, esta basado sobre el número de dedos de las manos y los pies. Los Moxos solo cuentan hasta el número tres.

La sociabilidad y alegría, y una paciencia imponderable, son las cualidades características que distinguen a los Moxos. Mucho se aman entre ellos mismos, siendo susceptibles de un apego extremado para con los extranjeros. Son enemigos de la indolencia, defecto inherente a los moradores de los países cálidos; así es que pasan la vida siempre en continua actividad. Sus numerosas poblaciones, compuestas de chozas muy bajas, se hallaban situadas por lo regular, sobre las riberas de los anchurosos

---

119 El pronombre posesivo «nu», mi, lo mío, se adjunta sin duda alguna al nombre propio de las partes. Véase al padre Marban, «Arte de la lengua moxa, con su vocabulario»: Lima; 1704; págs. 8 y 9.

ríos, al borde de las lagunas, cerca de los bañados, en el centro de las llanuras y en medio de los bosques. Una superstición religiosa los hacia creerse hijos del río, del bosque o del lago inmediatos al lugar donde habían nacido; por cuya razón consideraban a este como sagrado, y jamás se apartaban de él, viviendo siempre reunidos en grandes familias, y ocupándose activamente ya en la agricultura, ya en la pesca o la caza. Efectuaban sus siembras y plantaciones en medio de los bosques, e iban a cazar y pescar en unas largas canoas, hechas de un tronco ahuecado, de las que también se servían para comunicarse, siguiendo el curso de los ríos, o cruzando, en tiempo de lluvias, los llanos inundados. Diestros navegantes, conocían perfectamente esas sinuosidades interminables de los numerosos ríos de su territorio; y si guerreaban con sus vecinos, se presentaban al combate en sus canoas, armados del arco, de las flechas y de la pesada macana. En los momentos que les dejaban libres sus graves y laboriosas ocupaciones, gustaban de danzar y divertirse: casi todos ellos eran músicos y tenían unas flautas, semejantes a la zampoña, pero largas de más de seis pies. El deseo de beber los licores fermentados, preparados de antemano para las fiestas religiosas a que asistían los vecinos y toda la aldea, motivaba casi siempre sus reuniones, que tenían lugar en un recinto común, reservado para el caso.

Tolerábase entre ellos la poligamia, y no había sumisión recíproca entre los esposos, los que se desunian, cada cual a su antojo, bajo el pretexto más fútil, y muchas veces por formar otros lazos. La mujer adúltera era castigada entre tanto, no solamente por su marido, sino también por todos sus deudos ¡tan grande era la veneración que se tenía por la pureza de costumbres! Si durante la ausencia de un marido su mujer llegaba a serle infiel, se consideraba de suma gravedad semejante falta, y los parientes se veían en la obligación de vengar el honor de la familia, temerosos (en virtud de una extraña superstición) de que el marido o sus compañeros de viaje fuesen víctimas de algún animal feroz; de que les sucediese cualquier otra desgracia, o de que no se viesen favorecidos en el objeto de su expedición. Si por acaso algo de esto acontecía a los ausentes, a su vuelta indagaban inmediatamente cual era la culpable que les había acarreado tal fracaso; y muy a menudo tocábale en suerte a la inocente el ser maltratada, o verse cuando menos obligada a divorciarse; empero, como el celibato era una cosa vergonzosa, ambos esposos volvían desde luego a contraer matrimonio.

Es muy extraño que con un carácter tan apacible, tuviesen los Moxos algunos usos que deben reputarse de sumamente bárbaros. So pretexto de que los animales tan solo daban a luz muchos hijos a la vez, mataban a los gemelos. Había madres que enterraban vivas a las criaturas porque nacían débiles, porque eran lloronas, y muchas veces solamente por no tener el trabajo de criarlas. Cuando llegaba a morir una india dejando algún hijo en edad tan tierna que necesitase aun del cuidado materno, sus parientes lo sepultaban juntamente con la que le diera el ser. Si alguna mujer tenía la desgracia de malparir, sus deudos y todos los habitantes de la aldea conspiraban cruelmente contra la infeliz para arrojarla al río, y ahogarla sin misericordia, persuadidos de que si así no lo hacían, se verían todos ellos atacados de disentería: por lo tanto, la pobre mujer, a quien tal accidente llegaba a suceder, se veía en la precisión de ponerse inmediatamente en salvo, yendo a buscar en otra parte la conservación de una existencia amagada por sus mismos parientes.

La industria estaba muy adelantada entre estos indígenas: los hombres fabricaban sus armas, iban a la caza, cultivaban la tierra con instrumentos de madera,[120] pescaban a flechazos y construían sus canoas.

Según el decir de un autor no muy antiguo, pero recomendabilísimo por su veracidad,[121] tenían también una especie de escritura. Exprímese a este respecto el mencionado autor, en estos términos: «Un indio moxo escribe los anales de su pueblo en una tabla o pedazo de caña por medio de varios signos, cuya inteligencia y manejo pide mucha combinación y una memoria feliz.» Entre tanto, los varones cultivaban la música. Las mujeres hilaban, tejían las vestimentas y las hamacas indispensables en un país continuamente anegado, confeccionaban la vajilla de barro, y ayudaban a recoger las cosechas, ocupándose al mismo tiempo de las faenas domésticas. En sus festividades se adornaban todos ellos la cabeza con plumas de colores: los hombres se presentaban desnudos, o cubiertos solamente con una especie

---

120 Robertson, «Historia de América», edic. españ., t. II, pág. 104, se equivoca ciertamente cuando dice que los Moxos no conocían la agricultura.

121 Francisco Viedma, «Informe general de la provincia de Santa Cruz» (manuscrito cuyo original poseo), 1787, pág. 89.

de camisa sin mangas; las mujeres vestían la misma camisa, llevaban los cabellos sueltos y se pintaban la cara de negro y de rojo a imitación de los indios; quienes se agujereaban además los labios y la nariz para adornarse con argolletas: un collarín, hecho con los dientes de sus enemigos muertos en el combate, era entre tanto el adorno que ostentaban con más ufanía.

Respecto de su organización gubernativa, vivían divididos estos indios en una multitud de aldehuelas, independientes las unas de las otras; y tenían a su cabeza un cacique o jefe, cuya autoridad no les imponía el menor respeto; así es que en su primitivo estado no componían verdaderamente un cuerpo de nación.

Su religión era una de las más complicadas. Creíanse, como tengo dicho, hijos del lago, del bosque o de la orilla del río en que vivían, por cuya razón nunca se alejaban de su recinto. Por lo demás, cada pueblo tenía una creencia diferente; confiaban los unos en la merced de ciertos dioses solteros o casados que presidían a las siegas, a la pesca y a la caza; otros profesaban un respeto temeroso a los dioses del trueno. Las sectas eran variadas en sumo grado. La más general, y que tenía un culto exterior más aparente, reverenciaba al tigre, erigiéndole altares cuyos sacerdotes o «Comocois» eran aquellos individuos escapados al furor del sangriento animal. Efectivamente, cuando alguno llegaba en sus viajes a libertarse de las garras de esta fiera, se le consideraba como un favorito del Dios, y digno por lo tanto de desempeñar en lo sucesivo el cargo de su sacerdote, poseyendo desde luego el don de sanar las enfermedades, y siendo una de sus atribuciones saber el nombre de todos los tigres de la comarca. No obstante, para ser investidos de tan alta dignidad, los nuevos sacerdotes tenían que someterse durante dos años a un régimen de ayunos, de continencia absoluta en sus relaciones con las mujeres, y a la abstinencia de comer pescado so pena de ser devorados por el tigre. Cuando algún individuo mataba un tigre, o le acertaba un flechazo, tenía que buscar en el instante al sagrado ministro, a fin de saber el nombre del animal muerto o herido para adoptar este nombre por suyo, dejando el que sus padres le dieran al nacer.

Hacían entretanto pomposas ceremonias a la muerte de un tigre, creyendo que de este modo se mantendrían siempre en la gracia del Dios de estos animales. Cada indio daba principio a un largo ayuno, se cortaba una parte del cabello, y permanecía muchos días sin traspasar el umbral de su habitación. Colocábase la cabeza del difunto, adornada con una peluca de algodón de varios colores, en el gran cuarto destinado para beber en comunidad la «chicha» que se preparaba para el caso, y de la que venían todos a participar en el punto de reunión; donde los sacerdotes del tigre brindaban a los dioses, sirviéndose de vasos especiales, y anunciando que por la noche conversarían con los manes de la fiera.

A más del «Comocois», o sacerdote del tigre, había otros sacerdotes llamados «Tiarauquis» (los de la vista perspicaz). Estos ministros, los más venerados, eran elegidos entre los «Comocois», cuando algún espíritu, invisible para los demás, se presentaba a ellos y los aletargaba por algunos instantes. Tenían finalmente infinidad de sectas, y hasta profesaban estos indios un politeísmo que habían recibido de sus padres. En su religión dominaba el temor a la esperanza, por lo que se dejaban llevar del fanatismo, y de mil necias supersticiones que influían sobre las acciones de su vida privada. Los sacerdotes eran reputados por médicos y practicaban succiones curativas. Todos creían en la existencia de otra vida.

Itonamas

Bajo esta denominación existía una nación que era de las más numerosas de la provincia de Moxos. Esta nación, que probablemente se dio ella misma el nombre que lleva, habitaba la parte nordeste de la provincia, sobre las riberas del río Itonama, desde la laguna grande hasta cerca de su confluencia con el río Machupo; es decir entre los grados 13 y 14 de latitud sur, y los 65 y 67 de longitud oeste de París. Desparramados en otro tiempo en varias tribus sobre los terrenos menos inundados y en medio de las selvas que guarnecen las orillas de su río, tenían por vecinos, hacia el norte, a los Ites o Iténes; hacia el este a los Baures; hacia el oeste a los Canichanas; y hacia el sur a los Moxos.

La tez de los Itonamas, más oscura que la de los Moxos, es igual a la de los Chapacuras. Su estatura parece ser por lo general una de las más pequeñas de la provincia: los más altos tienen apenas cinco pies y cuatro pulgadas: las mujeres guardan la proporción ordinaria.

Los Itonamas difieren también muchísimo de las otras naciones de Moxos en cuanto a las formas. Muy lejos están ellos de tener esa estructura herculánea, esa bizarra corpulencia de los otros indígenas; y si bien sus espaldas son bastante anchas, el resto de su cuerpo, flaco y endeble, parece estar revelando la falta de fuerzas. Sus piernas son tan delgadas y con unas articulaciones tan sobresalientes, que fácilmente se distinguiría a un indio de la nación itonama entre los naturales de las otras naciones. Las mujeres, aunque también enjutas, lo son sin embargo en un grado menos aparente que los hombres: por el contrario, siendo de menor corpulencia, parecen mejor formadas que las de los pueblos comarcanos.

Si se advierte una diferencia muy marcada en la estatura y las formas de los Itonamas, comparadas con las de los Moxos, no es ella tan notable en cuanto a las facciones: no obstante, la cara de los Itonamas, aunque con el mismo detalle de formas, parece ser menos rolliza y más larga que la de aquellos naturales; los juanetes del carrillo son más sobresalientes; la cabeza en general es más chica y su frente más estrecha. Tienen los ojos pequeños y horizontales. El aspecto de los varones es afeminado, y su barba, cuando la tienen, sumamente despoblada. Su fisonomía, que anuncia por lo común la timidez y la tristeza, es vivaz sin embargo, y ofrece el tipo de la falsedad y de la astucia: empero las facciones de los hombres nada tienen de repugnante, y hasta hay algunos que pueden pasar por agraciados. No es dable decir otro tanto de las mujeres, que son generalmente feas.

El idioma de los Itonamas, enteramente distinto de los dialectos de las otras naciones de la provincia, no carece de armonía; y si bien es duro para la pronunciación de muchas palabras, la gran cantidad de vocales que emplea lo hacen a veces eufónico. La mayor parte de los vocablos, que componen este idioma acentuado, terminan en vocales, y los muy contados que se apartan de la regla general, acaban en «t, m, s, y» en la «ch» francesa: la «j» española es poco empleada, y casi siempre toma el sonido compuesto de las letras que la acompañan, como «jna, jle», etc.; la «u» nasal es rara, la «f» y la «x» son absolutamente extranjeras; también se encuentra la «e» muda de los Franceses, pero poquísimas veces. No existe, entre tanto, ninguna anomalía con respecto a los nombres de las partes del cuerpo. La terminación de los adjetivos es inalterable, ya se adhieran a un sustantivo masculino, ya a un femenino.

Carecen por lo demás estos naturales de un sistema de numeración, y solo saben contar hasta dos.

El carácter de los Itonamas, comparado con el de los Moxos, también presenta una diferencia notable: en vez de ser como el de estos, franco, leal, sociable y bueno, es un conjunto de todos los defectos contrarios a tales virtudes; los varones abrigan un extremado egoísmo, y su astucia para las raterías no admite prioridad.

Vivía esta nación, poco más o menos como la de los Moxos, repartida en grandes tribus sobre las orillas de esos ríos continuamente surcados por sus naturales, los que se ocupaban ya en la pesca ya en la caza o la agricultura. Sus armas se componían del arco, de las flechas y de una macana de dos filos. Eran estos indígenas muy aficionados a la música, la danza, y más que todo a los festines, donde reinaba el desorden, fomentado por el abuso de las bebidas fermentadas. En tales reuniones la inmoralidad llegaba a tanto, que se brindaban recíprocamente sus mujeres, obligándolas a prestarse ya al uno ya al otro de los concurrentes.

La sola particularidad que se advertía en cuanto a los trajes de estos indios, era la desnudez de las criaturas de ambos sexos, que hasta la época de su pubertad no llevaban otra cosa que una liga más abajo de la rodilla, y otra en el empeine del pie; las niñas se ponían además un cinturón.

Es de suponer que el régimen gubernativo de los Itonamas no debía diferenciarse del de los Moxos. En cuanto a sus creencias religiosas, se asegura que no tributaban adoraciones a ninguna divinidad bienhechora; que temían sí, y muchísimo, a un espíritu maligno llamado «Chukiva»: creían, por lo demás, en la existencia de otra vida.

Cuando alguna persona caía enferma, se ponía inmediatamente en camino para ir a buscar asistencia en la casa donde había nacido, por mucha que fuese la distancia. Si sus parientes presentían la proximidad de su fallecimiento, gran cuidado tenían de cerrarle herméticamente la boca, la nariz y los ojos, a fin de que la muerte no pasase de aquel a los otros cuerpos; y muy a menudo acontecía que, sofocando la respiración de los pobres enfermos, se les daba la muerte cuando esta no era tal vez llegada.

Canichanas

Esta es la denominación que se han dado los naturales de la nación más guerrera, más temible y anómala que se encuentra en la provincia de Moxos. Los Españoles que habitan las provincias circunvecinas no los designan bajo otro nombre: los Jesuitas los llamaban «Canicianas».[122]

Si hemos de dar crédito a las tradiciones, la nación canichana habitaba en las riberas del Mamoré, muy cerca de los raudales que dan origen al río Machupo, y también sobre el curso de este mismo, extendiéndose hasta el lugar donde hoy se encuentra la misión de San Joaquín. Todavía se notan en las llanuras del oeste del Machupo, entre San Joaquín y San Ramón, las trincheras que estos indios habían construido para resguardarse de sus enemigos. Sus numerosas poblaciones[123] se hallaban comprendidas entre los grados 13 y 14 de latitud sur y los 67 y 68 de longitud oeste de París; y aunque enteramente aislados de todos sus vecinos, se mantenían siempre en guardia contra sus asechanzas: lindaban hacia el este con los Itonamas, al oeste y norte con los Ites, al sur con los Moxos, y al noroeste con los Cayuvavas.

La tez de los Canichanas, más morena que la de los Moxos, es poco más o menos como la de los Chapacuras.

Tan altos como los Moxos, su estatura llega por lo regular a cinco pies y dos pulgadas. Las mujeres son pequeñas en proporción a la altura de los hombres.

Sus formas corporales, idénticas a las de los Moxos, son algo más rollizas y no tan desvaídas; tienen la espalda ancha, y sus fornidos miembros revelan la fuerza, sin estar expuestos a la obesidad. Las mujeres guardan las mismas proporciones que se advierten entre los Moxos.

Muy lejos están los Canichanas de tener como los antedichos un semblante abierto y revestido de dulzura; su aspecto es feroz y duro; su cabeza muy grande; su cara oblonga como la de los Tobas del Gran Chaco; tienen los pómulos muy pronunciados; la frente pequeñísima y combada; la nariz ancha, corta y aplastada, y sus ventanas muy abiertas; la boca grande; los labios gruesos; los ojos hundidos, pequeños e inclinados por la parte de

---

122 El padre Eguiluz, loc. cit., pág. 35 a 36.
123 El padre Eguiluz dice (pág. 55) que componían 70 pueblos.

arriba a su ángulo extremo; las orejas chicas; las cejas arqueadas; el cabello y la barba lo mismo que los demás indígenas de la provincia de Moxos. Su fisonomía es triste y de una fealdad repugnante; pero en vez de manifestar abatimiento exprime una ferocidad salvaje. Las mujeres no tienen el menor atractivo; en ellas se descubren los mismos rasgos característicos que en los hombres: entre los niños también se nota la ausencia de la jovialidad y alegría; llevan entre tanto en sus semblantes la enseña de la malignidad e indisciplina.

El idioma de los Canichanas, que no contiene una sola palabra semejante a las de los otros idiomas de la provincia, es musical, muy acentuado, y duro a la audición algunas veces por los sonidos guturales que resultan de ciertos vocablos compuestos de muchas consonantes juntas, como «jl, tz, ts.» Casi todas sus palabras terminan en vocal: exceptúanse algunas, cuyas terminaciones en «ac, ec, ip, ij» y «ch» son muy ásperas. La «j» española se emplea frecuentemente y conserva toda su dureza, sobre todo cuando se une con la l, como en la sílaba «jla». La «u» nasal no existe, y los sonidos de la «x» y de la «f» son desconocidos, al paso que se hace mucho uso de la «ch» francesa y de la española. La lengua canichana es acaso la que presenta más anomalías en cuanto a la manera como principian las palabras. Si en los idiomas de Chiquitos los nombres de las partes del cuerpo empiezan con una letra determinada, nótase la misma singularidad en el lenguaje de las Canichanas, como se ve en los nombres «eicokena» (carrillo), «encomete» (oreja), «culot» (ojos), siendo esto común a todo lo que respecta al físico del hombre. Hay empero una anomalía todavía más singular, y es que las denominaciones de todos los objetos materiales, pertenecientes a los animales, a las plantas, a los minerales, y también a los astros, principian invariablemente por la letra «n», como por ejemplo «nicolara» (mono), «nitij» (algodón), «nisep» (lago), «nicojli» (Sol). Las otras consonantes se emplean solamente en los pronombres, verbos, etc. Los adjetivos pertenecen a los dos géneros. El sistema de numeración solo alcanza al número tres. Finalmente, la pronunciación se asemeja mucho a la de los Moximas y de los Itonamas.

El carácter de estos indios es tan extraño como sus facciones y su lenguaje; lejos de ser sociable y lleno de franqueza como el de los Moxos, o pusilánime como el de los Itonamas, es atrevido por demás, emprendedor, independiente, frío, disimulado, triste, taciturno, insociable, y sobre todo poco escrupuloso. Inclinados al hurto como los Itonamas, roban con tanta más osadía cuanto que tienen la conciencia de ser temidos por las otras naciones, hasta el extremo de que se les deje impunemente entrar a saco en sus poblaciones. Debe entretanto hacérseles justicia de una bella prenda, su consecuencia y fidelidad, de que han dado repetidas pruebas. Más a pesar de esto, no dejara de considerarse como un hecho maravilloso, el que con un tal carácter se hayan sometido tan fácilmente al yugo de los Jesuitas.

Según los informes que he recogido, sus costumbres debieron ser sumamente guerreras. Tenían fortificaciones rodeadas de fosos, en las que moraba una parte de la nación, operando de allí sus incursiones en el territorio de sus vecinos, los Itenes, los Cayuvavas y los Itonamas: estos últimos eran sobre todo los más perseguidos, por ser los que menos contrarrestaban su pujanza. Si hemos de dar crédito a algunas relaciones, los prisioneros que caían en manos de estos indios eran comidos por ellos en solemnes festines. Dedicados principalmente a la pesca y a la caza, descuidaban la agricultura: su industria consistía únicamente en la construcción de canoas y en la fabricación de armas; eran muy dados a la bebida y hacían uso de licores fermentados. Vístanse de igual modo que las otras naciones de la provincia.

Nótase de particular en sus costumbres el ayuno riguroso de ocho días que imponían a las muchachas que entraban en la edad núbil, y el regocijo y las libaciones con que celebraban enseguida este feliz acontecimiento. El temor que les inspiraba un genio maléfico, llamado «Yinijama», era la base principal de su religión.

En cuanto a la tez, las formas y la estatura, los Canichanas no se apartan de los Moxos: por lo tocante a las costumbres y a la fisonomía, se parecen más bien a los Tobas y Mbocobis del Chaco. Las singularidades de su idioma los pone en paralelo con los Moxos y Chiquiteños. Creo, por último, que los Canichanas pertenecen al ramal moxeño, pero que constituyen una anomalía tanto más extraña, cuanto que se hallan circundados por pueblos que reúnen un carácter de notable uniformidad bajo todas sus conexiones físicas.

Nación de los Movimas

Por el tiempo de la conquista de la provincia de Moxos, los Movimas habitaban las llanuras del oeste del Mamoré, sobre las riberas del Yacuma, como a los 14 grados de latitud sur, y entre los 68 y 69 de longitud oeste de París. Hallábanse divididos en numerosos pueblos, situados sobre las orillas de los ríos, y tenían por vecinos, hacia el sur y sudoeste a los Moxos, hacia el este a los Canichanas, y hacia el norte a los Cayuvavas; separándolos de estas naciones llanos inundados y selvas espaciosas.

La tez de los Movimas es idéntica a la de los Moxos.

Su estatura regular es de cinco pies y dos y media pulgadas; son por lo general de arrogante presencia, tanto los hombres como las mujeres; hay muchachas de diez y seis a diez y siete años que pueden competir con los varones en robustez y bizarría. La estatura ordinaria de las mujeres es de cinco pies, muy superior por consiguiente a la proporción que debieran guardar con los hombres.

Las formas de los Movimas son por lo menos tan robustas como las de los Moxos, y enteramente las mismas en cuanto a los detalles, con la sola diferencia de que las mujeres participan algo de las de los hombres. Los rasgos de su fisonomía, llenos de la mayor dulzura, también los asemejan a los citados indios: hay empero gran número de mujeres, que no solamente tienen un aspecto varonil, sino que carecen de esas facciones delicadas que caracterizan al sexo masculino de esta nación: por lo regular la nariz de los Movimas es un poco más ancha que la de los Moxos.

El idioma de los Movimas, aunque diferente de los otros de la provincia en cuanto al fondo, se parece mucho, por la dureza de sus sonidos y lo difícil de su pronunciación, al de los Canichanas y de los Itonamas, siendo quizás aun más duro que estos. Tiene también en la composición de sus vocablos muchas consonantes juntas, como «tch, ch, chl, jn, jl, jr, lj» y «ts», que producen sonidos sumamente ásperos: casi todas las voces terminan en vocal; las muy contadas que se apartan de la regla, finalizan en las consonantes «l, n, w, p, s», en «ch» francesa y en «ch» castellana. Empléase con frecuencia la «j» de los españoles: la «u» nasal y la «f» son desconocidas. Por lo demás, no ofrece este idioma anomalías aparentes: los adjetivos se acomodan a los dos géneros. El sistema de numeración no pasa del cuatro, tampoco tiene relación alguna con el número de los dedos.

El carácter de los Movimas, que en todo se parece al de los Moxos, esta animado de una excesiva bondad y del más pronunciado instinto de sociabilidad. A juzgar por su manera actual de vivir, sus costumbres debieron ser también idénticas a las de los Moxos, consistiendo sus ocupaciones en la pesca, la navegación, la caza y la agricultura. Su industria, su sistema gubernativo y su religión los asemejaban aun a la nación citada. El genio maléfico, que determinaba sus desgracias, se llamaba «Canibaba Kilmo». Temerosos de cubrirse de lepra, nunca mataban estos indios una serpiente, y los que enviudaban se guardaban bien de dar muerte a un tigre, persuadidos de que si así lo hacían, sucumbirían ellos también.

Finalmente, la total conformidad de circunstancias físicas y morales que existe entre los Movimas y los Moxos, me hace creer que arrancan ambas naciones de la misma rama, no diferenciándose sino por un lenguaje enteramente distinto, y tal vez por la más o menos fuerza corporal.

Nación Cayuvava[124]

Habitaba esta nación sobre la ribera occidental del Mamoré, quince leguas más arriba de la confluencia de este río con el Guaporé o Iténes, en esas llanuras entrecortadas por bañados y pequeños boscajes que caracterizan aquellos terrenos. Vivían los Cayuvavas repartidos en pequeñas tribus, cuyas poblaciones se extendían sobre las orillas de aquel grande río, y sobre los pequeños tributarios de las llanadas del oeste,[125] entre los grados 12 y 13 de latitud sur, y hacia los 68 de longitud occidental de París. Tenían por vecinos hacia el sur a los Movimas, a los Itenes hacia el este, a los Maropas de Reyes hacia el oeste, a los Pacaguaras del Río Beni hacia el norte, hallándose separados, particularmente de las dos últimas naciones, por dilatadísimos desiertos.[126]

Por la tez, el alto porte de los hombres, sus robustas formas, sus miembros fornidos, sus facciones regulares y agraciadas, su fisonomía dulce, los Cayuvavas se asemejan a los Moxos; y si su aspecto general esta revestido de un poco más de seriedad, en cuanto al resto reúnen todos los caracteres físicos de esta nación.

La lengua cayuvava se diferencia de los demás dialectos de la provincia en el fondo de las palabras; pues aunque tiene alguna analogía con los idiomas itonama, canichana y movima por la aspereza de muchos sonidos, es sin embargo más eufónica. La complicación del sonido de consonantes reunidas es demasiado frecuente: la de las consonantes unidas «dx» y «dj», antepuestas a vocales, es un poco dura; no obstante, la consonante segunda conserva siempre el sonido suave de la pronunciación francesa o castellana. También se advierten, entre los sonidos peculiares a la lengua, la «u» débilmente nasal, la «x», la «a» muda, la «ch» y algunas terminaciones en «an» y «ain», las únicas que se notan al fin de un número limitado de voces, pues todas acaban invariablemente en vocal. El sonido gutural de la «j» española es muy común, así como la «ch» de esta lengua, faltando

---

124 Algunos Españoles escriben «Cayubaba».
125 Si se ha de dar fe a los materiales con que Brué ha levantado sus mapas de América meridional, los Cayuvavas, según el de 1826, extendían sus posesiones hasta el duodécimo grado de latitud sur, mientras que en el de 1854 alcanzan hasta el décimo.
126 Es en esta nación donde el padre Eguiluz (pág. 33) ha coleado el gran «Paititi, Dorado o País de los Césares» de aquellas comarcas.

únicamente la «l» en el alfabeto de este idioma, exento por otra parte de anomalías. Los adjetivos se adhieren a los dos géneros. El sistema de contar no tiene relación con el número de los dedos; pero presenta una particularidad notable. Los números, que ordinariamente solo se unen a los otros después del diez, en el sistema de los Cayuvavas empiezan a juntarse desde el seis. Todas las lenguas americanas poseen nombres diferentes para las unidades, y cuenten luego «diez y uno», etc., mientras que los Cayuvavas llegan hasta el cinco solamente, y prosiguen diciendo, para el seis, «carata ribobo» (uno y cinco), para el siete, «mitia ribobo» (dos y cinco), y de este modo hasta diez; empezando después las decenas, y contando por todo, solamente hasta ciento.

El carácter de los Cayuvavas tiene muchísima analogía con el de los Moxos, y bien pudiera decirse que es más noble. En extremo valientes, atrevido, emprendedores, industriosos, francos y leales, eran estos indígenas los guerreros más temidos por las otras naciones: sus armas consistían en el arco y las flechas; manejaban también la lanza, y marchaban al combate organizados en falanges capitaneadas por jefes especiales.

Su religión se fundaba en la creencia de un ser protector de todas las cosas, llamado «Idaapa», y de un genio maléfico, autor de todas las desgracias, llamado «Mainajé». Admitían estos indios la inmortalidad del alma; y como los Itonamas, creían deber impedir que la muerte se escapase del cuerpo de un agonizante, tapándole bien la boca y la nariz.

Los hombres interrumpían sus trabajos durante la indisposición mensual de sus mujeres, y no se atrevían a emprender cosa alguna mientras permanecían viudos.

A pesar de la diferencia de lenguaje, los Cayuvavas se parecen demasiado a los Moxos, en el carácter y otras circunstancias físicas y morales, para que no pertenezcan a la misma rama que estos.

Nación de los Itenes

Esta nación parece haber dado su nombre al río que baja del este para ir a reunirse con el Mamoré hacia los 12 grados de latitud sur. Los Itenes ocupaban el territorio comprendido entre los ríos Iténes y Mamoré, extendiéndose treinta leguas hacia el norte, desde el ángulo formado por la reunión de estos ríos: su población se componía de pequeñas aldeas, dispersas en el interior de las tierras, en medio de los bosques, o sobre las orillas de los arroyos que desaguan en el Mamoré. Circunscriptos entre los grados 12 y 13 de latitud sur, y los 67 y 68 de longitud occidental, tenían por vecinos hacia el sur a los Canichanas; hacia el noroeste a los Movimas; hacia el oeste a los Cayuvavas.

En nada se diferencian estos naturales de los Moxos y Cayuvavas; su tez, sus formas y facciones son totalmente idénticas; diríase solamente que su fisonomía esta revestida de alguna más seriedad.

El idioma de los Itenes difiere de los otros idiomas de la provincia en cuanto al fondo y a la pronunciación; pero algunas palabras de su dialecto y del de los Chapacuras, cuya estrecha analogía no puede ser efecto de la casualidad, me hacen creer que hubo en otro tiempo algún contacto entre estas dos naciones, sin que por esto deje de notarse una diferencia muy marcada en sus respectivos lenguajes. El de los Itenes sin duda alguna es el más lacónico, el más dulce y eufónico de todos los idiomas americanos; todas sus palabras terminan en una vocal, y no se encuentra una sola que encierre en su composición consonantes duras. Los sonidos guturales y nasales son desconocidos, y los compuestos de consonantes resultan solamente de la unión de la «b» con la «z» francesa, pero no hieren desagradablemente al oído. Las letras «f, g, j, l, x» son del todo extranjeras. No se advierte la menor anomalía en los sustantivos; los adjetivos pertenecen a un mismo tiempo a los géneros masculino y femenino. Finalmente, de todas las lenguas, la iténes es la más simple en su pronunciación, así como la más lacónica en sus formas; frecuentemente una sola emisión de sonido basta para designar un objeto.

El sistema de numeración alcanza solamente al cinco, y no tiene relación con el número de los dedos.

Si el carácter de estos naturales se parece poco al de los Moxos, tiene alguna semejanza con el de los Canichanas. Independientes y altaneros por demás, valientes hasta ser temerarios, guerreros indómitos, no carecían entre ellos de franqueza y de bondad.

Cazadores intrépidos y pescadores infatigables, son al mismo tiempo buenos agricultores. Estos indios nunca fueron antropófagos.

Su industria se limitaba a poca cosa. Sabían tejer y pintar, pero su mayor habilidad consistía en la fabricación de armas: sus flechas tenían en la punta un hueso muy agudo, y estaban adornadas con mil labores curiosas. Sus canoas eran, como hoy en día, muy largas y angostas; sus trajes parecidos a los de los otros indios de la provincia: llevaban la cara pintada, y en los días de gala se adornaban la cabeza con plumas artísticamente colocadas.

A decir verdad, su gobierno se reducía a nada: los caciques no tenían la menor autoridad, y su cargo se limitaba a capitanear las huestes que se encaminaban al combate.

Toda su religión se fundaba en el temor que les infundía un genio maligno llamado «Tumeké».

Las circunstancias físicas de los Itenes son enteramente idénticas a las de los Moxos; sus costumbres los asemejan a los Canichanas; mientras que su lenguaje, el más suave y sonoro de toda la provincia, contiene, a pesar de la diferencia de pronunciación, algunas voces análogas al idioma de los Chapacuras. Por último, los Itenes pertenecen evidentemente a la misma rama que los Moxos.

Nación de los Pacaguaras

Los Pacaguaras, que habitaban en la confluencia del río Beni y del Mamoré, hacia los 10 grados de latitud sur, y entre los 67 y 68 de longitud oeste, componían grandes poblaciones situadas en el interior de las selvas que guarnecen las orillas de esos anchurosos ríos.

Encontrándose fuera, por decirlo así, del territorio de la provincia, pertenecen estos indígenas a esas numerosas naciones diseminadas sobre las riberas del río Madeira, y sobre las del Amazonas y de sus tributarios. Lindaban por el sur con los Itenes y los Cayuvavas, y solo se relacionaban con los últimos.

Su tez es igual a la de los Moxos; su estatura parece menor; pero sus formas y facciones reúnen totalmente los mismos caracteres, aunque por la gravedad que respira su fisonomía tal vez se asemejen más a los Cayuvavas.

Si su lenguaje difiere, en cuanto al fondo, del de estos últimos, tiene sin embargo algunas conexiones con él, por lo tocante a la pronunciación, así como no deja de tener por su dureza un poco de analogía con los idiomas itonama, canichana y movima. Hay también en el pacaguara complicación de sonidos de consonantes reunidas, tales como «tz, ts, dj» y «jn», ora con la pronunciación enteramente gutural, castellana, ora con la suave de los Franceses. Encuéntranse con frecuencia la «z» y «ch» de estos, así como su «u» nasal. Casi todas las palabras finalizan en vocal, y solo se exceptúan los sonidos compuestos, terminados en «on, an» y «ch» francesa, sin que ninguno de ellos sea duro. Las letras «f», «l» y «x» son desconocidas. Los adjetivos sirven a la vez a los dos géneros. El sistema de numeración se extiende solamente hasta diez, y probablemente se aviene al número de los dedos.

El carácter de los Pacaguaras se asemeja al de los Cayuvavas; como estos, practican la hospitalidad, y abrigan benevolencia, franqueza y lealtad, uniendo a estas virtudes la intrepidez y valentía.

Por lo que respecta a sus costumbres, existe también entre ellos y los Moxos una grande conformidad. Constantemente ocupados en la navegación, la pesca, la caza y la agricultura, se mantenían siempre pacíficos, y evitaban toda enemistad con sus vecinos, viviendo con ellos en perfecta armonía. Su industria se limitaba al tejido de géneros para sus vestimentas, a la fabricación de armas, y a la construcción de canoas semejantes a las de los Moxos.

Sus jefes eran considerados como simples consejeros; su religión les enseñaba a creer en un ser benéfico llamado Huara, y en un espíritu maligno conocido bajo el nombre de Yochina; mas no profesaban un culto exterior.

En resumen, es de creer que los Pacaguaras pertenecen positivamente a la rama de los Moxos, en razón de la semejanza de caracteres físicos y morales.

Nación de los Chapacuras[127]

Los Chapacuras vivían dispersos sobre las riberas del río Blanco o Baures, no lejos de una grande laguna, y en medio de las selvas que separan a las provincias de Chiquitos y de Moxos, más allá de las últimas colinas de la primera provincia, y poco más o menos hacia los 15 grados de latitud sur, y entre los 64 y 65 de longitud occidental del meridiano de París. Tenían por vecinos (con los que no se comunicaban por la excesiva distancia) a los Chapacuracas y Paiconecas hacia el sur, y las hordas de la tribu de los Baures hacia el norte.

La tez de los Chapacuras es bronceada o de un moreno verdoso, idéntica por lo tanto a la de los Chiquitos. Su estatura tiene también alguna analogía con la de estos: la mediana es de cinco pies y una y media pulgadas; los más altos no pasan de cinco pies y cinco pulgadas. Las mujeres guardan en su porte una proporción relativa.

Sus formas corporales son semejantes a las de los Chiquitos; sin embargo el talle de los hombres parece más desvaído, y aunque tienen los miembros bien fornidos, y sin músculos visibles, el pecho saliente, las espaldas anchas, y todo su cuerpo en extremo robusto, no son propensos a la obesidad. Las mujeres, mejor formadas y más graciosas que las Chiquiteñas, tienen las caderas y las espaldas anchas, la cintura más conforme a las proporciones europeas, y unos pies y unas manos admirables por su pequeñez.

Sus facciones son también algún tanto diferentes: en ambos sexos se encuentran, una cabeza grande, una cara ancha, pero menos llena que

---

127 He encontrado, bajo el nombre de Chapacuras, una nación, que en 1794 salió de los bosques de las orillas del río Blanco a poblar la misión del Carmen, en la provincia de Moxos. Usándose actualmente este nombre para designar la citada misión, he creído deber conservarlo, aunque no es tal la denominación que se daban los naturales, llamándose en su lengua "Huachi". Cuando se condujo a estos indios al Carmen se les llamó impropiamente "Guarayos", nombre tomado de una sección de los Guaraníes, vecina a Chiquitos (bajo tal nombre se halla mencionada esta nación en la sumaria que sobre la fundación del Carmen levantó el gobernador Zamora, documento que he visto en los archivos de la misión). Más tarde el cura y el administrador les dieron el de Chapacuras, originado tal vez de los Tapacuras que se encuentran en los autores antiguos. Por el cotejo de los dialectos he llegado a descubrir que los Chapacuras no hablaban el mismo idioma, sino que se servían del de los Quitemocas de Concepción de Chiquitos, que según mis investigaciones, traen su origen de los mismos lugares; por consiguiente los "Chapacuras" o Tapacuras y los Quitemocas deben componer una sola nación.

la de los Chiquitos, los juanetes de esta más pronunciados, una frente escasa y ligeramente combada, una nariz corta, chata aunque poco ancha, y sus ventanas muy abiertas, una boca mediana, labios poco gruesos, ojos pequeños y horizontales, orejas chicas, cejas estrechas y arqueadas, cabellos negros, largos, nada finos y muy tiesos. Su fisonomía es melancólica, y menos animada que la de los Chiquitos. Por lo general, los hombres son feos, y tienen la barba muy negra, poco poblada y lacia, lo mismo que el bozo: entre las mujeres rara vez se encuentra una cara regular, pero no por esto inspiran aversión: entre tanto, el aspecto general de los dos sexos cautiva la confianza, y todo anuncia en ellos la dulzura.

Su idioma es enteramente distinto de las lenguas de Chiquitos en cuanto a la forma de las palabras, y aunque bastante duro, es agradable al oído: tiene muchas voces terminadas en vocal; el número de las que acaban en las solas consonantes «n, m, p, t» y «j» es reducido. El sonido gutural de la «j» española y el nasal de la «u» se encuentran a menudo. Muchas consonantes, tales como la «b», la «f», la «c» y la «x», son al parecer totalmente desconocidas; y mientras que la «ch» francesa es rara, la castellana se emplea con frecuencia. En esta lengua se observa como en la de los Chiquiteños, una particularidad relativa a los nombres de las partes del cuerpo, que en lugar de principiar por una letra determinada, acaban en una partícula uniforme, como se ve en «urutarachi» (carillo) «taipatachi» (oreja), «tucuchi» (ojos), objetos que los Quitemocas de Chiquitos designan con las palabras «urutaraché, tatiataché» y «cuché». No he notado distinción alguna entre el masculino y femenino en los adjetivos, ni tampoco una forma especial para los plurales. El sistema de numeración, que alcanza solamente a diez, esta basado sin duda sobre el número de los dedos. La tribu de los Quitemocas posee muchos términos enteramente diferentes de los de la lengua chapacura, lo que acaso proviene de antiguas relaciones con alguna nación extranjera.

Los Chapacuras, aunque dejados por temperamento, tienen un carácter extremadamente bondadoso, y su docilidad los predispone al servilismo; hospitalarios con los extranjeros, son quizás los indígenas más sociables de la provincia, aun careciendo de la alegría de los Chiquiteños.

Sus costumbres se parecen a las de estos naturales, y vivían como ellos, desparramados por pequeñas tribus, en el interior de los bosques vecinos a las orillas del Río Blanco o Baures, ocupándose ya en la caza, ya en cultivar la tierra, o en construir las pajizas chozas donde moraban sus familias. Sus armas, ni más ni menos que las de los Chiquitos, se componían del arco, de las flechas, y de una macana o clava de dos filos. Construían además, ahuecando los arboles, esas canoas con que recorrían el río Blanco para ir a la caza y a la pesca, sus ocupaciones favoritas después de la cosecha del maíz. Estos indígenas gustaban también de reunirse para beber licores fermentados, siendo esto un motivo perpetuo de danzas y de juegos, menos animados por cierto que los de los Chiquiteños. Pacíficos en extremo, rara vez se malquistaban con sus vecinos.

Los hombres andaban enteramente desnudos, y cuando más, se cubrían la parte superior de las piernas con una piel cualquiera. Las mujeres vestían el «tipoy», especie de camisa sin mangas que les caía hasta los tobillos. Ambos sexos se dejaban crecer el cabello, bañándoselo constantemente con aceite de motacú.

Hallábanse entre tanto gobernados por jefes, cuya autoridad se limitaba a dar el consejo, y a colocarse al frente de cada tribu en caso de guerra.

Cuando alguno de los suyos fallecía, tenían la precaución de enterrarlo junto con sus armas, lo que prueba que creían en otra vida: finalmente, respetaban el fallo y pronósticos de sus médicos, y eran esclavos de un sin fin de supersticiones.

Nación de los Maropas

Los Maropas ocupaban el gran valle del río Beni, al pie de las montañas arboladas y húmedas de los últimos repechos de los Andes bolivianos: sus poblaciones estaban situadas sobre el curso mismo del Beni, teniendo por vecinos a los Tacanas hacia el sur y oeste, a los Cayuvavas de Moxos hacia el este, y algunas tribus salvajes, poco conocidas, hacia el norte.

Los Maropas tienen poco más o menos la tez de los Mocetenes, tal vez un tanto más trigueña, sin llegar empero al color característico de los Moxos. Su estatura no sobrepasa la de los Tacanas, siendo, por lo regular, de cinco pies y una pulgada. Sus formas los asemejan también a los Tacanas y Mocetenes; y sus facciones, más afeminadas que las de los primeros, se aproximan mayormente a las de los segundos: su semblante se halla revestido, como el de estos, de una expresión notabilísima de dulzura; su cara es redonda, y el conjunto de su fisonomía nada desagradable.

La lengua maropa me ha parecido bastante suave: algunas palabras, que he llegado a recoger, me hacen creer que es diferente de la de los Mocetenes.

Finalmente, tanto por lo apacible y dócil de su carácter, como por sus costumbres y trajes, los Maropas son idénticos a los Mocetenes.

Nada se sabe por lo demás acerca del gobierno y de la religión primitiva de esta nación, cuyos rasgos fisiológicos la colocan en el rango de los Mocetenes, y por consiguiente en el ramal antisiano.

Tribu de los Sirionos de la nación Guaraní[128]

Esta tribu, menos numerosa que la de los Guarayos, habitaba en el seno de las sombrías florestas que separan el río Grande del río Piray, entre Santa Cruz de la Sierra y la provincia de Moxos, desde los 17 hasta los 18 grados de latitud sur, y como sobre los 68 de longitud oeste de París. Sus diversas poblaciones ocupaban una grande superficie de terreno.

No hay un solo historiador que haya hablado de estos naturales, cuyo nombre figura como por acaso en algunos mapas antiguos de los Jesuitas.

Por los datos que he podido recoger en el país, creo que los Sirionos, que después de la conquista han vivido siempre en las mismas selvas, deben descender de los Chiriguanos, o no son sino los restos de esta antigua nación combatida en el siglo quince por el inca Yupanqui,[129] y obligada más tarde, a principios del decimosexto, a ceder el campo a los Guaraníes, que llegaron del Paraguay a usurparles su territorio[130] y acabaron con ellos, según los historiadores.[131] Sea de esto lo que fuere, debe suponerse que los Sirionos, aun antes que los Chiriguanos, vinieron también del sudeste, y se adelantaron en su emigración hasta esas comarcas apartadas de la cuna de la nación guaraní.

Sus condiciones de existencia, así como la palidez de su rostro, su estatura y demás bellas proporciones los asemejan a los Guarayos: los rasgos de su fisonomía son también idénticos en cuanto al conjunto, y solamente difieren por su aspecto salvaje y tímido, y por una expresión de frialdad que no tienen los Guarayos.

Su idioma es una corrupción del guaraní; más no tan alterado, que dejen de entenderse muy bien con los Chiriguanos.

El carácter de esta nación es totalmente distinto del de los Guarayos: en vez de ser dulces y afables como estos, son muy poco dados, y viven en el corazón de las selvas más impenetrables, errantes y divididos en pequeñas

---

128 Véase la descripción completa de los Guaraníes en la provincia de Cordillera, departamento de Santa-Cruz de la Sierra.

129 Véase a Garcilaso de la Vega, Comentario real de los Incas, págs. 226 y 244.

130 El P. Fernandez, 1726, Relacion historial de los Chiquitos, pág. 4. El P. Lozano, Historia del Paraguay, cap. II, lib. 11. Lozano, Historia del Gran Chaco, pág. 57.

131 Lozano, loc. cit., pág. 57, dice que cientoron los Guaraníes mas de ciento cincuenta mil de sus adversarios, lo que sin duda alguna, debe ser exagerado, como muchas alegaciones de este autor: Rui Díaz de Guzman sienta que fueron cien mil.

familias, sin otra ocupación que la de la caza. Las chozas en donde moran están formadas de ramas entretejidas, y lejos de tener alguna comodidad, solo revelan el estado salvaje más completo. Su industria se limita a la fabricación de sus armas, que se componen de arcos de ocho pies de largo, con flechas de igual dimensión: hacen uso de tales armas, sentándose en tierra, y sirviéndose de pies y manos para lanzar las flechas con más violencia. Ambos sexos andan totalmente desnudos, y no llevan adornos de ninguna especie ni se pintan el rostro.

En sus jornadas ordinarias jamás de sirven de canoas: si tienen que atravesar algún río, lo hacen por medio de un puente colgante, formado para el caso de la manera siguiente. Clavan primero, sobre el ribazo, un grueso horcón destinado a soportar una soga que amarran en varias estacas, oblicuamente clavadas en tierra detrás del horcón; terminada esta maniobra, cubren la soga de bejucos, fijándolos, para que no los arrastre la corriente, en esos espigones que suelen encontrarse en medio de los ríos. Una vez afianzada la soga en ambos ribazos, queda bien tirante, y entonces las mujeres y niños agarrándose de los bejucos que cuelgan encima de las ondas, consiguen pasar el río sin peligro de ser arrebatados por la corriente.

Resumen

Todas la naciones de la provincia de Moxos estaban divididas en pueblos: su manera de regirse era uniforme. Cada nación se repartía en tribus, y cada tribu tenía un jefe, cuya autoridad se limitaba a muy poca cosa: a decir verdad, no formaban todos estos indígenas un cuerpo de nación.

Las únicas atribuciones de los jefes nombrados por cada tribu, consistían en ir al frente de los guerreros que marchaban al combate, en emitir su dictamen en casos arduos, y en servir de médicos o sacerdotes; pero sin ejercer nunca los dos últimos cargos a la vez.

La religión se diferenciaba, no solamente según las naciones, sino también según las tribus; todas ellas tenían un sin número de fiestas y solemnidades, cuyo no menor objeto era el reunirse para beber sin tasa licores fermentados. Frecuentemente su culto no era otro que el de la naturaleza.

Por la exposición que acabo de hacer sobre las costumbres de los naturales que han habitado la provincia de Moxos, antes de ser conquistada por los Españoles, se ve que todos estos indígenas poseían poquísimos elementos de prosperidad, y sobre todo de civilización progresiva.

«Segunda época, desde la llegada de los Españoles hasta la entrada de los Jesuitas (de 1562 a 1667)».

La oscuridad más completa reina entre los historiadores acerca del descubrimiento de la provincia de Moxos. Se sabe únicamente que los aventureros españoles, compañeros de Chávez, tuvieron noticia de ella en el año de 1562,[132] y que Diego Alemán penetró hasta allí, por Cochabamba,[133] en el de 1564.

Empero, lo más verídico es que después de la translación de la ciudad de Santa Cruz al lugar donde hoy se encuentra, los gobernadores de esta ciudad trataron de someter a los naturales de Moxos. Se ve de manifiesto tal intención en el acto por medio del cual, el 2 de octubre de 1607, Martín de Almendras Holguín, entonces gobernador, dio «en encomiendas» la provincia de Moxos a Gonzalo de Solís Holguín y a los suyos, «durante dos vidas», con la condición de fundar en ella una ciudad bajo el nombre de «Santísima Trinidad», y de enseñar las doctrinas del cristianismo a sus habitantes.[134] No supieron los Españoles proceder acertadamente en esta empresa, y exasperaron por lo tanto a los indígenas, quienes cortaron toda correspondencia con los moradores de Santa Cruz.

Cuarenta años más tarde, es decir, en 1647, deseosos los indios Moxos de procurarse algunas herramientas, cuya utilidad habían aprendido a conocer desde el tiempo de sus primeras relaciones, subieron el Piray o río Grande, con la mira de ir a buscarlas en las poblaciones de los Chiriguanos; más habiendo encontrado en el camino a los Cruceños, compráronles estos las plumas y los tejidos de algodón que llevaban para operar el trueque por aquellos utensilios. Satisfechos de esta especulación comercial, y exhortados a continuarla, no tardaron mucho en volver en mayor número a Santa

---

132 Viedma, Informe de la provincia de Santa-Cruz, pág. 39, § 494.

133 Garcilaso de la Vega, Comentario real de los Incas, pág. 242, hablando de una incursión de los Incas en Musu, hace mencion de la entrada de Diego Alemán, por el año de 1564, a la provincia de Musu, llamada Moxos por los Españoles; mas como es probable que confunda este autor dos paises distintos en las denominaciones de Musu y Moxos, no se sabe qué partido tomar. Sin embargo, parece cierto que Diego Alemán emprendió una expedición a Moxos.

134 Viedma, Informe, págs. 139 y 145, §§ 494 y 520.

Cruz; así es que estrechando más de día en día sus relaciones con los moradores de esta provincia, no solamente dieron al olvido sus antiguos recelos, sino que llegó a tanto su confianza, que en 1667,[135] hallándose en disensión con los salvajes Canacurees, sus vecinos, apelaron al auxilio de los Cruceños; los que aspirando siempre a tener a los Moxos bajo su predominio, no desecharon ocasión tan oportuna para mezclarse en sus asuntos, y por este medio conseguir tales fines. Acompañados del padre jesuita Juan de Soto, que desempeñaba el cargo de cirujano, marcharon pues solícitos los naturales de Santa Cruz contra los enemigos de los Moxos, y no tardaron en regresar triunfantes.

Tercera época, desde la entrada de los Jesuitas hasta su expulsión (de 1667 a 1767)

Durante la expedición de que acabo de hablar, Juan de Soto había empleado todos los medios de captarse la benevolencia de los Moxos, ofreciéndoles volver a su nación, junto con otros religiosos, tan luego como le fuese posible. En virtud pues del beneplácito de estos indios, e inmediatamente después de haber recibido tan favorable nueva, mandó el padre provincial a los hermanos José Bermudo y Julián de Aller que acompañasen a Juan de Soto que regresaba a Moxos. Entraron a la provincia estos tres religiosos en 1668, y emplearon un año entero en solo tomar las primeras nociones del idioma moxo, sin darse por entendido de sus miras posteriores: apercibiéronse los Indios, sin embargo; y recelosos de verse nuevamente bajo el duro yugo a que los habían sujetado los primeros Españoles, e instigados por sus sacerdotes se sublevaron amenazando de muerte a los Jesuitas; pero por temor a los Cruceños se contentaron con ir a despedirlos hasta Santa Cruz, declarándoles formalmente que no querrían hacerse cristianos.

Habiendo el gobernador de Santa Cruz encomendado oficialmente en 1671 la conquista espiritual de estos indios[136] a los Jesuitas del Perú, hicieron estos otras dos tentativas también infructuosas. Empero al padre José del Castillo, lejos de ceder a tanta resistencia, se determinó a entrar el

---

135 El padre Diego de Eguilus, «Relación de la misión apostólica de los Moxos» (1696), pág. 3.

136 Viedma, «Informe», etc., pág. 139, ß 494.

solo en Moxos, en el año de 1674, y empezó por hacer cuantiosos presentes a sus habitantes, prometiéndoles muchos más si consentían en ir a buscar junto con él algunos otros religiosos.

Habiendo logrado tal consentimiento, regresó al año siguiente en compañía de los hermanos Pedro Marban, Cipriano Baracé y José Bermudo, quienes recibieron muy favorable acogida.[137] Estos cuatro religiosos visitaron el espacioso distrito ocupado por la nación de los Moxos, distribuyendo por todas partes regalos y presentes los más estimados por aquellos naturales, como cuentas de cristal («chaquiras»), cascabeles, anzuelos, navajas, cuchillos, etc., regresando de su correría atacados de las fiebres intermitentes. Consagráronse luego dos años consecutivos al estudio de la lengua, y a merecer poco a poco la entera confianza de los indígenas; mas, a pesar de haber llegado a ser absolutamente necesarios para aquella nación por sus conocimientos en medicina, y de haberse granjeado por sus buenos procederes el afecto de todos los moradores, tuvieron que valerse de la astucia para determinarlos a la conversión. Aseguraron a los jefes de su pronta partida si no consentían en constituirse en pueblos donde se profesase el cristianismo. Semejante amenaza produjo el efecto deseado, haciendo tomar a los indios el partido de la obediencia. Un cuchillo era la recompensa ofrecida a cada individuo que contrajese matrimonio y renunciase a la poligamia. El padre Marban recorrió enseguida todas las poblaciones, arrancando de los «Camacois» y «Tiaraukis» todos los ídolos, para quemarlos públicamente. Encontróse entonces un cáliz sustraído tiempos atrás a los Franciscanos, y del que por el momento se servían los hechiceros. Los «bebederos» o templos donde se colocaban las cabezas de los tigres y de los enemigos muertos en el combate, fueron también destruidos.

En 1682 habiendo llegado a Moxos otros muchos misioneros, se dedicaron a dar la última mano a la conversión de los naturales. Administraron el sacramento del bautismo a más de quinientas almas: un año después hicieron otro tanto con la población de tres aldeas que deseaban reunir en un solo pueblo. Buscando para realizarlo un lugar a propósito y a cubierto contra las inundaciones, fundaron en 1684,[138] al cabo de siete años de infa-

---

137 El padre Eguiluz, págs. 5 y 7.
138 El padre Eguiluz, pág. 16.

tigables esfuerzos, la misión de Nuestra Señora de Loreto en las llanuras del norte y sobre la ribera sur del río Mamoré, construyendo con adobes una hermosa iglesia de tres naves y de sesenta varas de largo sobre veinte de ancho.

Pusieron los Jesuitas su mayor empeño en familiarizarse con el idioma; y fue por ese entonces cuando el padre Marban redactó su diccionario de la lengua moxo,[139] con la mira de generalizarla en la provincia y hacer por este medio desaparecer en lo posible el considerable número de dialectos diferentes; pues sin ir más lejos, en el mismo cantón de Loreto hablábanse varios. Se dedicaron también a enseñar a los niños el castellano y la música. Cautivando así más y más la voluntad de los indios, poco les faltaba para realizar la conversión general. Con el objeto de completarla, penetraron aun, cincuenta leguas más adentro, prodigando siempre las seductoras dádivas. En 1687 formaron con la tribu de los Mayumanas la reducción de la «Santísima Trinidad», en la orilla del Mamoré, como doce leguas más abajo de Loreto, edificando una iglesia de tres naves, larga de sesenta varas y adornada con esculturas. En 1689 fundaron también sobre las llanuras de la otra parte del Mamoré, catorce leguas al oeste de Trinidad, la misión de San Ignacio de los Punuanas, poblada por los belicosos «Canacurees». Refiere el padre Eguiluz que el día de la inauguración de su iglesia precedían a la procesión más de cien «bailarines», revestidos con los disfraces usados en el Perú para tales ceremonias. Tan grande era la solicitud con que trabajaban los indios, que todo se levantaba, como por encanto, en las nuevos pueblos formados por tribus que hablaban diferentes dialectos.

Poco más o menos hacia esta época (1688) los padres Antonio Orellana y José de Vega emprendieron una peregrinación por orden del Superior de la hermandad, subiendo por el país de los Yuracarees, desde Moxos hasta Cochabamba. En esta expedición lograron pacificar a los «Casaveones» y a otros pueblos que hablaban el idioma moxo, y aun penetraron hasta el valle del Beni, llegando a la nación de los «Morohionos».

Llevando adelante sus trabajos con toda perseverancia, fundaron en 1689, al oeste del Mamoré, entre la embocadura de los ríos Tijamuchi y Aperé y como ocho leguas al norte de Trinidad, la cuarta misión bajo el

---

139   «Arte de la lengua moxa», etc., impreso en Lima (1701).

nombre de «San Francisco Javier», en la que construyeron al rededor de una plaza, como siempre acostumbran hacerlo, una hermosa iglesia, una casa para ellos, y habitaciones cómodas para los indígenas. También fundaron en el mismo año, al pie de la cordillera, con los «Maharenos» y «Churimas», tribus de Moxos, la misión de San José; que colocada sobre las llanuras del nordeste, a diez y seis leguas de San Ignacio y como a setenta de Cochabamba, lindaba por el norte con las naciones salvajes de «Gumapalca» y «Tocomanes».

En 1691, el gobernador y capitán general de la provincia de Santa Cruz de la Sierra, don Benito Rivera y Quiroga, visitando los nacientes cantones para dar cuenta al virrey de Lima de los trabajos de los nuevos vasallos, halló, en las cinco misiones creadas, el número siguiente de habitantes:

En Loreto, 3.822
En Trinidad, 2.253
En San Ignacio, 3.014
En San Javier, 2.361
En San José. 2.036
Total. 13.486

Con un celo digno de toda alabanza prosiguieron los Jesuitas en su conquista espiritual, y fundaron en 1693, bajo el nombre de «San Francisco de Borja», la sexta misión, compuesta de más de tres mil indios de la nación «churimana» y de los «Moporoaboconos» que hablaban un dialecto distinto del moxo. El pueblo fue edificado sobre las riberas del río Maniqui, como doce leguas al norte de San José, e inmediato a las últimas faldas de la cordillera.

El padre Cipriano Baracé emprendió, en el mismo año, un viaje por las llanuras del este y del sudeste hasta una distancia de sesenta leguas, llegando a visitar a los «Guarayos» que hablan el idioma guaraní,[140] y a los «Tapacuras» y pacíficos «Baures»; mas no pudo hacer otro tanto con los «Yaguehuares», nación de un carácter feroz. Encontró este Jesuita, según lo dice él mismo en su relación, sesenta y seis poblaciones de Guarayos, cincuenta y dos de

---

140 Véase en la provincia de Chiquitos lo que se dice de la tribu de los «Guarayos».

Tapacuras, sesenta y cinco de Baures; es decir, el total de ciento noventa y tres.[141] Hizo después, por el espacio de dos años, muchos viajes consecutivos a este país, y adquirió la certeza de que existían al este las tribus de los «Toros, Chumacacas» y «Pudayares», y al norte los «Fundibularios».

En 1693, el padre Agustín Zapata salió de San Javier para ir también a descubrir otras naciones salvajes; y encaminándose veinticinco leguas al norte de esta misión, por los lugares que habitaban los antropófagos «Canicianas» (hoy en día Canichanas), visitó cuarenta y ocho aldeas, y los caciques de otras muchas (pues componían setenta y dos poblaciones, del total de cinco mil almas poco más o menos) vinieron a su encuentro.

El padre Zapata les hizo varios presentes, aconsejándoles que cambiasen su manera de vivir; y habiendo sabido que tenían más al norte unos enemigos llamados Cayuvavas, continuó su marcha hacia esta parte, y encontró más de dos mil indígenas distribuidos en siete poblaciones, cuyo cacique, llamado Paytiti, se hacia notar por su mucha y muy crecida barba. Volviendo por el noroeste, halló a los «Duevicumas», los «Curuguanas» y los «Caridionos» que consintieron en reunirse para formar una misión. Al siguiente año se dirigió por las llanuras del norte a visitar las naciones de los «Cayapimas, Suruguanas, Parinas, Barisinas, Marochinas» y «Carivinas», que componiendo un total de siete mil almas, convinieron en hacerse cristianos. En 1695 partió nuevamente y conoció a los Canichanas, que se habían reunido, formando un pueblo bastante grande, para llamar la atención de los padres jesuitas, con cuyo auxilio deseaban instruirse en la doctrina cristiana y recibir el bautismo, lo que no se pudo llevar a cabo desde luego, por falta de religiosos.

Pasando más adelante, nos dice haber visto pueblos bien edificados, y templos donde se adoraban ídolos vestidos de plumas.

El padre Juan de Espejo salió de la misión de San José en 1694 para ir a visitar las naciones de los «Correcomeros» y «Chucupupeonos», enemigos mortales de los Moxos, y logró con dádivas ser bien recibido.

Finalmente, en 1696 se contaban ya, en la nación de Moxos, según el decir del padre Eguiluz, diez y nueve mil setecientos ochenta y nueve

---

141 Número probablemente exagerado, a menos que no se haya considerado cada familia como una aldea.

indios cristianos. Cuando se considera que desde el año de 1674, no habían penetrado en la provincia sino «veintitrés» Jesuitas, no se puede menos de admirar el resultado a que habían llegado, en el cortísimo tiempo de veintidós años, cambiando totalmente el aspecto del país y reformando los usos y costumbres de unos hombres enteramente salvajes.

Veíanse combinados en esta conquista espiritual dos elementos de prosperidad: el hierro, que por vez primera se ponía en manos de los indígenas, y que llegó a ser la moneda corriente con que se ganaba a los hombres; y esa dulzura, esa paciencia con que se portaban los misioneros, a quienes sus variados conocimientos le permitían hacer al mismo tiempo, de médicos, de cirujanos y de enfermeros, curando indisposiciones y dolencias mortales como la disentería, etc. Era pues muy justo que se granjeasen más y más la gratitud y buena voluntad de los indios, que deseaban con ansia convertirse al cristianismo para gozar, como se les prometía, de mayores ventajas que las conocidas. Por otra parte, no había trabajos manuales, por penosos que fuesen, a los que no se entregasen estos Jesuitas con la más noble solicitud a fin de instruir a los naturales, ejerciendo en sus misiones los oficios, de arquitecto, de albañil, de carpintero, de pintor, de tornero, de herrero, de cerrajero, de sastre, de zapatero, y finalmente, la profesión de todas las artes mecánicas.

Entre tanto, habían ya logrado su primero y más esencial objeto, que era modificar las costumbres y cimentar la buena moral. La poligamia había dejado de existir entre los indígenas, que temían el enojo de Dios: la infinidad de supersticiones de su estado salvaje, así como las barbaras costumbres que a ellas se ligaban, habían también desaparecido completamente. Ya no se excedían en el uso de las bebidas espirituosas; y observando religiosamente casi todas las reglas de conducta que los padres les dictaban, hasta habían llegado a no desear los bienes ajenos.

Habiendo sido en el estado salvaje fanáticos y crueles en el más alto grado para guardar la observancia de sus creencias supersticiosas, no pudieron abrazar la religión católica, sin dejarse llevar de igual exageración; por lo que fue muy fácil sujetarlos a todas la reglas del cristianismo. Los indios que aun no estaban bautizados de dirigían en tumulto a oír los sermones diarios de los misioneros; y los que ya lo estaban, asistían puntualmente a la misa en los días de fiesta, y alguna vez en los ordinarios, particularmente los sábados para cantar y rezar en coro mañana y tarde, ya en español, ya en moxo. Puede decirse empero, a este respecto, que los Jesuitas dejaron ir muy lejos a los fanáticos Moxos, sometiéndolos a ese régimen severo, reservado únicamente para el claustro. Un inmenso espacio de tiempo era empleado por estos indios en los ejercicios de iglesia, comulgaban a menudo, y por la más mínima falta religiosa se les azotaba a ruego de ellos mismos como por cualquier delito ordinario.[142] El padre Eguiluz, hablando de la semana santa, dice que todos los individuos, sin distinción de edad, se confesaban y comulgaban. El viernes santo, mientras duraba el sermón de la pasión, dábanse todos muchas bofetadas y golpes de pechos... Luego se ordena la procesión por la plaza, y calles principales, llevando en unas andas la imagen de bulto de Cristo crucificado, y en otras la de la Santísima Virgen, con más de doscientas luces, en un silencio y compostura tan grande que no se oye una palabra, sino los azotes de un crecido número de penitentes de sangre, arrastrando sogas y palos pesados, y otros vestidos de nazareno, con cruces a los hombros, cantando los coros de músicos el miserere... Varios coros en la iglesia cantan lamentaciones, mientras duran las penitencias y penitentes que van pasando delante del monumento, haciendo reverencia y más recia disciplina a vista de la imagen de Cristo crucificado.[143] Cuando sobrevenía una peste, inmediatamente se rezaba una novena, acompañada de ayunos y otras penitencias; entonces;—cada noche hay platica y acto de contrición, y se van siguiendo las parcialidades a hacer disciplina, y si algunos por viejos, o por la novedad del ejercicio, su dan con poca fuerza, se enojan los oyentes, y le riñen que apriete la mano.[144] Así pues, según el estado de exageración religiosa de la España en aquella época, los Jesuitas a más de los principios de sana moral y de la religión católica, impusieron a los fanáticos Moxos esos castigos corporales, que los ultrajaban, quitándole no poco a su dignidad de hombres.

---

142 Cuando delinquían los indios en lo más mínimo, ellos mismos pedían el castigo. Se les ponía en el cepo, y recibían sobre el cuerpo desnudo un número de azotes proporcionado al delito.

143 «Relación de la misión apostólica de los Moxos» (pág. 62), impresa en 1696.

144 «Id.», pág. 63.

No dejaron entre tanto los padres jesuitas, desde el mencionado año de 1696, de llevar adelante sus conquistas; y aprovechando de la fama, ya muy divulgada, del bien estar de que disfrutaban los Moxos cristianos, formaron sucesivamente, San Pedro con los «Canichanas»; Santa Ana con los «Moximas»; Exaltación con los «Cayuvavas»; San Joaquín, Concepción, San Simón y San Martín con los «Baures» y sus tribus; finalmente, Magdalena con los «Itonamas». Parece, sin embargo, que la conversión de estas naciones salvajes no se efectuó sin que costase la vida a algunos religiosos;[145] pero esto nunca hizo flaquear la constancia de los Jesuitas, que persistieron en su propósito hasta someter la provincia entera.

En 1742, los aventureros portugueses de San Pablo, que ocupaban la provincia de Mato Groso, hicieron su primera expedición bajando el río Iténes o Guaporé. Entonces, fue cuando Manuel de Lima, acompañado de cinco indios, tres mulatos y un negro, bajó en una canoa por los ríos Guaporé, Mamoré, Madeira y Marañon hasta el pueblo de Para.[146]

Poco más o menos hacia la misma época, calculando los Jesuitas la importancia de la navegación de los ríos, habían establecido la misión de San Simón, muy inmediata al Guaporé; y más tarde, en 1743, la de Santa Rosa, en el mismo sitio donde se encuentra hoy en día el Fuerte de Beira perteneciente a los Brasileros, es decir, sobre la ribera derecha del río Iténes; pero celosos los Portugueses de semejante empresa, expulsaron en 1752 a los Jesuitas,[147] so pretexto de que estos les impedían el paso sobre sus propias posesiones; y don Antonio Rolin, para apoderarse definitivamente del dominio del río, mandó construir la fortaleza que allí se ve actualmente.

Después de todo esto, el primer cuidado de los religiosos fue consolidar la existencia de sus misiones, introduciendo todas las mejoras posibles: con este fin, trajeron de Santa Cruz numerosos ganados; estimularon a los habitantes a los trabajos de labranza; perfeccionaron el tejido, ya en practica entre los Baures; enseñaron toda clase de oficios manuales; y multiplicaron las ceremonias religiosas como para dar con ellas un intervalo de agradable reposo a los trabajadores. Enseñáronles la música y a tocar todos

145 El padre Cipriano Baracé fue muerto por los Baures en 1702. («Choix de lettres édifiantes», t. VII, pág. 322.)
146 «Corografía brasilica», t. I, pág. 259.
147 «Corografía brasilica», t. I, págs. 259 y 262.

los instrumentos europeos, sacando también algún partido de los usados en el país antes de su llegada. Crearon muchos empleos para premiar con la concesión de ellos, tanto la buena conducta, como los adelantos industriales. Bien pronto, los inmensos campos de cacahuales dieron abundantísimas cosechas, los varios talleres produjeron tejidos y otros objetos de fabricación, que llevados a Santa Cruz, y luego al Perú, daban en retorno de mercancías, lo suficiente para abastecer a la provincia. Cada iglesia llegó a ser un templo suntuoso, lleno de ornamentos, de estatuas, y sobre todo de numerosas chapas de oro y plata. Casas de un piso alto brindaban a los religiosos cómodo alojamiento, al mismo tiempo que servían de espaciosos talleres para los artesanos: las viviendas de los naturales, colocadas en hilera alrededor de una plaza, estaban dispuestas del mejor modo posible para la ventilación. Por último, en los cincuenta años trascurridos desde la entrada de los Jesuitas, las diversas naciones salvajes que ocupaban el territorio de Moxos, llegaron a formar quince misiones o grandes pueblos, en donde florecían la industria agrícola y fabril.

Es menester por tanto que la administración de los Jesuitas en la provincia de Moxos, cuyas misiones dependían del Perú, haya sido tan progresiva como en Chiquitos que dependía del Paraguay. Desde luego no se consiguió como se deseaba generalizar en ella un solo idioma. Esta provincia tenía, lo mismo que la de Chiquitos, un superior subordinado al colegio de Cochabamba o de Charcas, y cada una de sus misiones, dos religiosos, encargado el uno del gobierno espiritual, y el otro de la administración y de los talleres. Empero, lejos de gozar todos los indígenas de igualdad de privilegios, como sucedía en Chiquitos, estaban divididos en dos clases hereditarias; «las familias», compuestas de artesanos de todo oficio; y los soldados, encargados de las faenas ordinarias; clase denominada «el pueblo» y considerada como inferior a la primera. Esta distinción hereditaria, que excluía de los adelantos y empleos de primer orden a una parte de la nación, debía ser necesariamente un obstáculo para la marcha progresiva de la civilización y de la industria.

El orden de las atribuciones respectivas del mando entre los indígenas de cada misión, comparativamente a lo que digo de Chiquitos,[148] era como sigue.

El «cacique», jefe de la misión, recibía de los Jesuitas instrucciones inmediatas relativamente a todos los ramos de la administración, y tenía bajos sus órdenes, para hacer sus veces, un «alférez» y dos «tenientes.» Además de estos empleados, había dos «alcaldes de familia» y dos alcaldes del pueblo, dependientes también del cacique. Estos ocho magistrados componían el «cabildo» y se distinguían por el bastón con puño de plata que llevaban.

La «familia» se componía, en cada ramo de industria, de un mayordomo y de su segundo, quienes ocupaban, lo mismo que en Chiquitos, los lugares inmediatos al del maestro de capilla y del sacristán mayor. Había mayordomos de los oficios de pintor, de carpintero, de tejedor, de tornero, de herrero, de platero, de zapatero, etc.

El «pueblo» se dividía en «parcialidades», cada una de las cuales estaba subordinada a un capitán y su segundo. Estos capitanes eran los comandantes de las embarcaciones, y dirigían en las expediciones a los soldados o remeros. Había luego varios otros cargos, como el de «alcalde de estancia», individuo comisionado para cuidar las haciendas y atender a la cría de ganados; y el de «fiscal», título que se daba al ejecutor de las sentencias dictadas en los juicios. Todos estos empleados subalternos llevaban en señal de distinción una vara negra, y en las grandes festividades religiosas marchaban entre las corporaciones del «colegio».

Si se ha de juzgar del estado de industria de Moxos, por lo que aun queda de ella a pesar de los atrasos debidos a la ignorancia y a la negligencia de los curas y administradores que se han sucedido desde la expulsión de los Jesuitas, se ve que a mediados del siglo anterior, no debió quedarse muy atrás en sus progresos esta provincia entre los demás pueblos hispanoamericanos. Fabricábanse en ella tejidos finos de todas clases y diversidad de otros objetos. La comunidad proveía de vestuario a todos los indígenas; y tanto los hombres como las mujeres llevaban el «tipoi» de algodón: ambos sexos tenían la costumbre de dejarse crecer la cabellera. Para el trabajo en común, sea en los campos, sea en los talleres, todo se hallaba arreglado a

---

148 Véase la descripción de esta provincia.

la manera que en Chiquitos: era permitido entretanto a cada indio el labrar por su cuenta un campo particular.

Las horas de devoción se sucedían más a menudo que en la citada provincia; y como ya se dijo, las penitencias corporales iban de par con el fanatismo; de lo que se infiere que los Jesuitas debieron ser mucho más rígidos para las practicas religiosas en sus misiones de Moxos.

También es verdad que los naturales, extremadamente supersticiosos, se prestaban a ello, como sucede hoy en día, con una especie de entusiasmo que rayaba en frenesí. Acostumbrados a martirizarse en los ejercicios de su culto primitivo, nada tenía de extraño que al convertirse al cristianismo hubiesen conservado el mismo fervor, y sobre todo la misma insensibilidad física. El hombre que en su estado salvaje no trepidaba en sacrificar su mujer y sus hijos a necias supersticiones, y en someterse espontáneamente a todos los sufrimientos, no podía tener ciertamente el menor escrúpulo en hacerles aplicar por el fiscal, a la más leve falta, azotes o otro género de corrección, y en hacerse castigar él mismo toda vez que creía haber ofendido a la divinidad. Por lo demás, parecerá menos sorprendente semejante fanatismo, si se considera el estado de aquellos tiempos, en que la inquisición dominaba en España, y en que los actos exteriores, muy al contrario de lo que sucede actualmente, eran todo en materias de religión.[149]

La comunidad suministraba también la manutención a los indios, distribuyendo cada quince días una ración de carne: cada misión se hallaba provista de los utensilios necesarios para toda clase de trabajos. La buena memoria que los Moxeños han dejado del tiempo de los Jesuitas, entre sus descendientes, nos hace ver que se reputaban por muy felices a pesar de la estrecha dependencia en que vivieron. Los actuales moradores, que conservan religiosamente la tradición de aquel entonces, suspiran por una existencia que no han conocido, más venturosa que la presente, y ajena sobre todos de las tristes inquietudes del porvenir.

En el año de 1767, la provincia de Moxos se encontraba en el estado más floreciente con respecto a su industria y a sus monumentos. Sus productos anuales ascendían a la suma de sesenta mil pesos poco más o menos; y en

---

149 Aun se ven hoy en día, en el palacio de la Favorita, cerca de Baden, los instrumentos de suplicio que durante la semana santa se aplicaba voluntariamente la favorita.

el pueblo de San Pedro, misión la más central y capital de aquel vasto territorio, se veía una magnífica iglesia, rica de esculturas y resplandeciente de ornamentos de plata[150] y de piedras preciosas, de que se hallaban cubiertas las imágenes de los santos.

Viedma, cuya imparcialidad era conocida, hablando de los Jesuitas, escribía en 17872. Estos religiosos, a impulsos de una fina política y dedicada aplicación, consiguieron poner aquellos pueblos en el mayor estado de prosperidad, con los frutos de sus fértiles terrenos cultivados por los indios, e industriosas manufacturas que les fueron enseñando para el beneficio de ellos con maestros hábiles. El sumo grado de felicidad a que llegaron las misiones de Moxos en tiempo de su expulsión, esta de manifiesto en la entrega que hicieron de los quince pueblos que componía el todo de ellas.

Tal era el estado de Moxos en el citado año de 1767 en que fueron expulsados los Jesuitas de todas sus posesiones. Obedeciendo a una simple orden que les fue trasmitida por la audiencia de Charcas, retiráronse estos misioneros, un siglo después de su primera entrada en esta dilatada provincia, dejando en ella, en vez de tribus hostiles y salvajes, una población medio civilizada y en las más completa armonía.

Cuarta época, desde la expulsión de los Jesuitas hasta 1832

Tan luego como se alejaron los padres jesuitas, Francisco Ramón de Herboso, obispo de Santa Cruz, dio un reglamento, aprobado por la audiencia de Charcas, el cual ordenaba que se conservasen todas las instituciones de aquellos religiosos, siendo estos reemplazados por curas, a cuya arbitrio se abandonó el gobierno espiritual y temporal de las misiones. Este reglamento autorizaba también la libertad del comercio con los habitantes de Santa Cruz. La provincia de Moxos recibió además, un gobernador escogido entre los capitanes de la real armada, pero sin poderes para intervenir en la administración de los curas, de donde resultaron naturalmente grandísimos desórdenes. Estos curas, careciendo de una educación especial para la dirección de los ramos de industria, y sin conocimiento alguno del lenguaje, no se ocuparon de otra cosa que de sus inte-

---

150 No bajaba ciertamente de veinte quintales el total de la plata invertida en los adornos de esta iglesia.

reses personales. En los veintidós años que permanecieron en sus curatos, los efectos, como dice Viedma,[151] fueron muy contrarios a las esperanzas de conservar y aun adelantar aquellas misiones, pues en el tiempo que gobernaron los pueblos sus curas, vinieron a quedar un triste esqueleto de lo que habían sido. Los quince de Moxos se redujeron a once, y su opulencia, parte de ella trasplantada a los dominios portugueses, causando los progresos de sus establecimientos que tanto nos perjudican. Los infelices indios perdieron aquella inocencia de su buena educación. El vicio florecía a la sombra del ocio, con el olvido de las preciosas artes que solo para la utilidad del cura hacían despertar aquellos miserables con el rigor y la violencia. Los gobernadores autorizados testigos de tantos desórdenes, no podían poner remedio por serles prohibido mezclarse en el gobierno económico de los curas, y las quejas y representaciones no alcanzaban la fuerza necesaria.

Las misiones de San José, de San Borja, de San Martín y de San Simón fueron entonces abandonadas por los curas.

Siguiendo adelante los abusos, llegaron a ser intolerables; empero, entre los gobernadores españoles, mudos testigos de tan lamentable estado de cosas, a que no les era dado poner remedio, hubo uno que se atrevió a levantar la voz: este fue don Lázaro de Rivera, quien presentó sucesivamente a la audiencia de Charcas, en 1786 y 1787,[152] varias memorias, expresando el voto de los habitantes de San Pedro, de Trinidad y de Concepción, que deseaban pagar el «real tributo», y sustraerse al extremado rigor con que se veían tratados por los curas, quienes frecuentemente los hacían azotar por mero capricho, en tanto que escandalizaban al pueblo con la depravación de sus costumbres. En uno de estos actos, los jueces de Trinidad declararon, que su cura había mandado poner en el cepo, después de haberle hecho dar cien azotes, a un indio, cuyo delito era haber obedecido, sin su licencia, a una orden del teniente-cura.

Habiendo sido infructuosas las diligencias practicadas por don Lázaro de Rivera para hacer que los indios fuesen sometidos al tributo, logró a lo menos, en 1789, que se adoptase un nuevo plan de reforma, que consistía

---

151 «Informe», pág. 140, ß 498.
152 Tengo en mi poder todas estas memorias, de que extraigo las circunstancias referidas.

en dejar a cargo de los curas el poder espiritual, mientras que la dirección industrial de cada misión sería confiada a un administrador secular, encargado de servirse para ello de las antiguas reglas establecidas por los Jesuitas. Este nuevo reglamento prohibía el comercio bajo las penas más rigurosas; por manera que los indios vinieron a verse más esclavos que lo habían sido antes, y a tener, en vez de un absoluto señor, dos, cuyas continuas disidencias y mala conducta hicieron más rápida la ruina de las misiones. No obstante, en el primer año que rigió el nuevo reglamento, todavía pudo la provincia suministrar al Estado la suma de cuarenta y seis mil duros.

Don Francisco Viedma,[153] intendente de Cochabamba, movido por los sentimientos más liberales, quiso sustraer de la esclavitud a los habitantes de Moxos; pidió la emancipación de esta provincia, y su sometimiento a las leyes que regían las demás posesiones españolas del nuevo mundo; pero la audiencia de Charcas sostuvo el reglamento de Rivera, que en 1832 aun servía de régimen a los administradores.

Si la medida tomada por la audiencia de Charcas ha contribuido por una parte a la conservación de las misiones de Moxos, por otra, la rivalidad entre los poderes religioso y secular, así como la ninguna instrucción de los mandatarios, han sido un manantial de funestos desórdenes. Casi todos los empleados, dejándose dominar por la avaricia, sobrecargaban, en beneficio de sus particulares intereses, las penosas tareas de los indígenas, en tanto que el Estado veía disminuir poco a poco sus rentas, sin poder proveer de lo necesario a las misiones para que llevasen adelante su ya decaída industria; por manera que desde entonces la provincia no hizo más sino vegetar.

Los primeros gobernadores, elegidos entre los capitanes de la real armada, ensayaron todavía algunas mejoras. En 1792, bajo el gobierno de Zamora se dividió la población de Magdalena para formar San Ramón; en 1794 se fundó la misión del Carmen con los indios Chapacuras; y en 1796 se transfirió San Joaquín; pero poco después ya se contentaron con enviar habitantes de Santa Cruz para gobernar a Moxos.

---

153 «Informe», pág. 142, ß 505.

Mientras duró la guerra de la independencia, la provincia de Moxos se vio del todo abandonada, y permaneció fuera de las contiendas políticas que desde 1810 hasta 1824 sacudieron el resto del continente.

Acordáronse de ella sin embargo para hacerla contribuir con los tesoros de sus iglesias. Las alhajas de las vírgenes y de los santos habían sido arrancadas anteriormente, y solo quedaban los enchapados de plata de los altares, que acaso no pudieron sustraer por haberse entregado al peso en los inventarios; más en 1814 el general Aguilera, falto de recursos para sostener las tropas españolas, envió de Santa Cruz a su hermano para que despojase a cada iglesia de una parte de sus ornamentos: la de San Pedro solamente dio setecientas cuatro libras de plata maciza.

La rigidez del gobernador Velasco suscitó en 1820 la primera pendencia entre los indígenas y la autoridad. Injustamente quejoso este gobernador, del cacique de San Pedro, llamado Marasa, lo hizo venir a su presencia y le mandó deponer el bastón, distintivo del poder. Negóse a ello el cacique, alegando que Dios le había conferido aquel privilegio.

Ciego de cólera al verse desobedecido por un indio, mató Velasco al infeliz Marasa de un pistoletazo en el pecho. El hijo de la víctima, atraído por los gritos de los jueces, vino a recoger el cuerpo de su padre, y sublevó inmediatamente a los Canichanas contra el gobernador, que se encerró con sus soldados en el antiguo colegio de los Jesuitas, haciendo de vez en cuando algunas descargas sobre los indígenas, cuya irritación subiendo de grado, les arrancaba gritos de desesperación y de venganza. Finalmente, no pudiendo penetrar en el colegio, amontonaron al rededor de él, a pesar del fuego activo de los sitiados, cuanto sebo encontraron en los almacenes, y las llamas no tardaron en apoderarse del edificio. Forzado a salir el gobernador murió a manos de los indios junto con la mayor parte de sus soldados. Los preciosos archivos de la provincia, que contenían todos los trabajos manuscritos de los Jesuitas, fueron enteramente consumidos en este incendio.

Más tarde se mandaron tropas de Santa Cruz para sujetar a los Canichanas de San Pedro, y esta misión, que había sido hasta entonces capital de la provincia, cedió su rango a Trinidad y fue transferida a otro punto.

Moxos ha decaído constantemente, y en 1829 sus rentas no alcanzaban a veinte mil pesos, mientras que en tiempo de los Jesuitas habían llegado hasta sesenta mil.

En 1830 se hallaba gobernada esta provincia por don Matías Carrasco, hombre instruido y benévolo, que cuidó mucho de reformar los abusos; pero descontento de la comportación de los empleados subalternos, abandonó su puesto, y de regreso a Cochabamba, su patria, publicó bajo el título de «Descripción sinóptica de Moxos» un interesante opúsculo[154] en el que señala infinidad de abusos, y aboga enardecidamente por la libertad en favor de los habitantes de Moxos.

En 1831, durante mi permanencia en Chiquitos, propuse al gobierno el entablar entre esta provincia y la de Moxos una permuta de sal por caballos; lo que tuvo a bien acordar desde luego.

Al siguiente año, después de haber recorrido todo el territorio de Moxos con el objeto de examinarlo circunstanciadamente, volví a encaminarme por sus llanuras hacia la cordillera, llevado del intento de buscar una vía de comunicación menos peligrosa que la de Palta Cueva, y deseoso, al mismo tiempo, de dar alcance en Cochabamba al presidente de la república, a fin de someter a su examen mis proyectos de mejora y reformas, aplicables a la administración general de la provincia de Moxos en beneficio particular de sus moradores. Habiéndome visto en el caso de poder apreciar el excelente carácter y la buena índole de los Cayuvavas, pedí al gobernador que se me diesen algunos remeros de Exaltación para conducir mis canoas, y preparado para este largo viaje de trescientas a cuatro cientas leguas a lo menos, empecé por subir hasta el país de los Yuracarees, de donde me encaminé por países salvajes, los más accidentados del mundo, hasta llegar a Cochabamba en 10 de junio de 1832. Pasé a ver sin pérdida de tiempo al presidente y le hablé de la provincia de Moxos, dándole parte de los numerosos abusos que allí se cometían, y exponiendo los medios de reforma que me parecían convenientes. Después de haberme escuchado atentamente me encomendó la redacción de una memoria detallada, de acuerdo con el señor Carrasco, para que sirviese de guía al nuevo gobernador que iba a mandar, y al obispo de Santa Cruz, a quien se imponía el deber de visitar

---

154 Este escrito consta de veintiuna paginas impresas.

la provincia cuidando de reformar los abusos religiosos. Presentéle igualmente mi proyecto de abrir una nueva senda de comunicación con Moxos, plan que aprobó, manifestando algún recelo por los riesgos a que iba yo a exponerme. Tuve por último la satisfacción de ver que todo salía al tenor de mis deseos, y que no había yo interpuesto en vano mis buenos oficios por el bien de los pobres indígenas de estas misiones.

Salí de Cochabamba el 2 de julio para llevar a cabo mi empresa. Trepé primeramente la montaña de Tiquipaya, y hasta Tutulima no encontré obstáculos en mi marcha. Dejando este lugar, el último habitado, traspuse el vertiente del río de Tutulima y la serranía del Paracti, encontrando de la otra parte la nación de los Yuracarees, con quienes hice construir una canoa; continuando enseguida por el río Securi, llegué, a los cuarenta días de un viaje penosísimo, a la provincia de Moxos, completamente satisfecho del feliz éxito de mi aventurada resolución.

Entre tanto, mi empresa había sido mal vista por algunos empleados de Moxos, los que siendo mandados de Santa Cruz de la Sierra, no dejaban de inquietarse con el establecimiento de una comunicación más abreviada por vía de Cachabamba. Despertáronse las antiguas rivalidades; y un triste acontecimiento vino entonces a desbaratar todo la proyectado.

El coronel Dávila, a quien yo había dejado en Cochabamba, ya pronto a partir para Moxos con la misión de operar las numerosas reformas, que de concierto con el señor Carrasco le habíamos indicado en beneficio de los infelices habitantes de esta provincia, acababa de sucumbir a impulsos de un fuerte cólico que le había sobrevenido en la antevíspera de su salida, a las pocas horas de estar en su casa de regreso de una tertulia. Tal fue la triste nueva traída por las canoas, que habían ido a buscarlo a Isiboro. Vi pues con sentimiento que se inutilizaban tantos esfuerzos como había yo hecho para conseguir la mejora de la condición de los indígenas que habitan esas lejanas comarcas.

El 8 de setiembre, siguiendo el curso del río Piray, encontré al señor obispo de Santa Cruz, que iba encargado por el gobierno a visitar la provincia de Moxos, para extirpar en ella los abusos religiosos. Un banco de arena nos sirvió de retrete por veinticuatro horas, en cuyo período tuvimos una larga conferencia con el illustrísimo señor Córdoba, personaje instruido y muy amable, sobre el lamentable estado de la provincia de Moxos, indicándole yo los medios que me parecían as conducentes a la refría de abusos de todo género, que iban diariamente en aumento. Probé entonces un momento de satisfacción, encontrando en este digno prelado un protector solícito de la humanidad, dispuesto a poner en juego todos los resortes para llegar al fin que tanto deseábamos, la mejora de la condición de los indígenas.

Hallándome en Moxos en 1832, don Carmelo Rivera, gobernador interino de la provincia, trató de reprimir los desórdenes y purgar el país de esos empleados especuladores y poco honrados, tomando para ello una medida enérgica. Mandó apostarse, sobre todos los caminos, emisarios encargados de apoderarse de las canoas cargadas, para luego verificar en la capital los productos del año que ellas conducían. Esta medida no dejó de producir el efecto deseado. Todos los administradores fueron sorprendidos con mayor cantidad de frutos en su propiedad, que la parte destinada para el Estado; no se necesitaba testimonio más claro del uso inicuo que hacían de sus funciones, y del partido que sacaban de los pobres indios, valiéndose de la autoridad que tenían sobre ellos para hacerlos trabajar como a esclavos. Convictos plenamente de tamaña culpabilidad, fueron todos destituidos en el acto.

Estado actual de la provincia

División política

Es de creer, por lo acontecido con las misiones del Paraguay,[155] que la conservación de las instituciones de los Jesuitas, bajo los diferentes gobiernos que se han sucedido en el periodo de sesenta y cinco años, ha evitado la destrucción de las misiones de Moxos; así, al visitar yo la provincia en 1832, hallé, con otros hombres por gobernantes, con diferentes costumbres y una prosperidad bien inferior, intactas todavía todas las instituciones administrativas y religiosas que aquellos misioneros habían dejado en 1767, época de su expulsión.

Con la supresión de cuatro misiones, bajo la administración de los curas,[156] y la creación del Carmen y de San Ramón en tiempo de los gobernadores,[157] la provincia consta actualmente de trece lugares habitados, que se dividen generalmente en dos partidos, el uno denominado «Mamoré» y «Pampas» y el otro «Itonamas» y «Baures». El primero se compone de Trinidad, de Loreto, de San Javier, de San Ignacio, de San Pedro, de Exaltación, de Santa Ana y de Reyes. El segundo encierra las misiones de San Ramón, de San Joaquín, de Magdalena, de Concepción y del Carmen.

«Partido del Mamoré y Pampas.»

---

155 Véase lo que digo a este respecto al ocuparme de la provincia de Chiquitos, que dependía del Paraguay.
156 Véase la pág. 192.
157 Véase la pág. 195.

Trinidad

La misión de Trinidad, una de las más antiguas de la provincia, fue fundada por los Jesuitas en 1687. Ella ocupa el centro de una inmensa llanura que se encuentra tres leguas al este del Mamoré, y como a dos del río Ivari: sus alrededores, muy secos en invierno y anegados en el estío, carecen de arbolado: hay hacia el este un grande lago, distante un cuarto de legua del pueblo. Su población, compuesta de indios moxos, ascendía, en 1691, al número de dos mil doscientos cincuenta y tres,[158] y en 1824 vino esta misión a ser capital de la provincia.

Su iglesia es muy vasta y de bella arquitectura, aunque un tanto recargada de esculturas en madera. La casa de gobierno, que tiene un piso alto, es grande y bastante cómoda. Este pueblo, semejante a todos los demás por lo que respecta a su distribución, ejerce el mismo género de industria que Concepción y San Javier. Sus habitantes oriundos todos de la nación moxa, y que llegan a dos mil y cuatro, son bondadosos en extremo, empiezan a civilizarse y se visten ya como en las ciudades del interior. Algunas mujeres han adoptado también el vestido de cinturón, ajustado al talle.

Todos los años, por la pascua, dejan los administradores de la provincia sus misiones respectivas, para encaminarse a la capital, conduciendo las producciones del año. Al arribo de cada canoa, multitud de mercaderes, venidos de Santa Cruz, procuran engañar a los pobres indios, que no se curan de ello ignorando totalmente el valor de los objetos que reciben en cambio del cacao y de otros frutos.

Trinidad es la residencia del vicario general de la provincia, del gobernador, y de un secretario que lleva el título de administrador general.

«Camino de Trinidad a San Javier.» Hay doce leguas de Trinidad a San Javier, que esta hacia el norte: para encaminarse a este lugar, es menester atravesar a caballo la llanura sembrada aquí y allí de palmas carondais, mientras que para la conducción de mercancías se baja como legua y media, por la llanada del oeste, hasta el río Ivari por el cual se sigue, llevando los cargamentos en canoas. Este río nace en el país de los Guarayos, y cruza por el sudeste toda la llanura, sobre más de dos grados de largo, recibiendo en su curso muchos tributarios, y pasando luego a cuatro leguas de la

---

158 Véase la pág. 178.

misión de Loreto, y no lejos de la misión de Trinidad, para ir a perderse en un brazo del Mamoré; corriendo todavía algún tiempo más, paralelo a este río, antes de reunirse a él definitivamente. La isla que forman estos dos ríos, se halla cubierta de hermosas plantaciones de bananos, de mandioca y de otras varias frutas, como el cacao, que también se cría silvestre en los boscajes de la ribera, dando cada año abundantes cosechas. Después de haber seguido durante medio día los innumerables rodeos del Ivari, se llega al Mamoré. La confluencia formada por estos ríos es acaso, de todos los puntos de la provincia, el más peligroso para los navegantes; pues chócanse en él ambas corrientes con suma violencia, levantando marejadas espumosas y formando remolinos, donde se hunden las endebles canoas: todos los años hay numerosos ejemplos de semejantes fracasos. Desde esta confluencia las orillas del Mamoré se ven guarnecidas de magníficos bosques, y también de bañados, hasta el puerto de San Javier, que dista como dos leguas de la misión.

Caminos de Trinidad a Loreto

Loreto dista poco más o menos doce leguas al sudeste de Trinidad. En la estación de seca se hace este viaje cruzando las hermosas llanuras cubiertas de trecho en trecho de palmeras carondais. Primeramente se costea el arroyuelo de Trinidad; se pasa este enseguida por un punto, como una legua distante de una estancia de la misión; se encuentra luego un delgado arroyo que atraviesa por un bañado, y un poco más adelante la estancia de San Miguel donde se ven muchos ganados. Dejando este lugar que marca la mitad del camino, se cruza el «Curichi» de San Miguel, bañado espacioso, y después de haber andado dos leguas se presenta el río Ivari que en todo tiempo es menester pasarlo en canoas: otras dos leguas más adelante esta la estancia de San Antonio y el arroyo del mismo nombre, en medio de unos matorrales, donde también se crían hermosos pastos. Una legua de llanuras es lo que resta de camino desde este punto hasta Loreto.

La distancia que hay de Trinidad a Loreto, yendo por el río, es tres veces mayor, y generalmente se emplean dos días en hacer este viaje. Se sube primeramente el río Ivari hasta su confluencia con el brazo del Mamoré. Muy notable es el contraste que en aquel punto se presenta a los ojos del viajero. El Ivari, que baja de los marjales situados al este del país de los Guarayos, lleva lentamente sus aguas claras, aunque de viso negruzco, en tanto que las del brazo del Mamoré, fangosas y cuasi rojas, corren con excesiva rapidez. Se tiene que andar por este brazo como una legua, atravesando por en medio de campos cubiertos de plátanos, hasta desembocar en el Mamoré. Algunos de sus recodos están llenos de arboles arrancados por la corriente, y que han ido amontonándose poco a poco en aquellos lugares. En la estación de seca se pasa la noche sobre un banco de arena, teniendo a derecha e izquierda arenosos y escarpados ribazos, que minados continuamente por las aguas, suelen desplomarse con estrépito, promoviendo corpulentas oleadas que si no echan a fondo las embarcaciones, las llenan de agua, averiando los cargamentos; por lo que se ven obligados los indios a velar toda la noche, a fin de evitar semejantes daños. Prosiguiendo el viaje se pasa por la embocadora de dos inmensos lagos que están a la derecha, y bien pronto se presenta la boca de un grande río llamado Securi, que baja de la cordillera de Yuracares: este río, tan ancho como el Mamoré, y cuyo álveo es mucho más encajonado, fue el que descubrí al abrir el nuevo camino de Cochabamba para Moxos. Apartándose de la embocadura del río Securi, se sigue adelante por el Mamoré has llegar finalmente a un bañado que esta a la derecha, y sobre cuya orilla se encuentra el puerto de Loreto, situado unas siete leguas al sudsudeste de la misión.

Compónese dicho puerto de dos casas; la una que no es sino un espacioso galpón para hospedar a los viajeros, y la otra destinada al alcalde del puerto. De este punto, al cual, de paso para Santa Cruz de la Sierra o Cachabamba, concurren necesariamente los viajeros para proveerse de víveres, se va a Loreto atravesando a caballo un extendido cacahual, y luego un cañaveral hasta salir a un bañado cubierto de arboles, donde es menester agacharse a cada paso para evitar los enredaderas, cuidando además de no tropezar en las abultadas raíces que guarnecen todo el suelo. Luego se presenta una llanura anegada, en la que los caballos se meten hasta las rodillas. A una legua del puerto se ve la estancia de Nieves, donde hay mucho ganado; y después de atravesar un arroyo bastante hondo, se prosigue por un boscaje ralo y lleno de agua, desembocando por último en un pantano inundado, en el cual llega el agua a los encuentros del caballo. Es preciso ir a galope por en medio de los bañados y de los bosques de palmas carondais hasta ponerse en Loreto.

Los caballos están de tal manera acostumbrados a estos caminos, que andan por ellos tan seguros como las mulas por las montañas; y es cosa que realmente sorprende verlos salvar con tanta destreza los agujeros que cubren todo aquel terreno. Finalmente, después de haber atravesado el río Tico, por medio de un puente de leños, se echa pie a tierra en Loreto.

Loreto

Nuestra Señora de Loreto, misión la más antigua de la provincia, fue fundada por los Jesuitas en 1684,[159] no lejos del Mamoré y bastante apartada del sitio que ocupa hoy en día. Compuesta de indios que hablaban los dialectos de la lengua moxa, contaba en 1691 tres mil ochocientas veintidós almas. Habiendo cambiado de lugar por diferentes veces, ha sido definitivamente establecida, después de la expulsión de los Jesuitas, entre los ríos Tico e Ivari, distante como diez leguas de la reunión de este último río con el brazo del Mamoré, y en el seno de una hermosa llanura guarnecida en parte de arbolados, pero demasiado húmeda en estío.

Construida como las otras misiones de Moxos, Loreto posee una vasta y bella iglesia, y una capilla colocada en la parte exterior, cerca del cementerio. En países donde los habitantes se contentan con los frutos silvestres, parece muy raro el encontrar plantaciones de arboles frutales, como sucede en esta población, que tiene una hermosa huerta en la cual se encuentran «guaporus, guyavos, chirimoyas» y otros arbustos revestidos de las flores más vistosas. Los moradores, pertenecientes a la nación de los Moxos, y que actualmente se hallan reducidos al número de dos mil ciento cuarenta y cinco, son muy industriosos y honrados. Por lo demás, esta misión participa de las mismas condiciones que las otras que componen la provincia.

---

159 El padre Eguiluz, pág. 16.

San Francisco Xavier

Fundaron los Jesuitas la misión de este nombre en 1690, sobre la ribera oeste del río Mamoré, entre las bocas de los ríos Aperé y Tijamuchi y distante como ocho leguas al norte de Trinidad. Al visitarla el gobernador de Santa Cruz en 1691, encontró en ella dos mil trescientas sesenta y una almas; número que se acreció más tarde hasta tres mil.

Después de la expulsión de los Jesuitas, fue transferida esta misión a la ribera opuesta, sobre una dilatada llanura anegada en partes, y donde un pequeño arroyo que comunica con el Mamoré facilita la navegación en el período de las lluvias. Los edificios de San Javier de Moxos son todavía provisorios; el colegio se compone solamente de un piso bajo, y lo único que hay allí de notable, es un cruz de coaba, incrustada con el brillante nácar de las conchas de agua dulce. Su industria, comparada con la de los otros cantones, se halla en muy buen estado: los tejidos son superiores, y las labores de ebanistería y de embutidos de nácar se ejecutan con mucha maestría. Su población, que consta hoy en día de mil quinientos quince habitantes de la nación moxa, es también agricultora y cosecha anualmente gran cantidad de cacao. Estos naturales son en general de buena índole, pero algún tanto fanáticos. En 1833 tenían por cacique a un indio bastante instruido para desempeñar perfectamente el cargo de administrador, y cuya integridad a toda prueba era las más estimable de sus prendas. San Javier es el lugar más incómodo por los mosquitos, a cuyos porfiados ataques ya están acostumbrados los moradores, pero que son un tormento para los viajeros recién llegados.

La abundancia de estos insectos proviene de las inmensas llanuras anegadas, donde se forman pantanos y lagos temporarios cubiertos de juncos.

En 1832 poseía esta misión seis mil ciento setenta y una cabezas de ganado vacuno, ciento cuarenta y tres caballos, ocho burros, ciento cuarenta y seis cabras, cincuenta y un carneros y diez y ocho cerdos.

Camino de San Javier a San Pedro

San Pedro se halla situado doce leguas al norte de San Javier, en el prolongamiento de las llanadas orientales del río Mamoré. Este viaje que se hace a caballo en tiempo de secas, en la estación lluviosa y para el transporte de mercancías, es menester hacerlo bajando en canoas por el río Mamoré. Saliendo de San Javier, se toma un arroyo que serpentea en la llanura por entre alamedas de palmas carondais; y después de haber andado como dos leguas, se desemboca en un bañado en el cual esta el puerto, que solo se distingue por su barraca y por el sin número de embarcaciones amarradas en él: de allí se entra inmediatamente al Mamoré. Ofrece este vasto río en aquel punto, el mismo aspecto que más arriba; es decir, que sus orillas se componen también de terrenos modernos, y están cubiertas de bañados por los cuales se atraviesa muchas veces para abreviar el camino, o para no tener que luchar contra la corriente cuando se viaja río arriba. De este modo se llega al puerto de San Pedro, distante más de una legua de la población, a donde se va a caballo. En tiempo de crecientes, hay que pasar dos arroyos en balsas de cuero, que un indio desnudo conduce a nado hasta la ribera opuesta. En la provincia de Corrientes, y en casi toda la América, su sirven de esta vacilante embarcación, en la que no es posible hacer un solo movimiento sin riesgo de volcarla.

San Ignacio

Esta misión, que fundaron los Jesuitas en 1689 con los indios «Paunanas» (tribu de los Moxos), y que es una de las más hermosas y antiguas de la provincia, contenía ya, en 1691, tres mil catorce habitantes. Edificóse su iglesia en 1694, y el padre Eguiluz refiere que el día de su consagración, iba un coro de danzantes a la cabeza de la procesión, como era de costumbre en el Perú. Para encaminarse por tierra, de esta misión a la de Trinidad, que se encuentra al este, se andan como quince leguas.

Se puede también ir en canoa, subiendo el Tijamuchi, que recibe más arriba de San Ignacio el tributo del río Taricuri, igualmente navegable hasta el pie de las últimas montañas.

El pueblo de San Ignacio esta situado en medio de una espaciosa llanura entrecortada por reducidos boscajes: su iglesia y demás monumentos construidos por los Jesuitas aun se conservan en buen estado. Sus habitantes que ascienden al número de mil ochocientos setenta, y seis, pertenecen a la nación de los Moxos, y reúnen a un carácter excelente y a una afabilidad extremada, una actividad la más industriosa en el ramo de agricultura. Ayudados durante diez años por un buen administrador, los moradores de San Ignacio han hecho inmensas plantaciones de cacao y de otros arboles productivos. Para demostrarlo, presentaré aquí los números comparativos de varias plantas, entre los años de 1828 y 1831.

	NÚMERO DE PLANTAS EN 1828	NÚMERO DE PLANTAS EN 1831
Plantas de cacao. Algodoneros. Tamarindos. Plantas de café. Plátanos.	8.704 11.377 38 86 37.850	48.616 24.947 3.456 733 38.800

Los ganados pertenecientes al Estado se componían, en 1830, de tres mil trescientas noventa y cuatro vacas, cincuenta y cinco caballos, cuatro mulas, sesenta ovejas y veintinueve cerdos.

San Pedro

Esta misión se encuentra situada en una llanura bastante elevada, cubierta en parte de bañados, que dan origen a los dos primeros tributarios del Machupo, el río Tamucu y el río de San Juan. Los actuales edificios de esta población no son sino provisorios y nada tienen de notable.

Los Jesuitas descubrieron en 1693 la nación de los Canichanas,[160] que habitaba entonces los bordes del Mamoré y del Machupo. Tres años después, reuniéronse espontáneamente sus naturales para edificar un pueblo, llamando a los religiosos que vinieron a convertirlos al cristianismo. Se ha dicho que eran antropófagos y que continuamente hacían guerra encarnizada a las Cayuvavas y a los Itonamas, para quienes son todavía un objeto de temores tradicionales. Establecieron los Jesuitas la misión de San Pedro en el sitio donde hoy se descubren sus ruinas: su posición central la hizo ser bien pronto capital de la provincia; y concentrando en ella los misionero todos sus tesoros y sus grandezas, San Pedro llegó a rivalizar, por sus monumentos, por el número de sus estatuas de santos, por las alhajas con que resplandecían las imágenes de la Virgen y del niño Jesús, por las chapas de plata que adornaban sus altares, y sobre todo, por las ricas esculturas en madera de su iglesia, no solamente con las catedrales de Europa, sino también con los suntuosos templos del Perú. Cuando la misión fue encomendada a los curas en 1767 después de la expulsión de los Jesuitas se inventariaron ochenta arrobas de plata maciza.

Bajo la dirección de los curas, y más tarde de los gobernadores, la iglesia de San Pedro fue perdiendo poco a poco su esplendor: otro tanto sucedió bajo el régimen de los administradores. En la guerra de la independencia vióse despojada todavía de una parte de sus riquezas para sostener al ejército español mandado por Aguilera, quien hizo sacar de ella veinticinco arrobas de plata.

En 1820, esta misión fue, como ya se dijo, el teatro de una pequeña revolución, ocasionada por la muerte que con su propia mano dio el gobernador al cacique Marasa, y cuyas consecuencias fueron el incendio del colegio y la total destrucción de los preciosos archivos de la provincia. Algún tiempo después, transferida su población al lugar donde actualmente se encuentra,

---

160 Véase al padres Eguiluz, págs. 54 y 56, quien los llama «Canicianas».

se instaló provisoriamente en casuchas construidas al efecto. El haber dejado de ser capital, después de la muerte de Marasa, para ceder este rango a Trinidad, tantísimas dilapidaciones, y sobre lodo, el cambio de local, han reducido a esta misión a la más lastimosa miseria, siendo indudablemente hoy en día la más pobre de todas. Sus habitantes que se hallan cuasi desnudos y carecen hasta de víveres, se ven obligados a robar; por lo que son temidos de sus vecinos, cuyos campos devastan y saquean sin hallar quien ponga obstáculo a sus rapiñas. Finalmente la industria de este cantón se reduce a muy poca cosa, aunque, desde el tiempo de los Jesuitas, se han reservado sus naturales la fundición de campanas y de calderas.

Los indios canichanas, moradores de San Pedro, que alcanzan hoy en día al número de mil novecientos treinta y nueve, se asemejan en todo a los indios tobas del Gran Chaco, y algunas de sus costumbres son enteramente idénticas. Su excesiva indigencia, haciéndoles arrostrar a veces los mayores peligros, los induce a salir a la caza de tigres, con cuya carne se alimentan: con este mismo fin persiguen cruelmente a los caimanes.

Para apoderarse de uno de estos animales, se echa un indio al agua, nadando con un solo brazo y llevando con el otro una vara bastante larga, en cuyo remate va fijada la extremidad de un lazo de cuero: acercándose luego muy pausadamente al feroz reptil, que se mantiene inmóvil y con los ojos fijos en su presa, procura envolverle el lazo alrededor del cuello; si logra su intento, los indios que están en la orilla teniendo la otra punta del lazo, tiran inmediatamente de él para sacar al animal a tierra; pero si se yerra el golpe, no le queda al cazador otro recurso de salvación que perseguir al caimán, echándosele resueltamente encima, para asustarlo y tener tiempo de ganar la orilla mientras él se zambulle. Hay otros que cazan el mismo animal con un palo corto, y puntiagudo en ambas extremidades, en medio del cual esta amarrado el lazo: armados dé este modo salen al encuentro del caimán, que abre su horrenda boca para tragar el brazo del nadador, quien aprovechando de este movimiento introduce perpendicularmente su palo, quedando este clavado en las quijadas que cierra vorazmente el animal.

Enseguida lo sacan a tierra tirando del lazo. Esta caza es sumamente peligrosa, y raro es el año en que no ocasione algunas muertes.

Todas las esculturas de la antigua iglesia de los Jesuitas se conservan amontonadas en un galpón. Hay, entre varios otros objetos, un púlpito y un confesionario todavía enteros, y cuya profusión y riqueza de esculturas los harían distinguir ciertamente como bellísimos adornos en los templos más notables. Es pues muy sensible que se dejen así perder estas ricas producciones del arte, en vez de hacerlas trasportar a las grandes poblaciones, en cuyas catedrales hallarían muy apropiada colocación. La iglesia actual de San Pedro, edificada también provisoriamente, esta recargada con demasía de imágenes de santos y de ornamentos de plata: se notan empero, entre estos objetos, muchas estatuas de madera, trabajadas en Italia por los mejores maestros del siglo pasado.

Camino de San Pedro a San Ramón

Hay de veintiocho a treinta leguas, hacia el nornordeste, de la misión de San Pedro a la de San Ramón, distancia que en tiempo seco se recorre a caballo, tomando la ribera izquierda del Machupo para no tener que atravesar sus innumerables tributarios orientales. Se han colocado de trecho en trecho, sobre todo el largo de este camino, barracas donde se detienen a descansar los viajeros.

En la estación de lluvias, o cuando se llevan mercancías, se baja por el río de San Juan, que se encamina al nornordeste, cruzando las llanuras y recibiendo sucesivamente por el este los ríos de Moocho, de Cocharca, de Molino, y en fin el Machupo que le da su nombre. Siguiendo adelante recibe también por el mismo lado, cerca de San Ramón, el randal del río Chananoca, y enganchándose tanto como el río Blanco, lleva su curso por en medio de coposos y altos arbolados. En todo tiempo sería navegable este río, hasta más arriba de San Ramón, para embarcaciones de vapor; pero en la estación lluviosa, solamente hasta San Pedro.

Camino de San Pedro a Santa Ana

Hay veinticinco leguas, en línea recta al nordeste, de San Pedro a Santa Ana; mas, como allí generalmente se viaja en canoas, los numerosos giros del Mamoré hacen doble la distancia, por cuya razón es menester emplear en este tránsito dos días cuando se anda río abajo, y tres o cuatro cuando se tiene que subir. Saliendo de San Pedro, se camina hacia el este como una legua de llanuras hasta pasar por un puente el arroyo de Tamucu, no lejos del cual se encuentra el puerto en un bañado bastante grande, sobre cuyos bordes aparece la casucha del guarda: se andan todavía tres cuartos de legua, cruzando por este bañado hasta que se presenta el Mamoré, el cual se costea hasta la embocadura del río Tijamuchi, situado sobre la ribera izquierda. Este río, que baja de las cordilleras, tiene como cien varas de ancho y es bastante profundo; circunstancias que lo hacen navegable en todo tiempo hasta para los barcos de vapor. Por ser su giro demasiado tortuoso, se emplean cinco o seis días para subir por él hasta San Ignacio. Algo más abajo de la embocadura del Tijamuchi, forma el Mamoré un gran recodo, fácil de evitar entrando en un bañado que se presenta sobre la orilla izquierda, y cuyas aguas, casi siempre corrompidas en algunos parajes, causan fiebres intermitentes, al paso que ostentan en algunos otros, numerosos grupos de la magnífica planta llamada victoria. A pocas leguas de allí, divídese el Mamoré en tres brazos, que forman islas anegadas, por entre las cuales se transita con muchísima dificultad, tropezando con arboles flotantes, arrancados por las corrientes. Algo más adelante, se pasa por en frente de la arruinada misión de San Pedro, de la cual no han quedado más vestigios que algunos cacahuales. Ya no presentan las orillas del Mamoré en este punto, esa belleza salvaje tan notable cerca de la confluencia del río Iténes. Aparece luego por el este, a una distancia bastante grande, más abajo de los tres brazos del Mamoré, la embocadura del río Aperé, apartado como una jornada de navegación de su tributario el río de San José: ambos ríos son navegables para barcos de alguna carga, hasta el pie de las montañas. Por el mismo lado desemboca tres o cuatro leguas más abajo el río Yacuma, también navegable como los anteriores, y cuyo profundo álveo tiene como de setenta a ochenta varas de ancho; sus márgenes, guarnecidas de matorrales, no contrastan notablemente con las llanuras circunvecinas, que se hallan cuasi desnudas de boscaje: tres cuartos de legua más adelante, se llega a la confluencia del río Rapulo, el que no por ser más angosto deja de ofrecer las mismas facilidades para la navegación, pues en tiempo de los Jesuitas se subía por él hasta la misión de San Borja. Finalmente un poco más arriba de dicha confluencia, se presenta la misión de Santa Ana, situada entre estos dos últimos ríos, un cuarto de legua distante del Yacuma.

Santa Ana

En 1700, cuando los Jesuitas fundaban la misión de reyes, no lejos del río Beni, creyeron conveniente formar al mismo tiempo la de Santa Ana, para fomentar en lo posible la navegación de aquel río. Esta misión, poblada por la nación movima, tuvo su asiento una legua más al oeste del sitio que actualmente ocupa; y fue transferida, so varios pretextos, en tiempo de los gobernadores españoles. Al verla tal cuales hoy día, desde luego se conoce que no ha sido obra de los Jesuitas: empero, a pesar de su colocación en medio de una llanura, y de la temporaria inundación de sus contornos, nada tiene de insalubre. Las casas de los indígenas están en desorden, y la puerta de la iglesia en vez de dar sobre la plaza, mira hacia el campo. La industria se encuentra muy poco adelantada; y los terrenos de cultivo están confinados en el interior de algunos bosquecillos, sobre las riberas del Rapulo y del Yacuma; posee sin embargo esta misión hermosos establecimientos para la cría de ganados.

Sus habitantes, que en 1831 ascendían a mil ciento cincuenta y seis, son muy notables por sus hermosas proporciones: la vigorosa corpulencia de las mujeres y hasta sus facciones, aun en la juventud, nada tienen de femenino. Entre tanto, el carácter de los Movimas es apreciabilísimo por su bondad y mansedumbre, calidades que llevan pintadas en el semblante con signos inequívocos.

La pobreza de los trajes de las mujeres pone en manifiesto la grande miseria de esta misión, donde son rarísimos los terrenos propios para el cultivo del algodón; así es que se ven obligados sus moradores a procurarse tejidos de lana venidos de Cochabamba para confeccionar sus «tipois».

Todavía subsisten algunas supersticiones entre estos indios: cuando enviudan, por ejemplo, creen que hallaran la muerte si van a la caza del tigre, y que se cubrirán de lepra si matan una víbora. Cuéntanse allí como once mil cuatrocientas once cabezas de ganado vacuno, pertenecientes al Estado, y tres mil ochocientos cinco caballos.

El río Yacuma abunda en palometas, pescado de forma ancha y algo chata, esmaltado de colores amarillos muy vivos, y cuyos dientes triangulares y cortantes atemorizan a los indios, que no por ello dejan de tentar la pesca con anzuelos fijados en la punta de un alambre. Desde los tiempos más remotos, los dientes de la palometa han sido las tijeras de los indígenas de aquellas regiones, y aun se sirven de ellos los tejedores para recortar los hilos.[161]

Camino de Santa Ana a Exaltación

Exaltación queda al norte de Santa Ana, distante como quince leguas. En la estación de seca este camino se hace atravesando la llanura a caballo; pero en la época de lluvias es menester bajar en canoa por el río Yacuma hasta su entrada en el Mamoré, el cual, muy tortuoso en este punto, enseña sobre sus hermosas riberas infinidad de lagos y bañados, por los cuales se suele pasar para abreviar el camino evitando los rodeos: se llega por último al trapiche de Exaltación que esta unido por medio de un foso al bañado del puerto. Es menester emplear un día para hacer este tránsito, y dos cuando se sube de Exaltación a Santa Ana.

Camino de Santa Ana a Reyes

Para ir a Reyes, se tiene precisamente que pasar por Santa Ana, de donde se cuentan doce días de camino, en dirección al oeste. En la estación seca y cuando se viaja sin equipaje, se va por tierra, atravesando a caballo como setenta leguas por llanadas magníficas, pobladas de ganados salvajes; mas en tiempo de lluvias, o cuando se llevan mercancías, se sube en canoas el río Yacuma, hasta encontrar sus primeros tributarios; desde cuyo punto solo faltan ocho leguas de tránsito por la llanura para ponerse en Reyes.

---

161 Véase la lámina 5, fig. 2.

Reyes

Esta misión, una de las últimas que establecieron los Jesuitas, esta situada en una espaciosa llanura, distante algunas leguas del río Beni, y diez y ocho al este de Isiamas, cantón de la provincia de Caupolicán.

Sus moradores, oriundos de la nación de los Maropas, tienen el rostro afeminado, bastante regular y muy semejante al de los Mocetenes. Estos indios mascan la coca; y llevan una camiseta más corta que la de los Moxos.

En 1830 su población constaba de mil y una almas; y poseía la misión siete mil setecientas veintidós cabezas de ganado vacuno, mil trescientos noventa y nueve caballos y veintitrés cerdos. Sus alrededores abundan en ganados salvajes que sería muy fácil domesticar.

Exaltación de la Cruz

Esta misión, que fue fundada por los Jesuitas con los indios Cayuvavas,[162] habitantes de las riberas del Mamoré, aun no existía en 1696. Edificada sobre una llanura y en medio de bañados, se ve a cubierto contra las avenidas del Mamoré por un dique circular que hicieron construir aquellos misioneros. La plaza, con sus palmeras, sus capillas y las casas de los jueces, se parece a las de las otras misiones. La iglesia, construida en el estilo de la edad media, esta llena de ornamentos y esculturas del mejor gusto, y sus paredes, hechas de adobe, se ven adornadas con pinturas. El colegio que tiene un piso alto, no puede estar mejor distribuido. Los Jesuitas habían trazado sobre las paredes de este edificio el mapa muy detallado de la provincia, que debieron ellos conocer perfectamente; pero años ha que el capricho de un administrador hizo desaparecer este monumento precioso, para que ocupasen su lugar caricaturas groseras, o la representación, copiada de grabados europeos, de la caza del jabalí y del ciervo.

Exaltación de la Cruz es, por los productos de su industria, una de las más ricas misiones; sus tejidos son excelentes, y su cacao no cede acaso en calidad a ningún otro.

Los indios cayuvavas que pueblan esta misión, son sin réplica los mejores hombres de la provincia, tanto por la franqueza que los caracteriza, como por su sobriedad y amor al trabajo. Sus facciones son regulares, y sus cuerpos robustos. Remeros infatigables, sus pilotos son los mejores practicos del país. Entusiastas y atrevidos no dejan por eso de ser circunspectos, respetuosos, dóciles y de una complacencia extremada. Han conservado entretanto algunas supersticiones de su estado primitivo, las que se advierten principalmente entre los hombres encargados de cuidar el ganado: así, por ejemplo, cuando un Cayuvava sabe que su mujer se encuentra en cierto estado de salud, nunca monta a caballo, ya sea por temor de dar una caída, ya sea por no comprometer el estado de la enferma. Los que enviudan se encierran durante un mes, y renuncian a montar a caballo mientras permanecen viudos, temerosos de espantar al ganado.

---

162   El padre Eguiluz, «Relación de la misión apostólica de los Moxos», págs. 35 y 37, cita esta
      nación, como la única salvaje en 1696.

En 1830, la población indígena de Exaltación ascendía a dos mil setenta y cinco almas, y estaba dividida en ocho secciones: los «Maisimaees», los «Maidebochoquees», los «Maidepurupiñees», los «Mairoañas», los «Maiauquees», los «Maidijibobos», los «Maimajuyas» y los «Maimorasoyas».

El ganado vacuno llegaba, en el citado año, al número de once mil ciento seis, y el caballar a quinientas veintiséis cabezas.

Una calzada de un cuarto de legua conduce de la misión al puerto, especie de bañado en donde se ven amarradas las canoas, confiadas a la vigilancia de una familia indígena. Este es el paraje donde van también a bañarse diariamente los indios y las indias, seguros de no ser molestados por los caimanes.

En virtud de sus antiguas supersticiones, toda vez que estos naturales salen salvos de algún peligro, echan a tierra un espiga de maíz, como para dar gracias a la providencia de haberlos favorecido con su protección.

San Ramón

La misión de este nombre fue fundada en 1792 por orden del gobernador Zamora, con el sobrante de la población itonama de Santa María Magdalena: el pueblo, edificado a imitación de las misiones de los Jesuitas, pero sin ornamentos, ocupa una posición deliciosa, extendiéndose sobre un terreno sólido, lleno de hidrato de hierro, y bastante elevado para estar siempre a cubierto contra las avenidas del río Machupo, que pasa no muy lejos de allí. En sus cercanías se ven algunos plantíos de bananos, mientras que las otras partes cultivadas están algo distantes, sobre todo, la perteneciente a los indios, que se avecina más bien al río Iténes. La industria de esta población no se diferencia en nada de la de Magdalena.

A distancia de media legua del pueblo hay un hermoso lago; se ve otro de al misma naturaleza a dos leguas: tienen ambos una forma oblonga, y su diámetro abraza cuando más una legua. El pescado que se saca de ellos es muy exquisito; pero la multitud de caimanes no deja de ser un grande estorbo para la pesca. Estos feroces anfibios son también muy comunes en el río Machupo, pero el modo de darles caza es diferente del que hemos visto empleado por los Canichanas de la misión de San Pedro. Los moradores de San Ramón atan un perro a la orilla del río, colocando por delante de él una lazada abierta, de manera que el caimán no pueda acercársele sin entrar en ella; dispuesto de tal manera el armadijo, se ocultan a poco pasos, teniendo en la mano la otra punta del lazo. A los aullidos del perro no tarda en presentarse algún caimán, mostrando primeramente sobre el agua las órbitas salientes de sus ojos y la extremidad del hocico: permanece desde luego algunos instantes en observación, y con la vista clavada en su presa; enseguida se zambulle para reaparecer sobre la orilla, donde se arrastra lentamente hacia el pobre perro, que, magnetizado por tan terrible enemigo, queda sin movimiento, algunas veces tiembla, otras, en fin, hace los más violentos esfuerzos para romper las cuerdas que lo sujetan, y escapar a la horrenda boca que se abre para tragarlo. Afortunadamente sus temores duran poco;[163] pues los indios se apresuran a tirar del lazo y arrastran al caimán, aturdido talmente de verse capturado, que ya ni siquiera intenta defenderse. Como no puede darse vuelta, acércansele los indios por detrás,

---

163 Véase la lámina 6.

y le quitan la vida de dos o tres hachazos. El tamaño ordinario de estos reptiles es de cinco varas; pero en general son proporcionados a la extensión y anchura de los ríos en donde moran.

Jamás se encuentran grandes caimanes en los riachuelos, ni pequeños en los grandes ríos.

La población de San Ramón, totalmente itonama, se componía, en 1804, de cuatro mil doscientos cinco individuos, en 1808, de cuatro mil cincuenta y cinco; pero una peste de viruelas vino a destruir gran parte de ella reduciéndola a solo mil novecientos ochenta y cuatro. El pueblo esta dividido en las nueve parcialidades que siguen: «Bechua, Gualane, Guachara, Iaca, Pacasnane, Muchusmo, Morochia, Guacleca» y «Yaracaca».

En 1830 se contaban allí, ocho mil trescientas cabezas de ganado vacuno y mil cuatrocientos caballos, de la propiedad del Estado. Se recogen igualmente en esta misión, el cacao, la cera, el sasafras, el algodón, y se hacen los mismos tejidos que en los otros cantones de la provincia.

Sus producciones dieron al Estado, en el citado año de 1830, la cantidad de mil seiscientos noventa y cuatro pesos. «Camino de San Ramón a Magdalena.» Para ir de San Ramón a Magdalena, se cuentan veinticinco leguas en línea directa hacia el este; más como se tienen que hacer muchos rodeos, esta distancia se aumenta de una tercera parte. En la estación de seca se transitan a caballo las dilatadas llanuras, deteniéndose en diferentes puntos donde se han construido cabañas para hospedar a los viajeros: se encuentran además, en este camino, varias haciendas establecidas sobre las hermosas llanadas que separan al río Itonama del río Machupo. Si ha de emprenderse este viaje, en la citada estación, para conducir mercancías, es menester ir embarcado, y entonces la distancia se duplica; pues hay que bajar el río Machupo hasta su confluencia con el Itonama, y subir por este enseguida hasta Magdalena, trazando un ángulo agudo.

En tiempo de lluvias este camino se abrevia, atravesando en canoa las llanuras inundadas. Se bajan entonces por el río Machupo como tres leguas, hasta entrar por la derecha en un arroyo, muy incómodo para la navegación, por estar guarnecido de arboles, entre los que es menester abrirse paso con hacha en mano y luchando contra una corriente rapidísima: pero muy luego las ondas se aquietan, el arroyo se ensancha, sus ribazos se despejan del arbolado, viniendo por último a formar una laguna de medio cuarto de legua de ancho y de una legua de largo. De la otra parte de esta laguna, las aguas, que se mantienen un momento paradas, cambian de dirección; así es que en vez de proseguir aguas arriba, se sigue el curso natural de la corriente. Se advierte entretanto que el mencionado lago, cuyas ondas se encaminan por un lado al este, en dirección al río Huarichona, y por el otro al oeste, hacia el río Machupo, representa la altura de separación de aquellas dos vertientes; disposición que es muy notable. Avanzando camino, se bajan todavía cuatro leguas por el mismo arroyo, que primeramente se presenta bastante ancho, y va luego angostándose cada vez más, hasta verse nuevamente guarnecido de ramajes, continuando así para ir a reunirse con otro brazo. Este arroyo, que tiene el mismo nombre del río Huarichona, es navegable solamente en tiempo de lluvias, y desagua en el río Itonama, diez leguas más abajo del punto de su reunión con el nuevo brazo indicado, por el cual es menester subir como dos leguas, prosiguiendo el viaje a Magdalena. Los ribazos de este segundo arroyo se encuentran también guarnecidos, como los del anterior, de arboles tan inmediatos los unos a los otros, que con dificultad se abren paso las canoas por en medio de ellos, sobre todo, hallándose las aguas casi a la altura de sus copas. Terminado este arroyo, se entra en una llanura inundada, navegando por ella como dos leguas, en cuyo tránsito se descubren cerca de un bosque las chozas de parada de la travesía por tierra. Después de haber dejado atrás dos boscajes aislados, excentos de inundación, se sigue bogando por la llanura en dirección al estesudeste, hasta llegar a un arroyo, llamado Chunanos, por el que se baja hasta la primera encrucijada, atravesando dos bosquecillos cerca de los cuales aparece sumergida en el agua otra choza de alto para la estación de seca. Hay luego que subir por otro brazo hasta desembocar nuevamente en la llanura, donde el pobre viajero tiene que pasar una jornada, expuesto a los ardores de un Sol abrasador o a los impetuosos aguaceros. La inundación general de toda esta comarca prueba el perfecto nivel de sus terrenos y la ausencia total de puntos culminantes entre las diversas corrientes: por todos lados no se ve más que agua; pero sucede muchas veces que no hay la suficiente para poder bogar, siendo entonces forzoso arrastrar las canoas. Estas llanadas están cubiertas en algunos parajes de grandes yerbas, cuyas penachos, que salen fuera del agua, sustentan unos pelotones rojizos, formados por las hormigas; las que no pudiendo vivir sobre la tierra anegada, se agrupan de este modo, para esperar durante dos o tres meses el retorno de la seca: más al menor choque suelen deshacerse tales grupos, desparramándose las hormigas, cuando no en el agua, adentro de las canoas; lo cual se agrega a las otras molestias del viajero navegante.

Terminada la llanura, se baja por un arroyo hasta llegar a la estancia de San Carlos. Apartándose de esta, se continúa en descenso por el mismo arroyo (cuyas orillas empiezan a cubrirse desde allí de matorrales casi enteramente anegados), hasta desembocar en el río Itonama. Para ponerse en Magdalena es necesario navegar todavía cinco leguas subiendo por este río, el cual baja con alguna rapidez hacia el noroeste, atravesando una llanura inundada y desnuda de arbolado, para ir a reunirse con el Machupo.

Camino de San Ramón a San Joaquín

Este tránsito por tierra es de ocho leguas hacia el norte, y de doce yendo por el río Machupo, cuya corriente, tortuosa y muy profunda por todas partes, se halla guarnecida de hermosos boscajes: hay en este río muchedumbre considerable de bufeos. En la estación de seca se atraviesa a caballo la llanura sin la menor dificultad tomando la ribera izquierda del río.

San Joaquín

Esta misión fue fundada por los Jesuitas al este del río Blanco y a una distancia muy apartada del sitio que actualmente ocupa, en una época posterior a 1700. En marzo de 1796, so pretexto de que los indios Baures, que componían su población bajo el régimen de los administradores, se veían continuamente perseguidos y robados por los salvajes, fue transferida al lugar donde se encuentra, es decir, sobre una ligera plataforma rodeada de bañados y situada en la ribera izquierda, a un cuarto de legua del Machupo. Los edificios provisorios del pueblo, al que se sube por una calzada, son de construcción sencilla y de un solo piso. Por lo demás, nada tiene de notable esta misión; cuya industria no se diferencia de la de las otras misiones. El punto que ocupa San Joaquín esta cubierto de mineral en pepitas de hierro hidratado. Los campos cultivados por cuenta del gobierno, y que se encuentran a una legua del pueblo, en el interior de un bosque, abrazan un grande espacio de terreno, donde crecen plantas llenas de vigor: el plátano, la caña dulce, el cacao, la mandioca y el maíz son de excelente producción. Como media legua distante de la misión hay una hermosa laguna que nunca esta seca. Se encuentra también a la parte nordeste, después de haber cruzado un pantano de una legua de ancho, un terreno seco, muy notable por la gran cantidad de pepitas de hierro hidratado que cubren el suelo, y de las que se podría sacar un pingüe provecho para el establecimiento de herrerías catalanas o de altas fraguas, hallándose poblados de bosque todos sus contornos. Es muy extraño que los Jesuitas, tan sumamente industriosos, no hayan beneficiado estas riquezas mineralógicas que habrían duplicado sus recursos, y dado una grande impulsión al adelanto de aquellas comarcas. Estas capas horizontales y a descubierto, se estudien como dos leguas, siempre circundadas por bosques, como si la naturaleza hubiese colocado de propósito, al lado de las minas, los medios de practicar su laboreo.

La vegetación de las inmediaciones de San Joaquín es maravillosa. Se ven en los bosques arboles gigantescos y de un follaje el más variado: distínguense allí entre los motacúes y otras plantas conocidas, unas hermosas palmas, llamadas de «rosario»,[164] por servir sus cocos para hacer cuentas

---

164 La «Euterpe precatoria».

de rosarios. Esta palmera, cuyo tronco liso y derecho esta coronado de grandes hojas graciosamente arqueadas, es sin disputa una de las más elegantes. El suelo se ve cubierto por todas partes de magníficos helechos, en tanto que los gajos de los arboles sostienen los tallos crecidos de una especia de «Palma christi», cuyo fruto es diez veces mayor que el de la especie ordinaria. Nótanse además en las orillas de los bosques otras dos especies de palmas; la una muy elevada y que sostiene sus hojas en una sola línea repartida a los dos lados del tronco, formando un abanico de verde hermosísimo[165] y la otra, espinosa[166] y de hojas semejantes, aunque más pequeñas, a las de la palma real de Chiquitos. Algo más cerca de la misión, se cría un fruto silvestre de la forma de una pera, que solo se come cuando esta negro de maduro: su sabor es semejante al del níspero, y sus pepitas tienen mucha analogía con las de la pera.

La población de San Joaquín se componía en 1823 de setecientos sesenta y seis indios baures; pero los estragos causados en 1832 por las viruelas y el sarampión, la redujeron al número de seiscientas noventa almas. El pueblo consta de cinco parcialidades, conocidas bajo los nombres de «Paschiono, Caparebocono, Tacarano, Abeabano» y «Tocono».

El ganado vacuno de la propiedad del Estado ascendía, en 1830, a tres mil ochocientas ocho cabezas, y el caballar a trescientas treinta y cinco. En el citado año el producto de la misión fue de seiscientos setenta pesos.

Caminos de San Joaquín a Exaltación

Para ir de San Joaquín a San Pedro, se sigue (como se dijo al hablar de esta misión) el curso del río Machupo, pasando por San Ramón. Para ir en tiempo de lluvias a Exaltación, que esta a veintisiete leguas en línea recta hacia el oeste, es menester atravesar en canoa una llanura cruzada en todas direcciones por varios arroyuelos que se encaminan, los unos al río Machupo, los otros al Mamoré. En tiempos secos se lleva el mismo camino transitando a caballo las magníficas llanadas; mas para la conducción de mercancías no hay otro vehículo que el de los ríos, y el camino se prolonga entonces hasta ciento veinte leguas. Se bajan primeramente

---

165 La «Oenocarpea tarampabo».
166 La «Mauritia armata».

206

treinta por el río Machupo, hasta su confluencia con el Iténes o Guaporé; enseguida cuarenta por este hasta su confluencia con el Mamoré, el cual es menester subir, siguiendo sus largos rodeos por el espacio de cincuenta leguas, hasta llegar a Exaltación. Para hacer conocer mejor estos vehículos de transporte, que son al mismo tiempo los raudales más hermosos de la provincia, voy a describirlos detalladamente.

Saliendo de San Joaquín se navega durante dos días por el Machupo, descendiendo hacia el nornordeste. Las orillas de este río están guarnecidas de bosques muy tupidos, que revelan el vigor de una vegetación activa. El aspecto salvaje, pero variado, de estas soledades, no carece de cierta grandeza. A un lado, el tinte verdinegro de las selvas, las sinuosidades multiplicadas del río, las tropas de monos, los numerosos bufeos que viajan a par de las canoas, y al otro la muchedumbre de pájaros ribereños y terrestres, animan el paisaje haciéndolo más interesante. El río, cuya anchura es de cien varas, recibe los tributos de un sin número de arroyuelos que ayudan al desagüe de las llanuras inundadas. A las doce del segundo día se pasa por un sitio en donde ambas riberas se ven cultivadas y cubiertas de plantíos pertenecientes a los indios de San Ramón y de San Joaquín. Los ribazos del río Machupo son bastante altos sobre un largo espacio de su curso, circunstancia que debe favorecer al cultivo de sus orillas, siendo de extrañar por lo tanto que no se haya pensado en situar las misiones a menos distancia. A poco más de las dos de la tarde se presenta la confluencia del río Itonama, bajo cuyo nombre continua corriendo el Machupo hasta reunirse con Guaporé o Iténes. Entonces se descubre hacia el norte, por encima de los arboles, la prolongación occidental de la Sierra del Diamantino. Desde este punto empiezan a mostrarse millares de bufeos jugando sobre las ondas, y en el tránsito de algunas leguas, se ven tres hermosas especies de palmas, que no se encuentran en ninguna otra parte.[167] A eso de las cinco se desemboca en el río Iténes, en cuya confluencia habría sido muy conveniente establecer una población, vista la mucha elevación de la ribera izquierda del Itonama; pero indudablemente no han dado lugar a ello las interminables discusiones entre Españoles y Portugueses, sobre los límites de sus posesiones respectivas; y queda ya referido que, deseosos

---

167 «Maximiliana regia. Martius. Bactris socialis, Martius.»

estos últimos de conservar el monopolio de la navegación de esos ríos, expulsaron a los Jesuitas que trataban de establecerse sobre sus orillas.[168]

El río Iténes tiene como un cuarto de legua de ancho en este punto, y sus majestuosas aguas corren con bastante rapidez por entre islas de un aspecto el más pintoresco. Sobre una de sus orillas, pobladas de arbolados, hay un puesto brasilero: para dirigirse a él, es menester luchar contra la corriente de los ríos Iténes e Itonama; que chocándose con fuerza forman una barrera movible, de un aspecto imponente. El puesto se halla ocupado par un sargento y cuatro soldados, que tienen orden de no dejar pasar embarcación alguna sin el previo consentimiento del comandante del fuerte de Beira, que esta situado dos leguas más abajo. Es pues indispensable escribir de antemano a este mandatario en solicitud de un permiso para pasar por delante del fuerte. Aunque la ribera izquierda pertenece en toda propiedad a la República de Bolivia, los Brasileros se consideran dueños absolutos de todo el curso del río.

Los soldados que guardan el puesto, apenas están vestidos, y viven en la mayor miseria: un puñado de «farinha de pao» es la ración diaria que se les da para su manutención, y cada ocho días reciben algunos cartuchos de pólvora con que cazan los antas y otros animales selváticos cuya carne les sirve también de alimento.

Fuerte del Príncipe de Beira

Cuando se ha conseguido el indicado permiso, se desciende el Guaporé o Iténes, admirando lo pintoresco de sus márgenes, y las montañas que dominan su ribera izquierda. A dos leguas, poco más o menos, se presenta el fuerte del Príncipe de Beira sobre el cual tremola el pabellón brasilero. Este fuerte, de forma cuadrada y rodeado de fosos, tiene además un baluarte en cada flanco. La piedra arenisca carbonífera, de que se componen las montañas adyacentes, es el material empleado en su construcción, la que ha sido muy bien ejecutada por un ingeniero europeo. Su guarnición se reduce actualmente a treinta hombres. Era este fuerte en su fundación, un presidio para los asesinos; mas hoy en día esta destinado a servir de destierro a los condenados políticos, que viven privados de todo

---

168 «Corografía brasilica.»

género de recursos en este lugar apartado, donde gozan sin embargo, de alguna soltura.

El pueblecillo de Santa Rosa, dependiente del fuerte, y que primitivamente distaba media legua hacia el oeste, se halla colocado al presente hacia el norte y a menos distancia, componiéndose de una sola hilera de casas, cuyos habitantes, que son todos negros y mulatos, ascienden al número de cuatrocientos. Ocúpase esta población en traficar con los gariteas, que suben desde el Para, por el río de Madeiras y enseguida por el Guaporé, hasta Mato Groso. Estas grandes barcas, toldadas y de fondo plano, son del porte de una chalupa de veinticinco a treinta toneladas; y aunque en proporción a la profundidad del río pudieran tener más capacidad, el sin número de saltos del río de Madeiras (que toda vez que se presentan obligan a los navegantes a retirar del agua sus embarcaciones para llevarlas por tierra con la ayuda de unos troncos redondos, colocados a guisa de ruedas) hace que se minore su tamaño. Por lo demás esta es la única dificultad que ofrece la navegación de este río, el cual tiene por todas partes la hondura suficiente para servir de vehículo a los barcos de vapor de la mayor dimensión.

Partiendo del Para suben las gariteas a la vela o a remo hasta la embocadura del río de Madeiras, luego a remo solamente hasta tropezar con las primeras cachuelas, que es menester salvar del modo que dejo dicho; operación que se renueva más de veinte veces, y en la que se pierde mucho tiempo.[169] Habiendo salvado la última cachuela se rema con grandísimo trabajo hasta la confluencia de los ríos Iténes y Mamoré, y desde este punto, hasta el fuerte de Beira, donde se toman víveres para subir enseguida hasta Mato Groso. Siendo indispensable emplear un año entero en la ida y vuelta de estas expediciones, se prefiere llevar directamente por tierra del Río Janeiro o de Santos las mercadurías de valor; y aunque la distancia que se transita en mulas es de ochocientas leguas, la economía de tiempo no deja de ser considerable; de manera que las gariteas, estando reservadas solamente para el transporte de los efectos de mucho volumen o peso, no hacen sino tres o cuatro expediciones por año del Para a Mato Groso.

---

169 Los traficantes, que hacen muy a menudo esta navegación, siembran algunos de los campos por donde atraviesan llevando sus embarcaciones; así es que a su regreso encuentran abundante provisión en los frutos que recogen.

Los alrededores del fuerte del Príncipe de Beira se hallan poblados de bosques espaciosos, donde sobresalen las palmeras: las colinas inmediatas, colocadas en forma de anfiteatro, se levantan gradualmente hacia el nordeste, viniendo a quedar su punto culminante bastante retirado. El suelo, enteramente compuesto de despojos de piedra arenisca, es infecundo, y únicamente algunos retazos contiguos a la orilla del río Iténes se prestan a la agricultura y producen muy buenos frutos.

Al dejar el fuerte de Beira, el río Iténes o Guaporé[170] tiene cerca de media legua de ancho; sus aguas claras, pero de viso negruzco, corren con lentitud por entre bosques magníficos y de un aspecto más bien salvaje que pintoresco. La naturaleza en este paraje es demasiado grande y majestuosa para que puedan comprenderse sus detalles. Entre tanto, muy rara vez llega a perturbar algún viajero esta hermosa soledad, que no ostenta más adornos que la rica vegetación de sus sombrías florestas, pues hasta los pájaros solo cruzan por acaso y sin jamás detenerse. Sin embargo, la uniformidad del paisaje se ve de vez en cuando interrumpida por algunas islas guarnecidas de arboles, y por las montañas azuladas de la ribera derecha, que resaltan a lo lejos sobre el fondo verdinegro de los frondosos bosques.

Después de haber andado una larga jornada, bogando con toda la rapidez de la corriente, se hace alto al anochecer, o sobre la orilla derecha donde hay una selva muy tupida cuyo terreno debe ser excelente para el cultivo, o sobre la izquierda que esta poblada de magníficos bosques.

Los Brasileros del fuerte suelen verse atacados muy a menudo en estos parajes por los indios itenes que habitan las dos riberas, y que aprovechan todas las ocasiones de procurarse, por la violencia, las armas y el hierro que les son de absoluta necesidad desde el tiempo de su contacto con los Españoles y Portugueses. Estos salvajes, de un carácter independiente y altanero, han conservado su entera libertad, prefiriendo verse diezmados todos los días desde más de un siglo, antes que someterse al celo religioso de los Jesuitas o al yugo de los Españoles. Hoy en día son aun lo que eran en tiempo del descubrimiento, y deben la conservación de su independencia a la estrecha unión que parece reinar entre ellos.

---

170 El nombre de Iténes, que le dieron los Españoles, ha sido tomado de los indios salvajes que habitan sus riberas en el espacio comprendido entre el fuerte de Beira y la confluencia con el Mamoré. Guaporé es el nombre que le han dado los Brasileros.

Esta nación ocupa todo al ángulo formado por la confluencia de los ríos Iténes y Mamoré. Las tribus que la componen viven diseminadas en el seno de unos desiertos circundados por inmensos pantanos y por selvas impenetrables. Estos indígenas, cuyas costumbres son en extremos singulares, solo hacen caso de la mediana civilización que los rodea, para deslizarse astuta y ocultamente con sus canoas en los pequeños tributarios del Mamoré y del Iténes, donde asechan a los indios de las misiones o a los soldados brasileros del fuerte de Beira, atacándolos al descuido, muchas veces al favor de las sombras de la noche, sin otro intento que el de procurarse algunas herramientas.

En la segunda jornada, aparece el río tan ancho y hermoso como la víspera, pero mucho más tortuoso y casi enteramente desembarazado de islotes: se ve entre tanto guarnecida su ribera izquierda de palmeras motacúes, al paso que sobre la derecha se presenta entre multitud de arboles muy variados, una nueva especie de palmas, conocida bajo el nombre indígena de «chuco», y notabilísima por sus hojas, cuya figura es igual a la de un Sol, pues se componen de infinidad de hojuelas que a manera de rayos parten de un punto céntrico al cual están sujetas.[171]

Al arribar al ángulo formado por la reunión del Iténes con el Mamoré, un espectáculo el más imponente se presenta a la vista, la que abrazando de un solo golpe el majestuoso giro de ambas corrientes puede fácilmente compararlas y admirar el maravilloso contraste.[172]

El río Iténes, que, como ya se dijo, recibe todas las aguas de la provincia de Mato Groso y del norte y noroeste de Chiquitos, y cuyos tributarios, bajando de colinas poco elevadas, corren mansamente por una superficie inmensa de llanuras, donde tienen sólidos ribazos, conserva sus ondas casi siempre puras y jamás acarrea despojos vegetales; al paso que el Mamoré, no solamente se mantiene turbio y fangoso todo el año, sino que arrastra borbollando troncos, hojas, raíces, y a veces arboles enteros; pues, a más de tener sus fuentes sobre las altas serranías de las provincias de Cochabamba, de Mizqué y de Valle Grande, o sobre la vertiente norte de las últimas faldas de la cordillera, todos sus tributarios se forman de torrentes

---

171 Este vegetal es el «Thrinax chuco.»
172 Véase la «Introducción», pág. xix.

impetuosos y cruzan la llanura con tal rapidez que arrancan al pasar los ribazos de uno de sus bordes.

Resulta de esta disposición tan diferente, que el Iténes presenta por todas partes sobre sus riberas un terreno muy conveniente para fundar aldeas estables y florecientes, mientras que las orillas del Mamoré no dan lugar a establecimiento seguro de ninguna clase, ni aun se prestan siquiera para la agricultura: razón por la que todas las misiones del Mamoré ocupan tan solo las riberas de algunos tributarios laterales.

Las aguas del río Iténes después de estar reunidas con las del Mamoré, corren por un largo espacio sin mezclarse y conservando todavía su viso particular.

Del punto de reunión de estos dos grandes ríos hay que hacer una navegación de seis jornadas en canoa para llegar a la confluencia del río Beni, el cual bajando del oeste viene a incorporarse por la izquierda con el Mamoré, que lleva adelante su majestuoso curso bajo el nombre de río de Madeiras.[173]

Las orillas del Mamoré se encuentran ya desnudas en este paraje de selvas antiguas, y por todas partes ofrecen terrenos de aluvión, en donde se cría la planta que los Españoles han llamado «chuchio»,[174] así como el «lambaiva», cuyas hojas blanquizcas y recortadas en forma de dedos resaltan sobre el verde tierno de los sauces, o sobre el verde amoratado de los «lisos». Entre las muchas especies de palmas ya conocidas, que cubren los terrenos más encumbrados, se distingue una nueva, peculiar a este distrito, donde se cría en abundancia, particularmente sobre los ribazos. Este vegetal, al que los Brasileros dan el nombre de «vinte pes» (veinte pies) es uno de las más elegantes de la familia de las palmeras; sus raíces, que sirven de sostén al tronco, bajan desde la altura de tres varas, separándose unas de otras a proporción que se aproximan al suelo: esta es la circunstancia que le ha hecho dar el nombre bajo el cual es conocida en el país. Del remate de su tronco liso y empinado, que generalmente llega a la altura de quince a veinte varas, parten hacia todos lados sus grandes

---

173 Véase lo que digo de este río, al hablar de las grandes vías de comunicación fáciles de entablarse entre la provincia y la Europa por el vehículo del Amazonas.

174 De esta especie, perteneciente a la familia de las cañas, hacen sus flechas todos los indios cazadores.

hojas graciosamente recortadas, formando un elegante penacho: sírvense los indios de sus frutos para hacer cuentas de rosarios.[175]

En esta primera jornada por el Mamoré, se avistan varios campamentos de indios salvajes, y a cada paso se notan en las barrancas los angostos senderos por los que bajan al río, particularmente sobre la ribera derecha, cuyos terrenos son más elevados.

Viene entre tanto a reunirse al Mamoré, por la izquierda, el río Iruyani, frecuentemente surcado por los Cayuvavas de Exaltación, que suben aveces hacia el oeste, hasta muy cerca de la misión de Reyes. Un poco más arriba, se encuentra también la embocadura del Matucaré, sobre cuyas orillas habitan algunas tribus itenes, que han formado en aquel punto una especie de aldea donde se cultivan hermosos plantíos de maíz, de mandioca y de plátanos: estos belicosos indios hacen frecuentes incursiones, por el tiempo de la seca, en el distrito de la misión de Exaltación con el objeto de procurarse armas y herramientas.

Cuando las lluvias que caen en las fuentes del Mamoré son algún tanto copiosas, se acrecen considerablemente sus ondas, arrastrando consigo mayor cantidad de arboles que de ordinario; por lo que se ven algunos espacios, particularmente en medio del río, de tal manera cubiertos de despojos vegetales que parecen grandes islas flotantes. Para tener que luchar menos contra la corriente, se costea siempre la orilla que le es opuesta; mas las multiplicadas sinuosidades que forma el río, obligan a los navegantes a cruzar muy a menudo de un lado al otro, lo que no deja de ser sumamente peligroso, pues al más leve choque contra esos troncos flotantes pueden sumergirse las endebles canoas: empero el tino y la destreza con que los pilotos y remeros ejecutan sus maniobras en los momentos difíciles, triunfan de lodos los obstáculos.

En este tránsito se descubren siempre bosques enmarañados, en los cuales hay un árbol corpulento, que suele tener hasta trece y quince varas de circunferencia. Los Españoles le han dado el nombre de «higueron»,[176] por ser una especie de higuera gigantesca; pero en la provincia de Santa Cruz es conocido más bien bajo el de «bibosi». Emplean los indios la cor-

---

175 Esta palma es la denominada «Iriartea Orbigniana», Martius.
176 Véase la lámina 8.

teza de este árbol para hacerse camisas; y de sus raíces chatas, las que se encuentran divididas en laminas verticales, se sacan tablas naturalmente recortadas que sirven para hacer los cajones en que se expiden las mercancías de la propiedad del Estado. Todos estos bosques, poblados de una diversidad prodigiosa de plantas casi desconocidas, abrigan también en su seno tigres y otros animales feroces.

Las orillas del Mamoré presentan a cada paso paisajes pintorescos, y a los que la variedad de vegetación da un aspecto el más risueño. Los lugares bajos se ven siempre revestidos de sensitivas de flor rosada, mientras que en los parajes algo más secos abunda una planta, cuyos tallos tienen la forma de un abanico, y están coronados de penachos blanquizcos, que ondeando uniformemente al capricho del viento contrastan con las mimosas en flor, con el lambaiva de azucarados racimos, o con las enredaderas que cuelgan por todas partes de los gajos entrelazados con las palmeras. Todo maravilla al viajero que transita por en medio de esas encantadoras orillas, donde reposa plácidamente sus ojos sobre una vegetación tan lujosa, o se detiene a contemplar con interés esas colonias de martín pescadores, los que saliendo de sus casillas ocultas en los agujeros de las barrancas arenosas, siguen de lejos el rumbo de las canoas.

En la tercera jornada se tiene que arrostrar una de las mayores dificultades que presenta el Mamoré para su navegación; pues hay un punto en el que estrechándose mucho su corriente, viene a ser más impetuosa, y forma unos remolinos en embudo, demasiado rápidos para que las canoas puedan salvarlos sin aventurarse demasiado: es tal la violencia con que azota el agua al pasar por encima de ellas, que la débil embarcación vacila y se bambolea como si hubiese chocado contra una roca. A un corto tiro de este punto se encuentra el primer campo sembrado de Exaltación, distante dos jornadas todavía del sitio donde esta la aldea: los plantíos de este campo, que vigilan cuatro indios cuya casucha se ve allí cerca, se componen de plátanos y de cacahuales.

En esta parte de las riberas del Mamoré se observa cierta variedad en la vegetación: de tiempo en tiempo se ven sobresalir entre sus bosques la palma «cuchis» y las cañas «tacuaras», que se presentan algunas veces totalmente aisladas: entre tanto, nada hay allí de tan singular como la sucesión de plantas sobre los terremonteros del río. Los terrenos que se van levantando hasta quedar fuera de las aguas, se cubren, en el espacio de un año, de lisos que se anticipan siempre a los otros vegetales; pero bien pronto desaparecen sofocados por los sauces, que crecen con más vigor. A los cuatro años, los sauces, después de haber protegido el crecimiento de los lambaivas y de las higueras bibosis, desaparecen a su vez, dejando a estos enteramente dueños del campo. Los demás arboles, y particularmente las palmeras, no se manifiestan sino al cabo de muchos años, y cuando el terreno ya bastante elevado, solo llega a inundarse en las crecientes accidentales.

Para abreviar el camino, que sería interminable si no se economizasen de algún modo los grandes recodos del río, y a fin también de tener menos corriente, se atraviesa por unos bañados que se presentan sobre la ribera derecha. En uno de estos bañados, o grandes lagos, se cría la planta acuática más hermosa de América: sus hojas circulares, de dos varas de diámetro, rectamente levantadas en sus bordes, verdes en la parte de arriba y rojas en la de abajo, se extienden graciosamente sobre las aguas a la manera de las hojas del nenúfar de los bañados de Europa, ofreciendo a la vista, con sus magníficas flores de un pie de ancho, ya rosadas, ya blancas, un conjunto maravilloso digno de la vegetación grandiosa de aquellas regiones.[177] El padre Lacueva, y también uno de los intérpretes que me acompañaban en mi expedición a Moxos, me han asegurado que el naturalista Hainck, al ver esta planta por la primera vez, trasportado de admiración, se había puesto de rodillas para dar gracias a la Providencia por una creación tan prodigiosa;[178] y efectivamente, nada hay comparable a la alta idea que nos da esta planta de la fuerza productiva de la vegetación.

Entre tanto, no deja de ser bastante incómodo el tránsito por los bañados, a causa de los enjambres de hormigas de que ya hemos hablado; así es que se sale de ellos con placer para proseguir la marcha por el río; en el cual también hay que evitar otro peligro que amenaza a las pequeñas embar-

---

177 Esta planta es la misma que han llamado los Ingleses, en 1836, «Victoria regina», la cual fue recogida en la Guayana inglesa por el viajero Chonburk. La especie que encontré en Corrientes en el año de 1827, era conocida en Francia en el de 1829: así pues, soy yo el primero que la haya enviado a Europa.
178 Véase la lámina 9.

caciones. Resulta este del desmoronamiento repentino de las barrancas arenosas, que alterando el rumbo natural de las aguas, promueven fuertes oleadas de proyección. En el punto donde se hace alto al anochecer, es menester, ante todo, derribar con el mayor cuidado posible estas frágiles y empinadas barrancas, hasta dejarlas gradualmente en declive, para evitar de este modo que lleguen durante la noche a desmoronarse de golpe, y echen a fondo las canoas. Esta navegación, a más de los peligros que hemos señalado, tiene no pocas molestias; la abundancia de mosquitos es una de las principales, sobre todo por las noches, en que no puede el viajero abrir la boca sin tragarse algunas docenas.

Al tocar en la última jornada, los terrenos, siempre removidos por la corriente, van siendo cada vez más bajos: muy a menudo las avenidas arrastran consigo las plantaciones, y en diversas ocasiones los indios cayuvavas, viendo devastados sus campos de cultivo, han tenido que alimentarse durante un año entero con el tronco de la palma total, que es en los tiempos de penuria, el mana de aquellas comarcas. El puerto de Exaltación aparece finalmente, al cabo de siete o ocho días de navegación desde la salida del fuerte del Príncipe de Beira.

Santa Magdalena

Esta misión fue fundada por los Jesuitas, en el año de 1700, con la nación itonama que hablaba una lengua totalmente distinta de las otras lenguas de la provincia. Bajo el régimen de estos religiosos su población se acreció de tal manera, que en 1792 mandó el gobernador Zamora que se fundase con el excedente de ella el pueblo de San Ramón, cerca del río Machupo. El pueblo de Magdalena, situado sobre la ribera izquierda del río Itonama, se ve circunscripto por llanuras anegadas en la estación de las lluvias, formando entonces un islote, de poco más de una legua, en dirección al nornordeste. Colocado en la extremidad sur de esta parte no inundada, la que sin embargo, apenas tiene de una a dos varas de elevación sobre el resto del terreno, esta distribuido de la mejor manera posible: su iglesia, construida en el más bello estilo gótico de la edad media, es muy vasta, y notable sobre todo por sus esculturas en madera. El colegio, que tiene un piso alto, es de forma cuadrada, y esta dividido en grandes salas, más hermosas que cómodas. El resto no difiere en nada de las otras misiones. Una calzada de quinientas varas de largo conduce de la misión al puerto, donde habita con su familia un indio encargado del resguardo.

Aunque la industria de esta misión se halla en general menos adelantada que la de Concepción, sus tejidos son mucho más finos. En el campo vecino a la población, se ven inmensos plantíos, de cañadulce, de algodón, de tamarindos y sobre todo de cacao: indicaremos el modo como se cultiva este último vegetal. Primeramente se planta una huerta de plátanos, y cuando estos están ya bastante crecidos, se siembra el cacao al pie de cada uno de ellos: los cacahuales brotan y van creciendo poco a poco, protegidos en su primera edad por la sombra que les hacen los plátanos, hasta que al cuarto o quinto año de su plantación fructifican abundantemente. Estas huertas, que son de la propiedad del Estado, sirven para el abasto del colegio. Los plantíos de los indios están a distancia de cuatro jornadas de camino, bajando el río Itonama hasta cerca de su confluencia con el río Machupo. Como los pobres indígenas dependen absolutamente de los administradores, apenas consiguen al año un permiso de quince días para ir a efectuar las siembras, y de otros quince para recoger sus frutos; pero precisamente la estación de las cosechas suele ser la del comercio y del transporte de mercancías, por lo que acontece generalmente que no pudiendo ir en el debido tiempo a retirar los productos de sus sembrados, pierden la mayor parte, y pasan un año entero sumidos en la más profunda miseria.

Esta población se compone solamente de indios itonamas, cuyo lenguaje gutural se asemeja por la dureza de sus sonidos a los idiomas quichua y aymara, siendo en todo lo demás enteramente distinto. La estatura dé los Itonamas es bastante elevada, y aunque tienen las piernas muy delgadas, no por eso dejan de ser los hombres más activos de la provincia.

El egoísmo es uno de los rasgos distintivos del carácter de estos naturales, que son incapaces de partir entre ellos ni aun siquiera lo superfluo. Un solo hecho bastara para probarlo. Un indio que había obtenido una vela, la tenía encendida en uno de esos vastos galpones donde viven muchas familias reunidas; y no queriendo que sus vecinos participasen de la luz, habla colocado a su familia de manera que la ocultase enteramente para todos aquellos. A pesar de esto, son por lo general muy bondadosos, y la grande miseria en que viven casi de continuo, disculpa en cierto modo su propensión al robo. Son dóciles hasta el servilismo para con los blancos, a quienes profesan, sin embargo, un odio quizás no injusto. Su manera de vestir nada tiene que los distinga de los naturales de las otras misiones; el color negro es el de predilección para los tipois que llevan las mujeres.

Bajo el régimen actual empiezan nuevamente los Itonamas a contraer todas las supersticiones y costumbres singulares de su estado primitivo: así, por ejemplo, los padres desposan a sus hijos desde que nacen, y considerándolos ya como legítimos esposos, los instruyen, tan luego como atinan a comprender las cosas, de las relaciones recíprocas y más íntimas que deben existir entre ellos, acostándolos muchas veces en una misma hamaca. Esta costumbre, que se trata de extirpar, obliga entre tanto a los curas a unir en la más tierna edad a los jóvenes, con el objeto de cohonestar en cierto modo la conducta de estos y la de sus deudos; por lo que se ven niñas de ocho años formalmente casadas con mancebos de doce. El culto religioso de estos naturales no es sino exterior; de modo que su conciencia esta enteramente ajena de todo género de escrúpulos. Los hombres se franquean espontáneamente sus mujeres, las que por su parte se entregan también cuando quieren a todos sus parientes. He hablado ya, en otro lugar, de las supersticiones que los dominan con respecto a las enfermedades, y de la barbara conducta que estas supersticiones los obligan a observar para con los enfermos.

La población dé la misión de Magdalena ascendía, en 1820, a dos mil ciento y ocho almas, en 1832, a dos mil setecientas ochenta y una; por manera que en el espacio de once años el acrecimiento de ella había sido solamente de seiscientas setenta y tres almas.

En 1832, las haciendas del Estado tenían siete mil setecientas cincuenta cabezas de ganado vacuno, y dos mil novecientos veinte caballos.

Hay al este 20 grados norte de Magdalena, una montaña cuya cima se ve desde muy lejos sobre el horizonte: para encaminarse a ella es menester aprovechar la estación seca, y cuando no, aquella en que la inundación general permite la libre navegación por la llanura.

Camino de Magdalena a Concepción

Concepción de Baures dista de Magdalena unas veinte leguas hacia el sur. En la estación de seca se va a caballo, atravesando la llanura; más en tiempo de lluvias se suben nueve leguas por el río Itonama, muy tortuoso cerca de Magdalena y que transita por unas praderas anegadas en parte, pero pobladas de millares de ganados pertenecientes a las estancias de San Antonio y de San Miguel que se descubren a un lado del río. De tiempo en tiempo se aperciben también sobre el ribazo algunos carpinchos y caimanes que salen fuera del agua. Los bordes de este río, que es bastante anchuroso, están desnudos de arbolado hasta llegar a su confluencia con el riachuelo del Guacaraje, por el cual se suben tres leguas hasta el puerto de Concepción, situado sobre la ribera. Este puerto, nueve leguas distante de Concepción, y en el cual hay un capitán encargado de su vigilancia, es el punto de partida para las misiones de Moxos y del Mamoré, no siendo posible continuar por el río Blanco cuyos grandes y numerosos rodeos alargarían muchísimo el camino. Al dejar el puerto se sigue por una hermosa calzada de dos leguas de largo, construida por los Jesuitas en medio de un pantano. Esta calzada, hecha nada más que con tierra, perfectamente trazada, y de un tránsito fácil en todo tiempo, conduce a una selva también de dos leguas de largo, y poblada de palmas motacúes y de variedad de arboles muy hermosos, que guarnecen un suelo arenoso, lleno de tierra negruzca, muy conveniente para las labranzas. Pasada la selva, se encuentra otra calzada casi tan larga y bien construida como la primera, luego algunos boscajes, y finalmente una llanura, anegada en partes, que conduce hasta el río Blanco. Pasase este en canoas, después de haber hecho pasar a nado los caballos, que muchas veces suelen ahogarse espantados por los caimanes, tan abundantes en todos aquellos ríos. Una tercera calzada de la misma naturaleza que las anteriores, conduce por último, cruzando en línea recta un hondo pantano, hasta el pueblo de Concepción.

Purísima Concepción de Baures

La misión de Purísima Concepción de Baures fue fundada por los Jesuitas, posteriormente al año de 1700, con los indios de la nación Baures, que eran en aquel tiempo, al igual de los Moxos, los indígenas más industriosos de aquellas comarcas, pues sabían tejer, y fabricarse vestimentas o túnicas de tejidos de algodón. El pueblo, y los hermosos campos cultivados que lo rodean, ocupan un terreno bastante espacioso y muy parejo, el cual manteniéndose siempre seco y estando rodeado de pantanos, viene a formar en la estación lluviosa una especie de isla, que dista poco más de un cuarto de legua del riachuelo llamado Negro, por el cual van los indígenas a los campos sembrados por su cuenta. Una calzada de tierra, que tiene como dos leguas de largo, une a este riachuelo con el río Blanco.

Entre los edificios de esta misión se distinguen, su iglesia construida con madera y adobes, y su colegio que se compone de muchos patios; en el primero de ellos tiene el edificio un piso alto; las salas bajas que forman la periferia de los otros, sirven de talleres. En cada una de las cuatro esquinas de la plaza, que es bastante espaciosa, hay una capilla; el centro esta ocupado por una grande cruz rodeada de hermosas palmeras «cuchis»; en los costados se ven las numerosas casas de los indios, puestas en hilera y colocadas del modo más conveniente para facilitar su ventilación.

Estos indios que son, como ya dije, los más industriosos de aquellas misiones, hacen unos tejidos de algodón muy finos y de muchísima estimación en la república: las hamacas que fabrican no pueden ser de mejor calidad; pero también es verdad que exigen un trabajo asiduo, y que entre seis mujeres emplean uno o dos meses en la fabricación de una sola hamaca. Hay talleres de tejedura, de pintura, de ebanistería, en los cuales se admiran, ya los manteles pintados a la pluma, obra muy original, ya los cofres y cajas prolijamente trabajadas, ya mil otros objetos hechos de jacaranda con embutidos de nácar. Fabrícanse también baúles, camas de viaje, etc. Otros artesanos se ocupan en trenzar hábilmente una paja muy fina y nada quebradiza, con la que hacen sombreros, cofrecillos e infinidad de objetos primorosos. Finalmente, esta población, la más industriosa de la provincia, sabe sacar partido de todo para sus curiosos trabajos, sin servirse muchas veces de otras herramientas que sus cuchillas, lo que no hace sino duplicar el mérito: allí se utilizan las calabazas, transformándolas en jarras o vasijas pintadas, que tienen una apariencia tan hermosa como las de China; los cocos, convirtiéndolos en cajitas torneadas; y otros muchos materiales, como las astas, los huesos, los dientes del caimán, etc., en pequeños objetos de lujo y de provecho.

Las plantaciones de la misión son vastísimas, y como están muy bien cuidadas, producen con abundancia algodón, maíz, mandioca, arroz, caña-dulce y cacao; frutos que son de la propiedad del Estado.

Las plantaciones pertenecientes a los indios están algo apartadas de la misión, sobre las orillas del riachuelo Negro.

En 1830, las haciendas del Estado encerraban nueve mil trescientas cuarenta y dos cabezas de ganado vacuno, y dos mil trescientos veintinueve caballos.

Concepción ha variado algún tanto bajo el gobierno de la república. La diferencia de los productos, tanto fabriles como de labranza, que se observa entre los años de 1803 y de 1830, dará una prueba de ello.

	1804	1830
Cacao	118	120
Cera virgen	21	7
Sebo	80	40
Sasafras	11	«
Algodón blanco en pepitas	197	925
Algodón despepitado	«	33
Lienzo	2.411	2.154
Paños de mano	60	29
Manteles	5	32
Sábanas	28	24
Sobremesas	18	30
Medias	36	6
Gorros	80	«
Ponchos	10	62
Servilletas	«	32
Pañuelos de pescuezo	«	23

Los indios baures, habitantes de Concepción, unen por lo general a su robustez y fuerza corporal, un carácter muy bondadoso y apacible, pero desgraciadamente tan pusilánime que el solo temor del castigo los determina a ceder y doblegarse a todo. El cacique, cuya autoridad raya en el absolutismo, es el déspota más rígido, y jamás sale sin ir acompañado de su teniente y del intérprete. Los indios le profesan un respeto servil; así es que cuando le ven venir, se sacan el sombrero desde muy lejos, y cruzan los brazos sobre el pecho: a no hacerlo así tal vez serían castigados severamente como ha sucedido muchas veces. Los administradores y los curas, no ocupándose más que de sus intereses particulares, abandonan todos sus derechos de autoridad a estos orgullosos caciques, que no tienen el menor escrúpulo en abusar de ella a su antojo; y como hoy en día ni la religión, ni las costumbres severas de los Jesuitas ponen freno a sus desarreglos, beben continuamente la chicha de maíz hasta embriagarse, administrando entonces la justicia según sus caprichos. Se ha notado que los individuos de Concepción viven muy poco tiempo cuando han llegado a obtener el cargo de caciques; circunstancia que resulta necesariamente del abuso brutal que hacen de todos los goces que les proporciona el nuevo rango, el cual al mismo tiempo que destruye su salud, los ensoberbece de tal manera, que no cambiarían ciertamente sus insignias de cacique por un trono imperial.

El mal ejemplo que resulta de la depravación sin freno de los superiores, engendra la corrupción en un pueblo que apenas columbra en su horizonte la primera alborada de la civilización; así pues los habitantes de Concepción se han llenado ya de viciosos vergonzosos, y la inmoralidad ha llegado a su más alto grado.

Las muchachas, enteramente desnudas hasta la edad núbil, no conocen el pudor; por lo que nada puede refrenar más tarde su mala conducta; sobre todo, habiéndose ya extinguido los principios de sana moral que profesaban antes estos naturales, y vuelto a dominar entre las mujeres la costumbre de hermosas palmas confundidas con otros muchos arboles de bella apariencia. Como les esta prohibido a los indios de todas las misiones de Moxos el ir armados, desde la rebelión que tuvo lugar en San Pedro, la caza abunda en todos estos parajes, aumentándose más y más no siendo perseguida. Los monos se presentan a cada paso divirtiendo a los viajeros con sus muecas y brincos: hay también allí una especie de monos nocturnos. El río esta lleno de bufeos o delfines de una clase muy extraña que habita constantemente en el agua dulce: su piel es rosada o salpicada de pintitas. Es una cosa que sorprende realmente el encontrar estos animales a más de ochocientas leguas del mar, cuando las especies conocidas viven siempre en los océanos, o solo suben a unas pocas leguas de la embocadura de los ríos.

Cuando la estación lluviosa se halla muy avanzada, se puede ahorrar una tercera parte de camino saliendo en canoa desde la misma misión, y cruzando la llanura en línea recta hasta llegar a un arroyuelo llamado Oquire, que va a desembocar por la derecha en el río Blanco, el cual conduce luego hasta el Carmen.

Nuestra Señora del Carmen

El pueblo de este nombre, que dista, como acabo de indicarlo, quince leguas al sur de Concepción de Baures, esta situado sobre la ribera derecha y a poca distancia del río Blanco, ocupando el centro de una llanura a donde jamás alcanzan las inundaciones. La iglesia es sencilla: las casas del Estado, lechadas con tejas, son provisorias: las habitaciones de los indígenas que tienen techos de paja se encuentran en muy mal estado. Cuatro palmas totais, que rodean la cruz colocada en media de la plaza, es acaso lo que hay de más notable en esta misión.

Quizás en ninguna parte haya tantos murciélagos como en el Carmen.

Durante el día permanecen ocultos debajo de los techos, exhalando un fuertísimo olor, semejante al del almizcle. Cuando llega la noche, millares de ellos salen a vagar por el aire persiguiendo encarnizadamente a los mosquitos sin llegar jamás a destruirlos.

Los alrededores del pueblo deben ser pintorescos en tiempo de seca; más en la estación lluviosa, solamente las orillas del río Blanco ofrecen un aspecto agradable por los plantíos de cacao que las guarnecen. Una calzada bastante cómoda conduce de la misión al río.

En 1792, habiendo sido informado el administrador de Concepción que cerca de las cabeceras del río Blanco existía una tribu de indios salvajes, dio parte de esta circunstancia al gobernador Zamora, quien dispuso se les fuese a buscar, tomando para ello todas las medidas necesarias.[179] En 1794, ha primitiva de la nación, de entregarse sin reserva a todos sus deudos.

En las misas cantadas que se dicen en la iglesia de Concepción, celebradas todavía con todo el aparato que empleaban los Jesuitas, la música instrumental es de tal naturaleza, que sorprende realmente, cautivando el gusto a par que la admiración. Los tonos bajos son producidos por un instrumento de la invención de los indígenas, especie de zampoña a flauta pastoril, de una o dos varas de largo y hecha de hojas de palma, ligadas unas a otras, formando trece tubos de diferente tamaño y grosor: nueve de estos tubos están puestos sobre una línea para las notas enteras, y cuatro sobre otra para los medios tonos. Para tocar este instrumento, cuyas notas bajas

---

179 Puedo asegurar que todos estos datos son auténticos, pues que los he recogido yo mismo en los archivos de la misión.

producen un sonido extraordinario, es menester colocarlo horizontalmente y no en dirección vertical como la zampoña ordinaria. Acabada la misa, algunos indios, coronados de plumas, con las piernas llenas de cascabeles y llevando en la mano un gran sable de madera, ejecutan delante de la iglesia una danza religiosa y guerrera muy monótona; terminada esta, se presentan más de sesenta músicos, provistos de flautas de todos los tonos, desde las notas más agudas hasta las más bajas; y colocándose en dos filas, se ponen en marcha lentamente y al compás de una música singular, acompañada de tamboras.[180] Cada uno de los músicos hace producir a su instrumento una sola nota particular; y el conjunto de estos acordes enteramente salvajes suele lisonjear muchas veces al oído por su mucha armonía. Esta tropa de músicos, seguida por el pueblo, se detiene a hacer oración delante de las capillas que adornan las cuatro esquinas de la plaza.

En 1830, la población de Concepción se componía de tres mil ciento veintiséis individuos, y estaba dividida en veinte secciones o parcialidades, cuyas denominaciones son las siguientes: «Gimoboconos, Hompaceboconos, Escrinos, Tirajabanos, Nipocenos, Coriceboconos, Choyinobenos, Itapimuyiros, Taramuinos, Chaquionos, Muchogeonos, Choromonos, Cabiripoyanos», «Abejanos, Arayamanos, Amoriciboconos», «Paresabanos, Paromoconos, Abenbanos, Joboconos.» «Camino de Concepción al Carmen.» Cuéntanse como quince leguas de distancia de Concepción al Carmen, que esta hacia la parte del sur; o si se quiere, dos jornadas de navegación, subiendo en canoa por el río Blanco que es muy profundo, bastante encajonado y mucho más ancho que el río de San Miguel, pues tiene cuando menos ciento cincuenta varas de banda a banda. Aunque con poca diferencia su aspecto parece el mismo, su corriente es algo más tortuosa, y se va aumentando con el tributo de los arroyuelos que bajan de los bañados vecinos. Sus orillas se ven guarnecidas bien construido los Baures un número de canoas, suficiente para llevar a cabo esta expedición, se encaminaron al indicado lugar, donde encontraron algunos centenares de indios, resto de la nación tapacura, sometida por los Jesuitas en Concepción de Chiquitos; y llevando consigo de grado o por fuerza doscientos individuos, los juntaron con noventa y cinco familias de

---

180   Véase la lámina 10.

Concepción de Moxos, las que componían un total de trescientos catorce Baures, creando con esta población mixta el pueblecillo del Carmen. Este fue construido primeramente cerca de las orillas del río Blanco, como doce leguas al sudeste del lugar que actualmente ocupa; pero por la insalubridad del sitio, lo transfirieron en el año de 1801 al punto donde hasta el presente existe.

Los Tapacuras se avinieron fácilmente a las costumbres de las misiones, y bien pronto se les vio tan sumisos a todas sus reglas como los mismos Baures.

La población del Carmen se componía, en la época de su fundación, de quinientos quince habitantes; pero habiendo las fiebres intermitentes impedido su acrecimiento, en 1801 era casi la misma a pesar de que se contaban diez y siete indígenas que pasaban de setenta años.[181] En 1815 había llegado al número de seiscientos sesenta y seis habitantes; en 1822, al de setecientos sesenta y ocho; y en 1830, al de novecientos treinta y dos. Este aumento es muy poco proporcionado a la fecundidad de las indias que paren casi todos los años; pero las tres cuartas partes de los hijos mueren generalmente a los ocho días de su nacimiento. Esta población se componía, en el citado año de 1830, de los indígenas siguientes

Quitemocas o Chapacuras.	340
Muchojeones.	230
Baures.	362
—–-	932

Los Quitemocas, Chapacuras, o Tapacuras han conservando su lenguaje primitivo, aunque hacen uso del idioma baures que se ha generalizado en todas las misiones del este de Moxos: los Muchojeones hablan un dialecto algo diferente del de los Baures. Todos estos naturales son bondadosos en extremo.

---

181 Es de notar que estos diez y siete individuos pertenecen todos, al sexo masculino: las mujeres viven mucho menos, y es rarísima la que llega a la edad de sesenta años.

La población del Carmen es la más atrasada de toda la provincia por lo tocante a la industria fabril; sus tejidos son muy ordinarios. El cacao tampoco rinde los abundantísimos productos que debiera, por la mucha negligencia con que se cultiva. En los bosques vecinos se recoge grande cantidad de excelente vainilla.

En 1830, las haciendas del Estado se componían de tres mil seiscientos animales vacunos, y de tres mil doscientos noventa y dos caballos. Todas las llanuras situadas al sur del Carmen y en la orilla del río de San Miguel, se hallan también pobladas de ganados enteramente salvajes, y se calcula que su número debe pasar de diez mil.

Grandes vías de comunicación entre la provincia de Moxos y las provincias vecinas

Actualmente la provincia de Moxos comunica; con la de Chiquitos por el río de San Miguel; con Yuracares y Cochabamba por el río Chaparé, y también por el camino practicado por mí bajando el río Securi; con Santa Cruz de la Sierra por los ríos Grande y Piray. Voy a dar aquí una indicación de estos diversos vehículos de comunicación.

Camino de Guarayos a Moxos por el río de San Miguel

Siete o ocho días se emplean para ir del país de los Guarayos al Carmen de Moxos; bajando en canoa, como sesenta leguas hacia el noroeste, por el río de San Miguel, cuyos bordes en la proximidad de Guarayos presentan un aspecto sumamente variado. Sobre sus mismos ribazos se descubren algunas vírgenes selvas, entre cuyo follaje de diversos tintes sobresalen los penachos de los agigantados mambúes o cañas tacuaras, contrastando con la hoja elegantemente recortada de los lambaibas, o con el verde oscuro de la palmas motacúes. Frecuentemente se descubren arboles inclinados sobre las aguas, y cuyos gajos cayendo perpendicularmente han llegado a tomar raíces, y formado grutas naturales de una apariencia deliciosa. En la primavera casi no hay árbol que no contenga un nido hecho con suma prolijidad;[182] y muy a menudo se presentan algunos totalmente cubiertos de bolsitas pendientes de las ramas.

---

182 Los nidos del «Furnarius rufus» son los más notables.

El campo, enteramente llano y parejo, se halla cubierto de mantillo negruzco, tierra vegetal muy fértil, de la que no se ha hecho uso todavía, a pesar de ser eficacísima para la agricultura. En la segunda jornada de navegación se descubre sobre la ribera derecha una pequeña colina de piedra arenisca de una edad geológica antigua; pasada esta colina, continúa la llanura poblada siempre de arbolados. Aunque el río es angosto, su álveo, que por todas partes se halla bien encajonado, es bastante profundo para prestarse en todo tiempo a la navegación de las grandes barcas, o de los buques de vapor. Sus orillas guarnecidas primeramente, empezando desde Trinidad, de vistosos mambúes, se van poblando poco a poco de arboles variados, que en cierto modo desaparecen a la quinta jornada cerca de la confluencia del Huacari. Este río, conocido entre los habitantes de Moxos bajo la denominación de río Negro, por el color de sus aguas, baja de una grande laguna situada entre la Ascensión y Trinidad de Guarayos, y corre enseguida paralelo a la corriente del San Miguel, distando algunas leguas el uno del otro. El Huacari recibe en su tránsito, que es de grado y medio poco más o menos, una infinidad de arroyuelos que bajan del este.

El viajero que llega a poner su planta sobre un suelo casi enteramente virgen, prueba una satisfacción de que nunca podrán tener idea los que no han salido de los lugares habitados. Los animales selváticos, ajenos todavía del temor que debiera inspirarles la presencia del hombre, lejos de ponerse en salvo cuando le ven por la primera vez, parecen más bien salir a su encuentro como atraídos por la curiosidad: así es que en aquellos lugares, por donde quiera que pasa el viajero, descubre las manadas errantes de jabalíes, de ciervos, de gran-bestias, a par de las tropas de monos de diversas especies,[183] que andan retozando alegres sobre los arboles, y se detienen un momento llenos de admiración, para brincar y hacer enseguida las muecas y contorsiones más extrañas y risibles; mientras que en todos los bosques resuena constantemente la algazara de los pájaros de variados tamaños y colores.

A medida que se adelanta camino, los ribazos del San Miguel van disminuyendo de elevación, y los bosques de ambas riberas, que tenían en su principio de una a dos leguas de ancho, se van estrechando poco a poco

---

183 Entre ellas el «Callithrix entomophagus», de Orb.

hasta llegar a guarnecer solamente las orillas del río, rematando por último, sobre la ribera derecha, en un punto donde se abre una llanura espaciosa y totalmente anegada: este lugar es el puerto del Carmen, distante siete leguas de la misión, a la que en tiempo de seca se va a caballo, atravesando la distancia que separa los ríos Blanco y de San Miguel; pero en la estación lluviosa se hace este camino cruzando primeramente en canoa por un bañado, del tiro de una legua, hasta llegar a un boscaje que se extiende en paralelo con el río de San Miguel.

Apartándose de este boscaje, se entra en otro bañado que tiene como tres leguas de ancho, y por el cual se anda a caballo, aunque en ciertos parajes suele llegar el agua hasta los encuentros del animal: este bañado termina en el río de San Francisco, que es menester pasar en canoa: enseguida se atraviesa una pradera, luego un bosque, más allá del cual hay una hacienda para la cría de caballos. El resto del camino desde este punto hasta la misión del Carmen se halla poblado de palmeras carondais y de otros vegetales.

Camino de Moxos a Yuracares por el río Chaparé

Partiendo del puerto de Loreto se anda primeramente una legua, atravesando en canoa por un bañado que conduce al río Mamoré, cuyos ribazos, muy elevados en tiempo de seca, están guarnecidos de bosques espaciosos. Al fin de la primera jornada se hace alto en un banco de arena, o si se quiere en los bosques de la orilla.

Al siguiente día, el Mamoré se muestra menos ancho pero mucho más encajonado: a las pocas horas de marcha se llega a la confluencia del río Sara,[184] que es simplemente, como he tenido yo mismo la ocasión de verificarlo, una continuación de los ríos Grande y del Piray reunidos, los cuales tienen sus cabeceras en los departamentos de Chuquisaca, de Cochabamba y de Santa Cruz. Cuando se viaja con destino a Santa Cruz de la Sierra, se toma el río Sara; pero encaminándose a Cochabamba se continúa siempre por el Mamoré que es mucho más caudaloso, y que conserva todavía, más arriba de su confluencia, su anchura majestuosa y

---

184 En los mapas de Brué, del año de 1825, se halla marcado este río como si se formara del río de San Miguel de Chiquitos.

sus ondas cristalinas. El río Sara corre entre tanto llevando sus aguas rojizas constantemente turbias.

A la mitad de la tercera jornada se llega a la confluencia del río Chaparé; dejando entonces el Mamoré se sigue por la nueva corriente, que es mucho más angosta; pero cuyas riberas, en vez de hallarse guarnecidas de esos boscajes modernos que crecen sobre los terromonteros, están pobladas de selvas tan antiguas como el mundo. El álveo del Chaparé, más firme que el del Mamoré, es también profundo y bastante bien encajonado; sus aguas se mantienen siempre cristalinas, y toman el tinte verde sombrío de los arboles tan variados que las guarnecen. Sobre la ribera izquierda se presenta luego la embocadura de un río al que los indios han dado el nombre de Santa Rosa: se cree que este río, cuya corriente apacible tiene un viso negruzco, baje de una laguna que esta situada a seis leguas de aquel punto, sobre una magnífica llanura, donde moraban, a la llegada de los Jesuitas, las tribus moxos con las que se ha formado la misión de San Javier.

Al cuarto día de camino, las selvas de las orillas del Chaparé se van encumbrando cada vez más, componiéndose enteramente de arboles antiquísimos, hasta que apenas llega ya a descubrirse la pequeña parte de cielo correspondiente al profundo surco abierto por el río en medio de aquel océano de perenne verdor. De tiempo en tiempo distraen la atención del viajero, que transita maravillado por aquella imponente soledad, los agudos chillidos de los monos de diversas especies, y la confusa algazara de la multitud de pájaros de variado plumaje: empero, el tránsito por este lugar suele ser sumamente incómodo, pues rara vez deja de llover en él con abundancia. Los cueros de vaca, que forman los toldos bajo de los cuales se guarecen los viajeros, llegan a corromperse de tal manera con la acción continua de la humedad y de aquel aire tan caliente y constantemente encerrado, que exhalan un mal olor insoportable; casi otro tanto sucede con la carne salada (única provisión de boca que se lleva en estas expediciones) la que se altera hasta ponerse inservible.

En el espacio que se recorre al quinto día, se distinguen dos especies de palmas,[185] desconocidas en Moxos. Por la tarde, empiezan a mostrarse en lo vago del horizonte las cimas de la Cordillera, que bien pronto desaparecen

---

185 Las «Geonoma Brongniartiana» y «Macrostachia».

detrás de los inmensos bosques, después de haber consolado al pobre viajero cambiando la monotonía del paisaje.

Al séptimo día, el aspecto uniforme y grandioso de este lugar, por en medio del cual se sigue bogando lentamente, se embellece más y más, a medida que se adelanta camino, y la vegetación aparece mucho más variada: entretanto, apenas descienden de tiempo en tiempo algunos rayos de Sol por entre las densas nubes que constantemente encapotan el aire, descargando a menudo torrentes de lluvia; circunstancia que, unida al excesivo calor de aquella zona, determina esa maravillosa actividad con que se desarrollan todas las plantas, llenas de vigor y lozanía.

En esta misma jornada el bosque ostenta el hermoso follaje de un gran número de palmas de nuevas y diferentes especies, entre las cuales se distinguen la palma «viña» y la de «vinte pes». El río se manifiesta entretanto más angosto, y ya se advierten sobre sus orillas algunas otras plantas, como las cañas y los lisos, cuyas hojas blanquizcas resaltan sobre el fondo oscuro del sombrío boscaje.

Al llegar la noche del octavo día de navegación, se advierten ya sobre la playa los primeros guijarros: esta circunstancia suele regocijar en extremo a los indios moxeños, no solamente por que ella es un anuncio de la proximidad del país de los Yuracarees, sino también por la novedad que les causa la vista de un objeto enteramente desconocido para ellos; pues como ya dije, no se encuentra en la provincia de Moxos el más mínimo pedernal; por cuya razón siendo los guijarros un verdadero hallazgo, los recogen, sea para sacar fuego, sea por mera curiosidad, con la misma importancia con que recogerían piedras preciosas. Toda vez que un objeto nuevo hiere nuestros sentidos, experimentamos al punto una satisfacción, un contento inexplicables: así los naturales de Moxos se extasían contemplando los pedregales, como un habitante de las montañas se anima a la vista de los hermosos arbolados, como un Cruceño siente un gozo desconocido en presencia de las rocas. En esta misma jornada las playas se ensanchan, las montañas parecen aproximarse más y más, y las riberas se manifiestan cubiertas enteramente, tan pronto de bejucos matizados de flores ya amarillas ya moradas, tan pronto de innumerables palmeras, de vainilla y de otras plantas aromáticas, tan pronto de esos arboles desconocidos, cuyas copas, totalmente despojadas de follaje, no contienen sino flores purpurinas las más vistosas. Todos los lugares por donde se transita en esta jornada, ofrecen a la admiración del viajero un conjunto grandioso de maravillas. Entretanto, solo a la mañana siguiente se avista la confluencia de los ríos Coni y de San Mateo, de cuya reunión se forma el río Chaparé: la corriente de este es rápida en este punto y ya acarrea piedras de algún volumen. El río de San Mateo corre con estrépito sobre un lecho pedregoso y por entre magníficos boscajes; más para ir a Yuracares se sube el río Coni que es menos considerable y sobre todo poco profundo. Barcos de vapor de todos tamaños pueden navegar sin obstáculo por el Chaparé, hasta la embocadura de los dos ríos que le dan origen. Cuando se entable la navegación de aquellos ríos, y el trafico directo del comercio de esas regiones con la Europa, este punto, que esta al abrigo de las inundaciones, podrá servir ventajosamente para el establecimiento de un puerto, donde se embarcaran los frutos procedentes de las montañas situadas al nordeste de Cochabamba, y de Valle Grande.

La subida por el río Coni es bastante trabajosa, porque hay que luchar contra una corriente a veces rapidísima, y salvar muy a menudo algunas cachuelas cubiertas de guijarros: entre tanto el espectáculo que presentan las orillas es siempre el mismo, imponente a la par que risueño. Finalmente, a los once días de marcha se hace alto sobre la ribera izquierda, y echando pie a tierra se caminan tres leguas por entre el bosque más hermoso del mundo, siguiendo el rumbo de un estrecho sendero que conduce al pueblecillo de la Ascensión de Isiboro, perteneciente al país de los Yuracarees.

Camino de Yuracares a Moxos, por el río Securi

Cuando en el año de 1832 me propuse abrir una nueva vía de comunicación entre el país de los Yuracarees y la provincia de Moxos, emprendí mi viaje por el siguiente itinerario. Bajé primeramente al río Moleto, donde me embarqué en una canoa que había yo mandado construir para el efecto. Las aguas de este río estaban muy bajas, y a cada paso tropezábamos además con las cachuelas de que esta lleno; por cuya razón empleamos tres días para llegar a la confluencia del río Icho que solo dista tres leguas. Metidos casi siempre en el agua para arrastrar la canoa y enteramente descalzos, durante el día nos veíamos atormentados por las picaduras ponzoñosas de los jejenes a los que reemplazaban por la noche enjambres de mosquitos más encarnizados todavía. Mis compañeros de viaje se quejaban con mucha razón, y solamente el ejemplo de mi resignación y mi constante cooperación a sus trabajos podían darles el animo suficiente para seguir adelante. En este intervalo, el río Moleto recibe por la parte de oriente las aguas del «Ipuchi», y por la de occidente las de los ríos «Solotosama» y «Eñesama»,[186] que corren por entre colinas bajas, más prominentes hacia el oeste. Estas colinas no son otra cosa que las últimas faldas de la Cordillera.

En la confluencia de los dos ríos que forman el río Securi, las aguas se ensanchan y su hondura es mayor; sin embargo, para poder navegar en grandes barcas, es menester que sean estas de poco fondo. Encontramos en este punto algunos indios ocupados en la pesca, y que se determinaron a seguirnos: bien pronto aconsejándonos hacer alto, nos mostraron detrás de unas zarzales de la ribera izquierda un sendero que no hubiéramos podido descubrir desde el río. Encaminándonos por él, encontramos en medio de un bosque, a un cuarto de legua de distancia, unas cuantas casas que tenían un piso alto, construcción propia para el lugar que me pareció muy húmedo. Con la esperanza de conseguir algunos plátanos y raíces de mandioca, únicas provisiones que se encuentran en aquellos lugares salvajes, me instalé desde luego en una de esas casas, recientemente abandonadas por sus habitantes, quienes se habían transferido diez leguas al oeste, huyendo de una enfermedad que según ellos existía en el lugarejo. Al siguiente día, a poco más de las once, viendo que aun no volvían los comisionados que habían salido en busca de víveres, resolví regresar al río para embarcarme y proseguir mi viaje; pero no tardaron mis tres indios en llegar tras de mi con algunas provisiones. Inmediatamente nos pusimos en marcha, dejando el país de los Yuracarees y bogando resueltamente hacia regiones desconocidas.

En el espacio de una legua tuvimos que salvar algunos encalladeros, y después de haber dejado atrás un islote guarnecido de arboles, encon-

---

186 El nombre de este río se compone de dos palabras del idioma yuracares: de «eñe» (nombre del pescado conocido en otras partes bajo el nombre de «sábalo») y de «sama», que significa «río»: es decir, río «de los sábalos».

tramos el río ya franco y totalmente desembarazado. Entonces llegué a conocer que sería muy fácil la navegación de esta corriente, aun para las embarcaciones de vapor. Este punto, cuyos terrenos son los más feraces que pudieran encontrarse, me ha parecido muy conveniente para el establecimiento de un puerto cuando lleguen a establecerse las comunicaciones comerciales con la provincia de Moxos. El río es abundantísimo en pescados: cada vez que echábamos nuestros anzuelos, sin pérdida de tiempo sacábamos de a pares enormes pescados, entre los que se distinguían principalmente los pertenecientes a la familia de los «siluroides», y también los numerosos «pacus», pez de los más exquisitos de América.[187] Al día siguiente, después de haber evitado algunos hacinamientos de troncos que obstruían el paso en algunos parajes, el río fue enganchándose poco a poco, y su profundidad llegó a ser mayor: los jejenes desaparecieron, las palmas viñas eran más raras, hasta que fueron reemplazadas por las palmas motacúes. Cada banco de arena se veía cubierto de rayadores, de gaviotas y de «caprimulgus», que anidan en las playas, depositando simplemente sus huevos sobre la arena.

Las jornadas se sucedían lentamente por las frecuentes paradas que hacían mis remeros, los que a pesar del ascendiente que yo había llegado a tomar sobre ellos, saltaban muchas veces a tierra, sin querer obedecerme, para perseguir por entre los bosques, ya las bandadas de pavas del monte, ya los jabalíes, ya una tropa de grandes marimonos, que ajenos de conocer el daño parecían salir a nuestro encuentro brincando alegremente por sobre los arboles, hasta que una tardía y dolorosa experiencia les enseñaba a desconfiar del hombre.

Entretanto, las riberas se veían constantemente animadas por toda especie de animales selváticos, que salían de los bosques a retozar sobre la playa o sobre los arboles de los ribazos. Muy a menudo un gran-bestia, sorprendido de improviso con nuestra llegada, se ponía precipitadamente en fuga; otras veces un carpincho, deslizándose con presteza de la barranca, se escondía en el agua; más lejos, un ciervo dormido, despertando de pronto, echaba a correr por entre el bosque volviendo de tiempo en tiempo

---

187 En este paraje del río saqué un pescado que tenía dos varas de largo. Este animal, conocido en el Brasil bajo el nombre de «pirarara», es un «siluroide» muy largo, que tiene la cola roja, el vientre amarillo y la parte de encima de un color pardo negruzco.

la cabeza para examinarnos de nuevo. De vez en cuando oíamos también a la distancia el bramido del tigre.

Al cabo de algunas jornadas de marcha por la corriente profunda, pero poco rápida del río Securi, llegamos a la confluencia del río que los Yuracarees llaman «Yaniyuta», el cual, bajando del este, viene a dar más ensanche al Securi. La abundancia de víveres que había reinado hasta entonces, gracias a la buena pesca y a la caza, nos fue abandonando poco a poco; pues la selva iba siendo cada vez más desierta, y por otra parte, la pólvora que yo llevaba alterada sin duda por la humedad, se había puesto inservible; por manera que bien pronto la falta de caza nos redujo al pescado sin sal por todo alimento, y más tarde a unas pocas espigas de maíz que nos proporcionaron los Yuracarees, y a los palmitos que pudieron derribar mis indios.

Lo largo del camino y la monotonía de esta navegación empezaban ya a desalentarme cuando el 8 de agosto, a eso de las once de la mañana, llegamos por fin a la confluencia de un río que baja del oeste, y es mucho más considerable que el Securi. Los Yuracarees le dan el nombre de Isiboro, y según el decir de los que me acompañaban, esta caudalosa corriente, formada de los ríos «Isiboro, Samucebeté» y «Chipiriri», recibe todas las aguas del vertiente oriental de la cadena del «Iterama» o del Paracti, comprendidas entre el río San Mateo, y el río Yaniyuta, por delante del cual habíamos pasado tres días antes. Viendo pues que el río Securi tomba ya un ensanche igual al que había yo notado en el punto de su confluencia con el Mamoré, recobré el animo, esperando llegar bien pronto a encontrarme con este río.

Al siguiente día se deslizaba tranquilamente nuestra canoa por entre islas guarnecidas de bosques, cuando se presentó de repente, posada sobre un árbol del ribazo, la más hermosa, la más corpulenta, la más noble de todas las aves de rapiña, una verdadera arpía,[188] que levantaba su bello copete, mirándonos detenidamente sin parecer inquietarse de nuestra presencia. No pudiendo hacer uso de mi escopeta por falta de buena pólvora, dejé a la destreza de mis Yuracarees, que saltaron inmediatamente a tierra, la gloria de capturar aquel soberbio animal. Uno de ellos le acertó desde luego un

---

188 El «Falco destructor». Esta especie es de un tamaño casi doble que el de la águila real de Europa. Véase la lámina 13.

flechazo: a pesar de este golpe, echóse a volar el pájaro; pero embarazado con la flecha que llevaba clavada (la cual tenía como dos varas de largo) cayó bien pronto dentro del bosque a donde la siguieron mis cazadores. Me regocijaba ya con la idea de poder llevar a Francia esta rara presa, cuando vi regresar a mis indios trayendo el pájaro con la cola y las alas enteramente desplumadas, y el cuerpo casi pelado. Los Yuracarees estiman en mucho las plumas de este pájaro; ya para empeñar sus flechas, ya para adornarse en los días de gala;[189] así es que sin perder tiempo se habían apoderado de ellas, dejando burladas mis esperanzas. Después de haberlos reñido ásperamente por esta conducta, ordené que me trajesen al animal, que creíamos muerto; y sentado en la canoa lo coloqué delante de mí. Aturdido solamente por los golpes que había recibido en la cabeza, volvió en sí poco a poco sin que nos apercibiésemos de ello, y cuando yo menos lo pensaba, se arrojó sobre mí, haciéndome de un solo golpe ocho heridas con sus enormes garras, una de las cuales, de más de tres pulgadas de largo, me atravesó el brazo de parte a parte, entre el «cubitus» y el «radius», descargándome uno de los tendones. A los gritos que di, acudieron mis compañeros de viaje, y lograron con muchísimo trabajo quitarme de encima al furioso animal. Bañado en sangre y sin medicamentos para curar mis heridas, mi estado no dejaba de ser peligroso. Entretanto, continuamente expuesto al calor del día o a la nociva humedad de la noche, la fiebre se apoderó bien pronto de mí. Por otra parte el temor de que me atacase un pasmo, y la duda de si quedaría estropeado por causa de la adherencia de la piel al tendón, aumentaban sobremanera mis sufrimientos. Gracias a la Providencia el solo mal positivo que me resultó de todo esto, fue la imposibilidad de servirme de mi brazo durante algún tiempo.

En la noche de ese mismo día llegamos a la confluencia del río Sinuta, último tributario occidental del Securi. Saliendo de este punto, hicimos todavía dos jornadas más, y mis inquietudes ya tocaban a su colmo, cuando se presentó por fin el río Mamoré, desplegando a nuestra vista toda su grandeza. Inmediatamente di al olvido mis padecimientos, pues me encontraba en Moxos, blanco de mis afanes, y al día siguiente, después de haber

---

189 Empeñan sus flechas con las grandes: las pequeñas se las ponen a modo de peluquín empolvado.

remado toda la noche bogando río abajo, desembarcamos en Trinidad, capital de la provincia.

Habiendo hecho el plano de este itinerario, resultó claramente, como yo lo esperaba, que el nuevo tránsito practicado por mí era mucho más corto, y no tan peligroso como el de Palta-Cueva.

Camino de Moxos a Santa Cruz de la Sierra por el río Grande y el río Piray

Para encaminarse de Loreto, último punto habitado de la provincia de Moxos, hacia Santa Cruz de la Sierra, es necesario hacer primero, lo mismo que para ir a Cochabamba, un tránsito de tres días hasta la confluencia de los ríos Sara y Mamoré. Se sigue luego por el primero de estos ríos, que no es otro que el río Grande cuyo nombre cambia momentáneamente en la confluencia del río Piray hasta el punto de su reunión con el Mamoré. Sus aguas rojizas forman un contraste con las cristalinas de este último: por lo demás, las riberas del río Sara presentan, aunque con menos terrenos bajos, absolutamente el mismo aspecto; pues se hallan cubiertas de igual modo que las del Mamoré, de bosques muy variados por la diversidad de arboles de que se componen, y entre los que sobresalen las palmas motacúes. Solo en la estación de seca se ven a descubierto los altos ribazos de esta corriente; entretanto, la línea del nivel a que alcanzan las inundaciones, queda siempre marcada sobre los troncos de los arboles inmediatos, como a una vara de altura desde su pie.

Al fin de la quinta jornada, se presenta la confluencia del riachuelo, llamado «Maravo», que baja por la izquierda, de las llanuras inundadas.

En la mañana de la sexta jornada se pasa la confluencia del río Ibabo, cuyas fuentes se encuentran en Tasajos, en Pampa Grande y en Vilca, puntos de las montañas de la provincia de Valle Grande. Esta corriente formada de los ríos Surutú y Yapacani, toma el nombre de Ibabo cuando baja a serpentear por la llanura, siendo navegable hasta el pie de las montañas. Al cabo de una jornada de navegación por el río Sara, se llega a la confluencia del río Piray. En tiempo de los Jesuitas se subía por el río Sara o río Grande hasta el lugarejo de Payla, situado al este de Santa Cruz; pero este camino, que obligaba a los viajeros a dar una vuelta considerable, siendo al mismo tiempo no poco peligroso en tiempo de crecientes por causa de las avenidas que ocultan enteramente el álveo del río, ha sido abandonado, harán como cincuenta años, para dirigirse más bien por el Piray, el cual, aunque mucho más angosto que el río Grande, es menos propenso a las crecientes devastadoras; razón por la que se le prefiere aun a pesar de los saltos que suele tener en tiempo de seca. Es probable que cuando las endebles canoas sean reemplazadas por barcos de vapor, se volverá a tomar el río Grande, abandonando el Piray, menos conviente para la navegación de grandes embarcaciones.

En los días séptimo y octavo del viaje se sube el Piray, con muchísimo trabajo si la estación es de seca: el álveo de este río, bastante profundo desde luego, se halla de trecho en trecho obstruido por arboles que las corrientes amontonan, o por espigones permanentes en el fondo del río, contra los que tropiezan a menudo las canoas; lo que ocasiona no pocos desastres. Sobre el espacio que se recorre en estas dos jornadas se ven además algunos puentes construidos por los salvajes Sirionos,[190] que moran en las selvas circunvecinas, sin jamás inquietar a los naturales de Moxos. Hasta llegar a la undécima jornada se tienen que salvar sucesivamente muchas cachuelas, formadas por una especie de saltos de arcilla amarilleja endurecida; esto obliga a perder un tiempo considerable por la necesidad que hay de descargar las canoas, para hacerlas subir por en medio de la corriente, tirándolas con sogas. Al ejecutar esta maniobra, algunos de los indios que tienen precisión de caminar por entre el agua, suelen ser gravemente heridos por el punzante aguijón de las rayas armadas.[191] Tienen estos pescados en la cola, como las pastinacas de las costas marítimas de Francia, una lanceta de cuatro pulgadas, muy filosa, y guarnecida de dientes retorcidos para adentro con los que desgarran las carnes, causando dolores agudísimos y muchas veces ataques de tétano: por desgracia estos accidentes son muy comunes, sobre todo en las cabeceras de los ríos. En tiempo de crecientes, cinco o seis varas de agua cubren estos puntos salientes, y se pasa entonces por encima de ellos sin que se les eche de ver.

A la duodécima jornada, los bosques de las riberas del Piray cesan de pronto, y son reemplazados por unos pantanos a donde vienen a perderse

190 Véase la lámina 12.
191 Véase la lámina 14, fig. 1.

dos riachuelos, el de «Palacios» y el «Palometas», que nacen en la llanura de Santa Cruz de la Sierra. Estos pantanos o bañados anuncian que ya no dista mucho el término del viaje.

Al decimocuarto día se pasan de seguida, una tras otra, cuatro cachuelas, no lejos de las cuales se presenta el puerto situado sobre la ribera izquierda, y que no tiene más habitación que un espacioso rancho techado con hojas de palma: desde este puerto, separado del lugarejo de los Cuatro Ojos por un hondo pantano que tiene como una legua de largo, hay que andar todavía treinta leguas para llegar a Santa Cruz de la Sierra. En la estación lluviosa se emplean solamente diez días para hacer este camino, subiendo por el Piray; y seis días, yendo río abajo desde Cuatro Ojos hasta Loreto.

Población

Si comparativamente a lo que dije en la primera época de la historia de Moxos antes de la llegada de los Españoles, trato de saber en lo que han venido a parar las naciones primitivas de aquellas comarcas, hallaré los resultados siguientes.

«La nación de los Moxos»

Ocupa todavía los lugares que antes habitaba, con la sola diferencia de encontrarse reunidos en las misiones de la provincia de la manera que sigue.

Muchojeones del Carmen.		230
Baures del Carmen de Moxos.	362	
« de Concepción de Moxos.	3.126	
« de San Joaquín de Moxos.	690	
« todavía salvajes.	1.000	
		———
		5.178
Moxos de Loreto de Moxos.	2.145	
« de Trinidad.	2.604	
« de San Javier.	1.515	
« de San Ignacio.	1.948	
		———
		8.212
		———
Total		13.620

Se ve pues por esta exposición que si la cuasi totalidad de los Moxos se halla sometida al cristianismo, todavía existen algunos en el estado salvaje: estos (de los cuales un pequeño número perteneció a las misiones, en tiempo de los Jesuitas) viven divididos en familias establecidas no lejos del río Guaporé, y al este de las misiones de Concepción y del Carmen, sin comunicarse jamás con sus compatriotas convertidos. Se ve también el número relativo de las diferentes tribus de los Moxos, Baures y Muchojeones, y puede calcularse la importancia que debe tener, en el seno de un país anegado, una nación cuyos habitantes aun pasan de trece mil, hablando todos ellos el dialecto moxo.

Acostumbrados a la obediencia, los Moxos tienen un carácter bondadoso, sociable, alegre, y más que todo paciente; pero así como están siempre en disposición de reír por la menor fruslería cuando se hallan entregados a sí mismos, de igual modo la servidumbre los ha hecho tímidos y taciturnos en presencia de los superiores.

Estos naturales tienen una afición particular por el dibujo, la que no deja de estar acompañada de bastante habilidad: sus pinturas representan animales y plantas regularmente copiadas. Escultores, torneros, carpinteros, tejedores practicos, fabrican infinidad de objetos curiosos que se llevan para vender en algunas ciudades del Perú. Muchos de entre ellos han aprendido el español y saben escribirlo muy correctamente: en una palabra, la nación de los Moxos es quizás la más susceptible de civilización. Entre todos los indios de la provincia, los Moxos son en la actualidad, no solamente los católicos más decididos, sino que llevan el fanatismo a tanto, que todos los años, en la semana santa, se les ve regar las plazas públicas con la sangre que se sacan a fuerza de azotes. Son igualmente supersticiosos en sumo grado.

«La nación de los Itonamas» se encuentra totalmente sometida, y no queda un solo salvaje. En 1830 se contaban:

En Magdalena.	2.831
En San Ramón.	1.984
Total.	4.815

Estos indios, de cuyo carácter he hablado ya más de una vez en los capítulos anteriores, conservan todavía sus inclinaciones y costumbres primitivas, que la religión católica no ha podido desarraigar. Los tejidos que ellos fabrican son los mejores de la provincia. La lengua itonama esta siempre en uso en ambas misiones.

«La nación de los Canichanas», enteramente cristiana, forma hoy en día la misión de San Pedro. El número de su población alcanzaba en 1830 a mil novecientos treinta y nueve individuos.[192]

Estos naturales han conservado hasta hoy, en el seno mismo de las misiones, muchas de sus antiguas costumbres, y son todavía el terror de las otras naciones, cuyos campos devastan robándoles todos sus frutos, sin que se atrevan estas a aventurar una sola queja por el miedo extremado que les tienen. Los Canichanas son bruscos, y jamás usan de cortesía con los extranjeros. Actualmente su población es la menos industriosa de la provincia, y la sola que se alimenta con la carne del caimán, para cuya caza se vale de mil ardides.

Profesando el catolicismo, no han podido desprenderse de una infinidad de supersticiones de su condición salvaje: son por otra parte muy malos cristianos. El lenguaje de que hacen uso es el mismo de su estado primitivo.

«La nación de los Movimos» ha sido reunida por los Jesuitas en la misión de Santa Ana: no queda de ella un solo salvaje. Según el padrón del año de 1830, su población ascendía a mil doscientos treinta y ocho individuos. Estos indios se ejercitan en la caza, la pesca, la navegación y la agricultura. Su industria, poco más o menos igual a la de los Moxos, aun no ha llegado al mismo grado de adelanto, a excepción solamente de los tejidos.

Rastro ninguno queda ya hoy en día de su religión primitiva; no obstante, suelen manifestar de vez en cuando que no han olvidado todas las supersticiones de que estaban imbuidos antes de su conversión. Su idioma nacional no ha cambiado.

«La nación de los Cayuvavas», convertida totalmente al cristianismo, se halla reunida al presente en la misión de Exaltación. En 1830 el total de su población llegaba a dos mil sesenta individuos.[193]

---

192 Según el padre Eguiluz, en 1694 este número era de cuatro a cinco mil. Es de creer que los misioneros hayan exagerado considerablemente la población de cada una de sus misiones, o que todas las naciones hayan disminuido desde entonces por lo menos de una mitad.

193 El padre Eguiluz calculaba en 1793 que su población no debía bajar de tres mil almas.

Francos y leales los Cayuvavas, se hacen querer de todos los que se relacionan con ellos. En toda la provincia no hay otros que conozcan la navegación mejor que estos indios, remeros hábiles y pilotos los más experimentados en el río Mamoré. Respecto de su industria, en nada se dejan aventajar por los Moxos, siendo quizás superiores a estos en el ramo de agricultura.

«La nación de los Itenes» aun permanece en el estado salvaje, ocupando el mismo territorio que antes de la entrada de los Jesuitas, a cuyo celo religioso jamás quisieron someterse, y menos todavía al yugo de los Españoles, prefiriendo verse más bien diezmados; por manera que son hoy en día lo mismo que eran en tiempos anteriores al descubrimiento. Por los informes que he recogido de algunos Itenes, prisioneros en Exaltación, el número de individuos de esta nación debe ser de mil a mil doscientos.

Los Ites o Itenes son conocidos en la provincia bajo el nombre de Guarayos, denominación aplicada tan pronto a los Guaraníes, tan pronto a los Chapacuras, y que del mismo modo que la de Guaycurúes, aplicada a todas las naciones del Chaco y a muchos pueblos del Brasil, ha servido vulgarmente entre los Españoles para designar a los indígenas todavía salvajes de aquellas comarcas.

«La nación de los Pacaguaras» habita hasta hoy en la confluencia de los ríos Mamoré y Beni. Por repetidas veces se había logrado conducirlos a Exaltación para efectuar su conversión al cristianismo; mas habiéndose visto siempre engañados han vuelto a su asilo primitivo, a excepción de unos doce que no quisieron abandonar la misión. Su número no pasa de mil. Estos naturales se han manifestado siempre dispuestos a servir a los Españoles y Portugueses, sin jamás tomar parte en los disturbios de entrambas naciones. Es muy extraño ciertamente que hallándose dispuestos a someterse sin resistencia a las reglas de conducta que se les quiera imponer, permanezcan hasta el presente en el mismo estado que en tiempos anteriores.

Una parte de «la nación de los Chapacuras» abrazó el cristianismo en tiempo de los Jesuitas, incorporándose, bajo el nombre de Chapacuras, a la misión del Carmen de Moxos, y bajo el de Quitemocas a la de Concepción de Chiquitos. Pocos son los individuos, todavía salvajes, que se encuentran en los lugares primitivamente ocupados por esta nación, cuyo número es bastante limitado: en el Carmen de Moxos hay trescientos cuarenta; en Concepción de Chiquitos, como setecientos; y, si debe darse fe al decir de los naturales, el número de individuos todavía salvajes alcanza a trescientos. Resulta pues que el total de la nación entera es de mil trescientos cincuenta individuos.

Los Chapacuras son bondadosos en extremo, al mismo tiempo que muy sociables y más que todo hospitalarios para con los extranjeros.

Obedientes hasta el servilismo se han sometido fácilmente a la conversión, observando con humildad todas las reglas de las misiones.

Estos indios hablan la lengua chapacura, su idioma primitivo; y comparativamente a las otras naciones de Moxos son muy mediocres remeros.

«La nación de los Maropas» que consta de mil y un individuos, todos cristianos, compone la misión de Reyes. Esta nación ha modificado en cierto modo algunas de sus primitivas costumbres, y a mi modo de ver, semejante resultado es debido al régimen de uniformidad, establecido por los Jesuitas en las misiones de Moxos. A las instituciones de estos misioneros deben también los Maropas las ventajas industriales de que gozan, y la sustitución de canoas a esas balsas de que se servían en otro tiempo para la navegación. Se observan igualmente algunas modificaciones en su manera de vestir.

«Los Sirionos», amantes de su independencia primitiva, prefieren el estado salvaje, y jamás han querido comunicarse con los cristianos, los que toda vez que se han aproximado a estas tribus, ha sido con las armas en la mano. Se cree que el número de individuos que componen esta nación, alcanza solamente a mil. El sitio que ocupan hoy en día es el mismo que antes de la conquista. Estos altivos salvajes, a quienes se les hace la guerra por Bibosi, provincia de Santa Cruz de la Sierra, nunca malogran la ocasión de atacar al descuido las canoas de Moxos, matando a los remeros para apoderarse de las hachas y demás herramientas que llevan estos consigo.

Recapitulando todos los elementos de la población actual de Moxos, se obtienen los siguientes resultados.

Movimiento de la población y estadística de la raza americana

Jamás habían podido obtenerse hasta el presente datos precisos sobre la población puramente americana: ni siquiera una sola de las partes conocidas del nuevo mundo había ofrecido circunstancias favorables, necesarias para la reunión de los elementos de un buen trabajo sobre la materia. Para hacer debidamente un estudio útil sobre la estadística de los indígenas, era menester que todas las naciones se presentasen por separado y sin mezcla de razas, dependiendo de un gobierno cualquiera, que facilitase la consecución de datos positivos. Ningún punto me ofrecía a este respecto tantas garantías como las antiguas misiones de los Jesuitas, comprendidas en las provincias de Chiquitos y de Moxos, en donde una población puramente americana se halla sometida a la república; he querido por lo tanto hacer de estas dos provincias el centro de mis observaciones especiales sobre los movimientos de la población, así como sobre todo lo concerniente a la estadística de los aborígenes. Ayudado en mis investigaciones por los curas y gobernadores, creo poder presentar como evidentes los datos que siguen; pues los he tomado con toda exactitud de los registros de cada parroquia. Los empleados actuales mantienen la policía demasiado escrupulosa que instituyeron los Jesuitas, observándola también los indios cutre ellos mismos, por manera que no hay allí quien ignore el número y otras circunstancias de todos los que nacen o mueren.

NOMBRES DE LAS MISIONES	NOMBRES DE LAS NACIONES Y NÚMERO TOTAL DE LAS DE HABITANTES DE CADA MISIÓN						
	Moxos	Itanomas	Cayuvavas	Canichanas	Movimas	Chapacuras	Marsopas
Trinidad	2.604	"	"	"	"	"	"
Loreto	2.145	«	«	«	«	«	«
San Javier	1.515	«	«	«	«	«	«
San Ignacio	1.948	«	«	«	«	«	«
Concepción	2.426	«	«	«	«	«	«
San Joaquín	592	«	«	«	«	340	«
El Carmen	«	2.831	«	«	«	«	«
Magdalena	«	1.984	«	«	«	«	«
San Ramón	«	«	2.060	«	«	«	«
Exaltación	«	«	«	1.939	«	«	«
San Pedro	«	«	«	«	1.238	«	«
Santa Ana	«	«	«	«	«	«	1.001
Reyes	1.000	«	«	«	«	«	«
Indios salvajes							
	1.2920	4.815	2.060	1.939	1.238	340	1.001

En resumen, se ve por la planilla precedente que en el año de 1830 encerraba la provincia de Moxos.

Bolivianos blancos descendientes de Españoles.	57
Bolivianos indígenos cristianos.	23.313135
Bolivianos indígenos todavía salvajes.	4.200

Los resultados que presento, sin estar basados sobre una población bastante numerosa para fijar definitivamente la opinión sobre el objeto a que se refieren, suministran observaciones interesantes para la estadística comparativa de los lugares; y el antropologista que las consulte, podrá saber quizás con su ayuda, si entre los hombres de razas diferentes y casi salvajes, las cosas se pasan del mismo modo, o sujetas a las mismas leyes que en el seno de las sociedades civilizadas.

Los elementos numéricos de la población cristiana de la provincia de Moxos, sin hacer especial mención de las diferentes naciones indígenas, daban en 1831 los resultados siguientes.

NOMBRES de las misiones	Sexo masculino				Sexo femenino				
	de 14 años para abajo	Casados	Viudos	Total	de 12 años para abajo	Casadas	Viudas	Total	
Loreto	453	494	81	1.028	471	494	21	986	2.01
Trinidad	672	658	51	1.384	597	658	6	1.261	2.64
San Xavier	292	371	5	668	315	371	35	721	1.38
San Pedro	328	420	56	804	329	420	23	772	1.57
San Ignacio	414	514	37	965	381	514	88	983	1.94
Santa Ana	255	300	16	571	268	300	17	585	1.15
Reyes	192	266	2	460	120	266	54	440	900
Exaltación	461	473	19	953	583	473	64	1.120	2.07
San Ramón	550	443	65	1.058	373	443	19	835	1.89
San Joaquín	137	194	5	336	147	194	13	354	690
Magdalena	672	658	54	1.384	621	658	6	1.285	2.66
Concepción	606	682	37	1.325	882	682	144	1.708	3.03
Carmen	165	235	3	403	216	235	43	494	897
Totales	5.197	5.708	434	11.339	5.303	57.08	533	11.544	22.8

Antes de establecer comparación alguna, debo explicar la circunstancia de no haber individuos solteros que pasen, de catorce años entre los hombres, y de doce entre las mujeres. Esta singularidad proviene de la costumbre establecida desde el tiempo de los Jesuitas, de casar regularmente a las muchachas a la edad de diez años, y a los jóvenes a la de trece. Llevan los indios a tal extremo semejante costumbre, que he conocido en Moxos un viudo de doce años y una viuda de diez: es pues muy raro encontrar, en cualquiera de estas misiones, individuos solteros o viudos que pasen de tal edad.

Por la planilla anterior vemos que existen las siguientes relaciones entre los individuos casados y solteros, comparados con el total de la población.

INDIVIDUOS SOLTEROS	INDIVIDUOS CASADOS	EXCESO en favor de los casados.
10.500	12.383	1.883

Si sobre una población total de veintidós mil ochocientas ochenta y tres almas, el excedente en favor de los casados llega a mil ochocientos ochenta y tres individuos, puede explicarse este hecho por la circunstancia de que en la provincia de Moxos muere mayor número de varones antes de llegar a los quince años, como puede verse por la planilla de fallecimientos; esto obliga probablemente a muchas jóvenes a retardar su matrimonio, e impide también a las viudas el volver a casarse.

Movimiento de la población durante los años de 1828, 1829 y 1850

Años	Matrimonios	NACIMIENTOS			FALLECIMIENTOS			AUMENTO
		Masculinos	Femeninos	Total	Masculinos	Femeninos	Total	de la población
1828		767	805	1.572	590	500	1.090	482
1829		807	733	1.540	574	501	1.075	465
1850	551	807	784	1.591	562	560	1.122	469
		2.381	2.322	4.703	1.726	1.561	3.287	1.416

Esta planilla, que demuestra comparativamente el movimiento de la población durante los años de 1828, 1829 y 1830, es tanto más importante, cuanto que presenta los resultados obtenidos sobre una población, de la que ningún miembro puede ser incapaz de contribuir al aumento de la sociedad; primeramente, por la circunstancia de hallarse bajo la zona tórrida y en unos lugares donde se encuentran reunidos casi todos los medios más eficaces para la reproducción de la especie; en segundo lugar, por cuanto los curas y administradores cuidan de que no haya, a excepción de los ancianos, una sola persona que deje de vivir en consorcio.[194]

La relación de los elementos anuales de la población es muy curiosa, y no lo sería menos la paridad de estos elementos con aquellos que existen en las ciudades europeas, donde, en ciertas esferas de la sociedad, la falta de comodidades, la desigualdad de fortunas y mil otros motivos, impidiendo casarse a muchos individuos de ambos sexos, dan lugar a un sin número de nacimientos ilegítimos; mientras que en las provincias de Moxos y de Chiquitos, casándose todos los individuos desde que tienen la suficiente edad, no se encuentran hijos naturales.

---

194 Existe también una costumbre singular, instituida por los Jesuitas, que es la de despertar a todos los habitantes una hora antes de la misa, pero sin forzarlos a dejar la cama. Esta costumbre puede favorecer al sistema indicado.

En razón de la causa misma que acabo de exponer, el número anual de matrimonios, comparado con la población, ofrece resultados bien diferentes a los de las poblaciones europeas. En 1830 hubo en la provincia de Moxos quinientos cincuenta y un matrimonios, que si se comparan con la población de veintidós mil habitantes, darán por resultado Un matrimonio por cada 41,–053 habitantes.

El «Annuaire du Bureau des longitudes» para el año de 1835, demuestra (pág. 108), según las conclusiones del señor Mathieu, que el número de matrimonios celebrados en Francia, comparado con la población de este reino, da por resultado Un matrimonio por cada 131,-6 habitantes.

O más de tres veces el número de habitantes por matrimonios de la provincia de Moxos.

En la isla de Cuba, según las observaciones del señor de la Sagra, consignadas en su importante obra estadística («Historia económico-política y estadística de la Isla de Cuba», pág. 24) en 1827 se ha registrado un matrimonio por cada ciento noventa y cuatro individuos. Semejante diferencia de resultados proviene evidentemente de las condiciones del estado social.

Estos números son tal vez lo sumo que puede obtenerse de una población cualquiera.

Si confrontamos ahora el número anual de los matrimonios con los nacimientos, veremos que en 1830, por ejemplo, se han registrado quinientos cincuenta y un matrimonios y mil quinientos noventa y un nacimientos, lo que determina Hijos por cada matrimonio, 2.-090 El señor Mathieu (loc. cit., pág. 108), dice que hay en Francia Hijos legítimos por cada matrimonio, 3.777 Número superior a lo que existe en la provincia de Moxos; empero la diferencia parecerá mucho mayor por poco que se trate de compararla con el estado que presenta el señor Benoiston en su «Notice sur l'intensité de la fecondité en Europe, etc., An. des cie. nat.» (Dic. de 1826, pág. 5.) En Portugal, hijos por cada matrimonio 5-14 En Bohemia 5-27 En Savoya 5-65 Sin dejar de creer que un calor moderado puede ser favorable para la fecundación en el matrimonio, como tuve ocasión de notarlo en la frontera del Paraguay, y sin desentenderme de las influencias perturbadoras, me hallo bien distante de ver confirmada en la provincia de Moxos la observación del señor Benoiston, «que la fecundidad es mayor en los países cálidos».

La fecundación matrimonial en esta provincia, es pues inferior a la mediana observada en Europa; pero hay muchas causas que explican este hecho. Primeramente el que la mayor parte de individuos de ambos sexos se casan mucho antes de ser aptos para la reproducción, lo que puede ejercer una influencia negativa sobre la fecundidad de las mujeres. En segundo lugar, en un pueblo donde no existe la desigualdad de condiciones no hay amas de leche que se encarguen de criar los hijos ajenos; así es que las mismas madres les dan el pecho; y como los alimentos del país son bastante groseros, tienen estas que seguir criando por más de tres años, en cuyo intervalo no se comunican los esposos por temor de que un nuevo embarazo obligue a la madre a destetar su criatura. De todo lo cual resulta que rara vez llega a tener una mujer en toda su vida más de cinco o seis hijos, número que tampoco es ordinario.

El señor Quetelet ha señalado la primera de estas causas como conducente a la esterilidad o a la procreación de hijos que tienen menos probabilidad de vivir («Sur l'homme», etc., t. I, pág. 65.). La segunda causa es muy evidente en el país de que me ocupo. Por último, todas las mujeres de Moxos ni son absolutamente estériles, ni tampoco muy fecundas.

Los nacimientos, comparados con la población, presentan poco más o menos los mismos términos que los matrimonios. Para dar una prueba de ello pondré en cotejo los resultados obtenidos en Francia con los que ofrece la provincia de Moxos.

Años	Nacimientos	Población	1 nacimiento por habitante
1828	1.572	22.883	14.050
1829	1.540	22.883	14.070
1850	1.591	22.883	14.045
Términos medios			14.055

El señor Mathieu sienta que hay en Francia (loc. cit., pág. 108).
Un nacimiento por cada 32-4 habitantes.

Número doble mayor que el hallado por mí en la provincia de Moxos como término medio.

Según el señor Quetelet (loc. cit., pág. 84.) hay En Prusia, un nacimiento por cada 25-1 habitantes.

En Bélgica, 50-0.

El señor de la Sagra dice, en la pág. 21 de su «Historia económico-política y estadística de la Isla de Cuba», que la proporción de los nacimientos en este país es de Uno por cada 25, entre los blancos.

22, entre los individuos de color, libres.

22, entre los esclavos.

Todo lo cual esta muy distante de ser comparable con lo que presenta Moxos.

Así pues, aunque la fecundación en los matrimonios sea un poco menor que en Europa, la fecundidad de la población es relativamente doble mayor: resulta esto de que cada individuo concurre a ello necesariamente, no habiendo uno solo que sea inútil como en Europa, donde la insuficiencia de medios de subsistir y algunas otras causas se oponen al matrimonio de todos los individuos. La población de Moxos se acrecería pues rápidamente si los medios de conservación fuesen proporcionados al número de nacimientos.

El número de nacimientos, comparado con el de los fallecimientos, esta muy lejos de presentar siempre resultados satisfactorios; esto es una consecuencia de lo que acabo de exponer. Se ve seguir a la población una progresión bastante rápida durante algunos años consecutivos; pero una peste de viruelas o alguna fiebre eruptiva destruyen en pocos meses semejantes adelantos. El estado siguiente demostrara estas grandes variaciones.

El señor Mathieu (loc. cit., pág. 108), da por resultado, en Francia Para cada nacimiento, 0-82 fallecimientos.

Número seguramente mayor que el de los años regulares de Moxos.

El señor de la Sagra (loc. cit., pág. 22) sienta que hay en Cuba.

Un fallecimiento para 1-8 de nacimiento.

Se ve por la anterior planilla, que los años regulares de 1828, 1829 y 1830 han dado, comparativamente a lo que sucede en Francia, una hermosa proporción; pero las pestes de 1831 destruyeron en gran parte el acrecimiento anual de Moxos; y como estas pestes son por desgracia muy frecuentes, la población, según mis observaciones, ha disminuido en vez de aumentar, aun desde la época de la expulsión de los Jesuitas (1767).

Esta población, que reúne en sí todas las ventajas posibles en cuanto a los medios naturales de prosperidad, se halla pues privada por otra parte, de recursos para sanar la enfermedad, y de todos los preservativos que pudieran emplearse contra las pestes.

El señor Mathieu demuestra que hay en Francia (loc. cit., pág. 108).

Un fallecimiento por cada 39-0 habitantes.

El señor Quetelet (loc. cit., pág. 84) sienta que hay en Inglaterra, un fallecimiento por cada 49-0 habitantes.

En Prusia.

36-2 Esta reconocido, hace mucho tiempo, que tanto en Europa como en otras partes, los lugares pantanosos aumentan el número de fallecimientos, conforme a la población (Véanse las juiciosas investigaciones del señor Villermé, «Annales d'Hygiéne»; y del señor Quetelet, loc. cit., t. I, pág. 150). Es muy notable encontrar una excepción a este hecho en la provincia de Moxos comparada con la de Chiquitos.

El señor de la Sagra ha notado en la isla de Cuba (loc. cit., pág. 22).

Un fallecimiento por cada 40-8 entre los blancos; — 27-9 entre los individuos de color, libres; — 35-9 entre los esclavos.

Lo cual, aunque inferior al término medio de los resultados obtenidos en Francia, es superior al que presenta la provincia de que trato, situada en un punto cuya temperatura es poco más o menos igual a la de la citada isla.

Si por una parte se ve que el número de los nacimientos, comparado con el número de la población, da resultados extraordinarios, pero siempre en relación directa con las costumbres locales y los medios de reproducción; vemos también por otra, que la mortandad comparada con la población, presenta términos bien inferiores a los que en Europa se obtienen; lo cual debe atribuirse a la falta de socorros medicales, y de recursos que suministra la civilización para reprimir en cierto modo las causas del despoblamiento.

El señor Mathieu ha encontrado en Francia las proporciones siguientes entre los Fallecimientos masculinos 55.

Fallecimientos femeninos 54-066.

Las proporciones observadas en Europa son pues bien diferentes de las obtenidas en la provincia de Moxos: pudiera a irse este hecho al trabajo fabril de los Moxeños, y también a la circunstancia de estar más expuestos a las fiebres intermitentes, o a los muchos accidentes inseparables de su manera de vivir, casi siempre navegando por los ríos, o atravesando a remo las llanuras inundadas.

Nacimientos masculinos comparados con los femeninos

Según los trabajos publicados por el señor Quetelet, en su interesante obra («Sur l' homme et le développement de ses facultés», etc., París, 1835, t. I, pág. 45), se observan las siguientes proporciones; En Rusia 108-91 En Francia 106-55 En Suecia 104-62 Según esto, siendo el término medio en Europa de 106-00, es considerablemente mayor que el resultante en la planilla que acabo de presentar.

En La Habana se ha obtenido, según el señor de la Sagra (loc. cit., pág. 28) en el periodo de cinco años un término general de 1-0288 varones por cada mujer; lo cual, aunque inferior a los resultados obtenidos en Europa, es siempre mayor que lo obtenido por mí en la provincia de Moxos.

No fijándose más que en los resultados generales, el término medio sería en Moxos solamente de 102-12 varones por cada 100 mujeres; y si es permitido adelantar un juicio sobre estos números, se sacaría por conclusión que en las zonas muy cálidas el número de varones, relativamente al de las mujeres, es menor que en los países templados y aun en los fríos.

Existe un hecho que puede tener una grande influencia sobre el número comparativo de los nacimientos masculinos y femeninos; y es que haciéndose los matrimonios en una edad muy temprana para ambos sexos, y la diferencia de esta entre los consortes siendo apenas de dos o tres años, la mujer es siempre núbil, por lo menos este número de años antes que el varón haya llegado a la pubertad, aunque sea sobre la latitud de que nos ocupamos: por consiguiente, la mujer en su primer estado de preñez, se halla mucho más formada que el hombre; y aun es evidente que debe haber llegado al completo de su crecimiento, cuando el hombre esta bien lejos todavía de alcanzar al suyo.

Si trato de indagar la influencia que pueden tener las estaciones sobre los nacimientos, encuentro el resultado en la siguiente planilla.

Estado comparativo de los nacimientos, por mes, de la provincia de Moxos, en los años de 1828, 1829 y 1837

Aunque la temperatura sea relativamente poco variable en el país de que me ocupo, siéntese en él sin embargo muy vivamente la influencia de las estaciones, que depende del estado meteorológico del lugar. Una de ellas, la estación de seca, empieza en el otoño, es decir, en el mes de abril y acaba en la primavera, en setiembre: la naturaleza cambia de aspecto; los arboles echan hojas nuevas y flores muy vistosas; una vegetación la más activa se ostenta por todas partes sobre aquel suelo poco antes amortiguado por la sequedad del invierno y al que las lluvias vuelven a fecundar. Cómo pues no ha de sentir el hombre los poderosos efectos de ese instante en que la naturaleza entera sale de su estéril adormecimiento, recobrando una vida nueva? Si buscamos una prueba de esta acción de las estaciones sobre el número de hijos que nacen nueve meses después, la hallaremos bien terminante, y veremos por el estado precedente, que en Moxos, durante los tres años indicados, los «resultados máximos» pertenecen a los meses intermedios entre mayo y octubre, es decir, que los hijos han sido concebidos de agosto a noviembre; o desde la primavera, que es cuando principian las lluvias, hasta el momento en que llegan estas a ser tan abundantes que inundan el país. El término medio de estos tres años, sobre los que ejercitamos nuestras observaciones, da por «resultado máximo», setiembre, julio y mayo, que corresponden, para las concepciones, a enero, noviembre y setiembre (primavera y verano).

La más o menos cantidad o abundancia de alimentos no parece ejercer siempre una influencia directa sobre el número de nacimientos; pues vemos que los «resultados mínimos» corresponden a la estación de las cosechas (febrero, marzo y abril).

La época del «resultado máximo» en Bélgica, según el señor Quetelet (loc. cit., t. II, pág. 319) es en el mes de febrero; así pues, las concepciones deben realizarse en aquel país por los meses de mayo y junio, precisamente en la primavera, lo mismo que en Moxos.

Por lo tanto, los resultados obtenidos por mi son diferentes de los obtenidos en La Habana por el señor de la Sagra, quien nos dice (loc. cit., pág. 35) que los meses de frío han sido más favorables para las concepciones que aquellos en que reina un excesivo calor; circunstancia que bien pudiera emanar de causes locales.

La explicación que acabo de dar relativamente a los «resultados máximos», concuerda en cierto modo con lo que pudiera yo decir respecto de los «mínimos»; sin embargo, puedo indicar todavía algunas causas especiales. No debe atribuirse influencia alguna a la abundancia de alimentos; pues que el «resultado máximo» de las concepciones tiene precisamente lugar en la época de las sementeras, y en el momento más distante de las cosechas; mientras que los «mínimos» se verifican siempre por diciembre, enero y febrero, que corresponden, para las concepciones, a los meses de abril, mayo y junio, subsiguientes a las cosechas.

Hay allí entre tanto, a mi modo de ver, dos influencias distintas: la una tal vez resultante del temperamento; pues que las concepciones se han operado en los meses más fríos del año, período en el cual se levantan de las inmensas superficies desecadas emanaciones pútridas: mas ¿no pudieran considerarse también como una causa influyente esos ayunos austeros, esas rígidas penitencias que las creencias religiosas llevadas hasta el fanatismo imponen todos los años, por el tiempo de la cuaresma, a los moradores de esta provincia; al propio tiempo que la coincidencia de la época en que todos los indios parten de sus misiones respectivas para conducir a la capital los productos anuales? Siendo poco sensible el cambio de temperatura, me inclino a creer que la cuaresma, y más que todo las enfermedades que suceden a esta, combinadas con la ausencia de cierto número de hombres, sean las causas positivas de la disminución en el número de habitantes.

El señor Quetelet dice que en Bélgica el «resultado mínimo» de los nacimientos tiene lugar en el mes de julio; lo cual correspondiendo, para las concepciones, al principio de los fríos del invierno, concuerda también con mis observaciones en los lugares que se encuentran bajo la zona tórrida.

El señor Villermé («Annales d'Hygiène», enero de 1831) ha observado que las emanaciones de los pantanos ejercían cierta influencia sobre el número de las concepciones. Esta observación concuerda igualmente con lo que acontece, en la provincia de Moxos.

Falta averiguar si el estado siguiente, que es un resumen de mis conocimientos locales, me dará alguna explicación sobre la época anual de los «resultados máximo» y «mínimo» de los fallecimientos.

No habiendo encontrado épocas bien distintas, de los fallecimientos según las edades y los sexos, me limito a presentar aquí, sin distinción entre los «resultados máximo» y «mínimo», los totales extraídos del estado precedente.

En la provincia de Moxos, los «resultados máximos» de los fallecimientos han tenido siempre lugar durante los meses de mayo, junio y julio; es decir, en el período de los tres meses más secos y fríos del año, época subsecuente a aquella en que las aguas que cubren la provincia se evaporan dejando superficies inmensas llenas de pantanos y de charcos estancados y fétidos. Bien pudiera por lo tanto atribuirse el «resultado máximo» de los fallecimientos, durante la estación de seca; 1.ª a los vientos del invierno, naturalmente fríos para unos hombres acostumbrados a un temperamento tan caluroso y que andan siempre casi desnudos; 2.ª a las enfermedades (fiebres intermitentes) que determinan los miasmas mortíferos de que se halla entonces recargado el aire.

Es ciertamente curioso que el «resultado máximo» de los fallecimientos se produzca en Europa, de igual modo que bajo la zona tórrida, en la estación más fría del año. (Véase la obra ya citada del señor Quetelet, t. II, pág. 310 y t. I, pág. 188.) Así pues, haciendo abstracción de las influencias locales que acabo de indicar, acontece en Europa, respecto de los fallecimientos, lo mismo que se observa en América.

En Moxos, la época del «resultado mínimo» de los fallecimientos concuerda con el momento en que abundan las lluvias; es decir, con el período en el cual las faenas del navegante son menos penosas, siendo más cortas las comunicaciones, y en el que cesan también las exhalaciones pútridas de los lugares pantanosos.

Salubridad de la provincia

Si como corolario de lo que acabo de decir relativamente al movimiento de la población y a los fallecimientos, se quiere echar una rápida ojeada sobre la salubridad de la provincia, veremos que su dilatada superficie es mucho más sana de lo que pudiera suponerse en vista de la gran cantidad de pantanos que por el tiempo de seca exhalan todos los años vapores corrompidos: y efectivamente, no se conoce en la provincia una sola enfermedad especial; y el número de personas atacadas por las fiebres intermitentes, en los meses de marzo y abril, es ciertamente muy reducido, sobre todo en las orillas del Mamoré. Estas fiebres no presentan jamás un carácter maligno y son mucho menos intensas que en las provincias de Mizqué y de Valle Grande.

Algunas veces el exceso de humedad suele causar disenterías. Esta enfermedad, en otro tiempo muy temida por los indígenas, es hoy en día mucho menos frecuente, y pasa fácilmente con los refrescos.

La extraordinaria mortandad que se advierte en Moxos proviene de dos accidentes; o del frío, tan pernicioso para las criaturas; o de alguna de las muchas fiebres eruptivas, como las viruelas, el sarampión y la escarlatina que hacen sus estragos entre las personas de todas edades.

Todos los indígenas atacados por la fiebres de invasión, sintiendo interiormente un calor que los abrasa, creen hallar algún alivio con ir a tomar un baño; de donde resulta desde luego una repercusión hacia el interior, que ocasiona la muerte. Entre tanto, para hacer cesar semejante mortandad bastaría que los curas y administradores ejerciesen una vigilancia activa.

Una gran parte de las criaturas mueren a los diez días de haber visto la luz, ya por la falta de cuidados, ya por la acción demasiado fría de los vientos del sur. Las mujeres entregadas sin descanso a las faenas que les imponen los administradores, sea por su propia cuenta, sea por cuenta del gobierno, se ven obligadas a desatender a sus recién nacidos, que mueren por los sufrimientos a que los expone su edad y esta especie de abandono.

Administración de la provincia

Hasta 1842, la provincia estuvo regida por gobernadores subordinados al prefecto de Santa Cruz, y que ejercían sus funciones tan despóticamente como se le antojaba. Un gobernador tiene bajo sus órdenes, en la capital, un administrador general que hace las veces de secretario, y en cada población, un administrador particular investido de ciertos poderes de que abusa con tanto más descaro cuanto que se encuentra apartado de los que pudieran reprender su conducta, no haciendo caso de las órdenes que les transmiten los superiores. Son ellos los jueces y árbitros de los indígenas a quienes hacen castigar algunas veces sin escuchar más voz que la de sus caprichos. Bajo las órdenes de cada uno de estos administradores hay un cacique indígena y varios otros jefes subalternos que existían en tiempo de los Jesuitas, no habiéndose alterado a este respecto, como ya lo dije, las instituciones de aquellos religiosos.

Tiene la provincia de Moxos un vicario general, nombrado por el obispo de Santa Cruz; y hay en cada misión uno o dos curas encargados del gobierno espiritual. Muy a menudo suelen hallarse estos en rivalidad de poderes con los administradores, lo que origina mil disturbios y disputas que escandalizan y sirven de mal ejemplo a las misiones.

Costumbres, usos y estado moral de la provincia

Si bajo la administración de los curas se vieron obligados los indios de Concepción[195] a hacer oficio de caballos, tirando del carruaje en que iba el cura de esta misión; si más tarde los gobernadores españoles no se sentaban a la mesa sin mandar venir una tropa de músicos que los divirtiesen durante la comida, o no se dejaban ver de sus súbditos sino sentados bajo un dosel; aun se tributan hoy en día muchos de estos honores exagerados a los mandatarios de la provincia.

Cuando el gobernador de la provincia va de viaje, los administradores y curas de las misiones hacen adornar con flores las canoas, colocando en ellas un tambor para anunciar la alta categoría del viajero. Así que este avista el puerto suenan las cajas, y los curas y administradores, seguidos de los principales magistrados de la misión, se adelantan a su encuentro. Monta el gobernador a caballo, y se encamina al pueblo con toda esta comitiva, a la que precede un indio que toca la caja yendo a todo galope. Al

---

195 Según el testo del «Informe de don Lázaro de Rivera», del 2 de julio de 1787, que tengo en mi poder.

aproximarse a la misión repican las campanas para dar aviso de la llegada del jefe de la provincia, y salen entonces los jueces y demás empleados a recibirlo con acompañamiento de músicos.

Conducido triunfalmente hasta el colegio, se van presentando a él sucesivamente todas las autoridades indígenas, cuyas arengas le son traducidas por un intérprete. Enseguida vienen a ofrecerle flores las jóvenes indias. Mientras dura la comida no cesa la música un solo instante; y cuando llega la noche se organiza un baile en el que muchas veces hacen bailar por fuerza a los indios jóvenes y a las muchachas.

Las tambores anuncian con un redoble la llegada de los bailarines que entran por parejas, al compas de la marcha ejecutada por la música que los precede: atravesando luego toda la sala con mesurado andar y afectando una gravedad imperturbable, desfilan por delante del gobernador, y después de haberlo saludado van sucesivamente a colocarse en línea para bailar la contradanza española. En Trinidad y en Loreto las mujeres bailan descalzas y llevan un vestido de saraza, o simplemente el tipoi, de esta misma tela, ceñido a la cintura; su cabello va sostenido por un peine colocado en la parte superior de la cabeza. Los danzarines, mancebos por lo regular de catorce años, visten pantalón y camisa, y llevan un gorro blanco ni más ni menos como las mujeres de Normandía. Después de haber ejecutado su contradanza con mucha seriedad, saludan otra vez al gobernador y toman todos asiento.

Los negociantes y los otros blancos que se encuentran por acaso en la misión, suelen tomar parte en estas diversiones, cortejando a las bailarinas, las que se animan un poco cuando llega el ponche, y no se hacen ya de rogar para ejecutar las diversas danzas usadas en Santa Cruz.

Los Bolivianos blancos que viajan en la provincia van en canoas hechas de un solo tronco ahuecado: estas embarcaciones que tienen generalmente de nueve a doce varas de largo, sobre una o dos de ancho, son muy bajas de bordo en el medio y rara vez, estando cargadas, sobrepasan de dos o tres pulgadas a la superficie de las ondas; por manera que al menor choque contra algún árbol flotante, entra en ellas el agua con abundancia. Las canoas de un tamaño regular admiten generalmente cuatro o cinco baúles, y a lo más tres pasajeros que se ponen a cubierto del Sol o de las intemperies bajo un toldo de cuero donde apenas se puede estar sentado. El número de remeros varia según el largo de la embarcación; para dirigirla, se mantienen de pie en la parte trasera el capitán de la canoa y su ayudante; otros dos indios van sentados en el extremo opuesto, cuidando de prevenir y evitar los embarazos. Los remeros, colocados en medio de a dos en dos, no dejan de mano en todo el día los grandes y anchos remos de que se sirven para impulsar la pequeña barca. Todos estos indios principian la jornada dándose un baño, y al rayar el día están ya en marcha: hacen alto a cosa de las ocho para almorzar, y antes de pasar adelante toman un segundo baño. Al medio día se detienen otra vez por una hora para comer, y navegan enseguida hasta la noche. Cuando el viajero es un personaje de distinción, envían los administradores una canoa cargada de comestibles, en la que se prepara la comida a las horas de regla, sin perder tiempo en detenciones. En todo el tránsito desempeñan los indios sus tareas con el mayor celo posible, y no es dado hacerse una idea de los prolijos cuidados con que atienden a los viajeros, estando siempre alertas para adivinar y prevenir sus menores deseos.

Cuando se tiene que subir un río, generalmente se andan de ocho a diez leguas por día; y cuando se boga río abajo suele doblarse esta distancia; más esto depende de la mayor o menor rapidez de la corriente, variable en cada río, y también de los remeros, cuya destreza y actividad no en todas partes son de igual grado. Cada nación tiene su manera particular de remar: los Itonamas van sentados y reman con mucha precipitación; los Cayuvavas, también sentados, reman pausadamente pero con fuerza, en tanto que los Baures se mantienen de pie como para dar mayor impulsión a los remos. De todas estas naciones los Cayuvavas son los remeros más afamados, y tratan de conservar su reputación, esforzándose por sobrepujar en celeridad a todas las embarcaciones extranjeras que encuentran sobre su paso. Tienen la costumbre estos naturales de bañarse tres veces al día cuando van de viaje; para practicarlo, se detienen de pronto, se arrojan al agua, zambullen y vuelven, a vestir su camisa de cortezas, continuando enseguida la marcha. Toda vez que los Moxos entran a bañarse, enseñan sus espaldas cubiertas de cicatrices que parecen quemaduras, y que no son sino el resultado de las flagelaciones de la semana santa. Entre ellos mismos se manifiestan ufanos de llevar sobre sus cuerpos semejantes señales, mofándose con cierta ironía de aquellos que no las tienen.

Cuando el tiempo es hermoso, el calor que reina a eso del medio día en el estrecho callejón formado por los arboles coposos y antiquísimos, que guarnecen las orillas de los ríos, jamás llega a ser templado por la más leve y pasajera brisa; el viajero echando entonces de menos el aire vivificador de la pasada mañana, desea la noche con impaciencia; pero tan luego como esta envuelve la tierra, densos vapores se levantan del río, y se encuentra uno tan mojado por la mañana como si hubiese llovido de recio toda la noche. Cuando en el curso del día llueve sin que haya tempestad, salen de los bosques millares de mosquitos, y refugiándose en las canoas, torturan a los pobres viajeros que demasiado sufren por las noches semejante molestia. Si el tiempo se pone sumamente malo, construyen los indios a toda prisa una choza de cañas, bajo la cual se ponen los viajeros a cubierto contra los torrentes de lluvia; si esta continúa, construyen también para ellos cabañas espaciosas; de modo que en pocos instantes se transforma el campamento en una aldehuela donde permanecen muchos días hasta que se apacigua el viento. Las fuertes oleadas que promueven los vientos en los grandes ríos no son, como ya lo hemos dicho, los únicos peligros a que esta expuesto el viajero que transita por aquellos lugares. Las barrancas arenosas suelen desplomarse de repente sobre las aguas, arrastrando en su caída alguno de los arboles gigantescos que se alzan en las orillas, y cuyas enormes raíces llevan tras sí una inmensa mole de terreno. Si todos estos escombros caen por casualidad sobre la frágil embarcación, la hacen desaparecer completamente; pero cuando esto no suceda, bastarían para hacerla zozobrar las olas de proyección, que tales derrumbamientos excitan en el seno de las ondas.

Algunas veces, subiendo los ríos en la estación lluviosa, se aventuran los indios a pasar por en medio de los brazos que forman las islas, y en los que la corriente se manifiesta menos rápida; empero, estos brazos suelen hallarse obstruidos en sus remates por gruesos troncos que han amontonado las aguas; si los remeros tratando de salvar el paso se meten por los pequeños estrechos donde la corriente es muy impetuosa, se enreda la canoa entre las ramas, y se llena de agua en un momento: justamente alarmados se echan desde luego al río, y ya nadando, ya soliviándose sobre las ramas, sostienen la embarcación sin que se hunda, hasta que llegan en su auxilio las demás canoas. Es en tales ocasiones cuando los supersticiosos Cayuvavas echan por tierra una espiga de maíz en acción de gracias a la suprema Providencia por haberlos libertado del peligro.

Si estos viajes son penosos para los Españoles, lo son aun mucho más para los pobres indios, continuamente expuestos a las intemperies, y obligados muchas veces a pasar la noche en las llanuras anegadas, suspendidos sobre el agua en sus hamacas.

Innumerables trozos de vegetación, ocultos bajo las aguas, hacen zozobrar a menudo las canoas: detiénense entonces los indios sobre algún banco de arena para poner a secar las mercancía. Muy rara vez llega algún indio a perecer en estos trances; pues todos ellos nadan como si las ondas fuesen su elemento natural. Pero hay otros peligros a que esta expuesta su vida en estos viajes: citaré como uno de los principales el encuentro con los tigres. Cuando descubren sobre las playas los rastros de esta fiera, levantan inmediatamente su campamento, yendo a buscar más lejos la no muy completa seguridad; y si en medio de la noche oyen sus bramidos, van a recoger inmediatamente toda la leña que pueden, y enciendem grande fogatas; pero esto no siempre los pone a cubierto contra los funestos accidentes, sobre todo cuando la expedición no se compone más que de indios. Un administrador de Magdalena había enviado en cierta ocasión unos cuantos indios, para que fuesen a recoger en los bosques los gajos de un árbol, cuya ceniza suministra una potasa excelente para la fabrica del jabón. Muchas días había que estos indios, enteramente desprovistos de armas, se hallaban acampados y contraídos a su trabajo, cuando de improviso se presentó una noche en medio de ellos un tigre hambriento, y arrojándose sobre un indio que yacía dormido en su hamaca, se lo llevaba para devorarlo lejos de allí; empero, asustado con la grita tumultuosa de los otros indios que despertaron a los quejidos de la víctima, echó a correr, dejando en tierra al pobre indio con la cabeza hecha pedazos y con muy pocos instantes de vida. Este hecho es como un reproche a esa medida absurda, que, so pretexto de evitar las pendencias con los blancos, prohibe[196] llevar armas a unos

---

196 Esta prohibición data desde la sublevación de los indígenas de San Pedro, cuya relación

hombres constantemente expuestos a los mayores peligros en medio de esos desiertos, cuyo imperio pertenece todavía a los animales feroces. Es de notar que el tigre jamás enviste a las personas cuya cabeza no alcanza a ver, y no hay un solo ejemplo de que algún viajero, estando bien escondido bajo su mosquitero, haya perecido víctima de su voracidad.

Las riberas del Mamoré, de ordinario sumamente silenciosas, ven pasar una vez al año infinidad de canoas reunidas que se dirigen de Moxos a Santa Cruz, y dando eco a la grita tumultuosa y alegre de los navegantes, cobran una animación que bien puede llamarse deliciosa. Hizo la casualidad que yo me hallase también de viaje en el momento de una de estas expediciones. Copiaré aquí el punto de mi diario que a este pasaje se refiere.

... Más de cuarenta canoas se aprestaban a partir a la vez del puerto de Loreto, componiendo una verdadera flota. Los curas y negociantes que iban incorporados a la expedición, quisieron que yo me encargarse de conducir la marcha, viajando en compañía; y como podía practicarlo tanto mejor, cuanto que mis remeros eran los más hábiles, acepté desde luego el honor que se me confería. Al fin de la jornada hicimos alto para pasar la noche sobre un espacioso banco de arena, no lejos de un bosque.

Entonces me fue dado gozar de un halagüeño punto de vista, mientras llegaban las canoas poco a poco y sucesivamente, saludadas por los gritos triunfales o de mofa de los que se hablan anticipado. Todos los indios se dispersaron luego dentro del bosque, y volvieron trayendo leña, algunas cañas con que armaron camas para los viajeros, y gruesas estacas que clavaron simétricamente en tierra para suspender, por grupos separados, las hamacas pertenecientes a los remeros de cada canoa: en el centro de estos grupos se encendió una fogata; y en la parte de afuera brillaban ya de trecho en trecho otros fuegos donde se preparaba la cena. Nuestro campamento, que reunía más de seiscientas personas, presentaba el aspecto más curioso que pudiera imaginarse. Hablábanse en él casi todas las lenguas de la provincia, sin confundirse unas con otras las diferentes naciones. Todos los blancos nos habíamos congregado en el centro, en tanto que, aquí y acullá, los Baures, los Itonamas, los Movimas, los Cayuvavas, los Canichanas y los Moxos formando diversos grupos, platicaban en sus res-

---

puede verse en la pág. 196.

pectivos dialectos. La playa poco antes solitaria era el transuto del teatro más animado. Cada grupo de hamacas blanquecinas, colgadas en derredor de una hoguera encendida, contrastaba con los mosquiteros de los viajeros y con la hilera de piraguas que se entendía majestuosamente a lo largo de la orilla:[197] sentados todos sobre la arena cenamos luego en comunidad, suscitando mil alegres conversaciones, a que la extrañeza de los diferentes lenguajes daba más originalidad. Cada individuo, apartándose de Moxos, se hallaba ya exento de temores y dejaba ir libremente su lengua; las indiscreciones de los unos daban pie a las recriminaciones de los otros; así es que me fueron revelados en aquella noche todos los secretos sobre la conducta privada de los empleados, y supe más cosas en una sola hora, que en algunos meses de permanencia en la provincia.

Acabada la cena, todos los indios se reunieron como de costumbre para orar en comunidad. Estos cánticos religiosos que tantas veces me habían sorprendido agradablemente en medio de aquellas soledades, resonaron a mi oído en aquel momento con tal discordancia, que tuve que retirarme a un lado; y no podía resultar menos de la confusión de aquellas entonaciones en diferentes dialectos, que se producían todas a la vez en el silencio de la noche. Los indios, sin cubrirse con otra ropa que sus tipois, se acuestan en sus hamacas, y pasan la noche expuestos a las picaduras de los encarnizados mosquitos, y sobre todo al fuerte rocío que cae en las regiones calurosas sobre las orillas de los ríos. Apenas raya el día, se levantan y después de haber descolgado sus hamacas, entonan en coro y con el mayor recogimiento la súplica de la mañana. Cuando se viaja con un séquito compuesto de una sola nación, y que se hace alto en el bosque de las riberas, estas preces de la noche suelen tener un encanto inexplicable. No puedo prescindir de traer al caso la expresión consignada en mi diario, de las sensaciones que la solemnidad de un acto semejante imprimió una vez en mi espíritu. La noche era ciertamente una de las más oscuras, y su lobreguez aun parecía mayor bajo la bóveda formada por el tupido follaje. Brillaban de distancia en distancia los fuegos de los indios acampados, esparciendo una claridad incierta sobre los objetos que nos rodeaban y dando un colorido mágico al silvestre recinto. A cosa de las ocho mis setenta indios

---

197 Véase la lámina 11.

entonaron en coro sus cánticos religiosos, que en el silencio de la noche y en aquellos lugares tomaron un carácter de tanta majestad que me sentí profundamente conmovido; jamás me habían parecido tan sencillos a la par que imponentes: su duración fue demasiado corta para mi arrobamiento, y largo tiempo después que habían cesado, aun buscaba mi oído sus místicos acordes. Apoderóse de mi espíritu una dulce melancolía que se armoniaba con la vaguedad de mi pensamiento y sobre todo con el respeto que me inspiraba la belleza virginal de aquellos lugares. Muy en breve mis compañeros de viaje se entregaron al reposo; los fuegos se apagaron; creció la oscuridad, y el silencio majestuoso de la selva era apenas interrumpido por el susurro de las hojas levemente agitadas en la copa de los arboles, o por el murmullo de las aguas. Solo yo había quedado despierto sin poder olvidar las felices impresiones de esta velada, cuyo recuerdo ha venido más de una vez en lo sucesivo a deleitar nuevamente mi espíritu. El traje que usan los indios moxeños para viajar, se compone solamente de una camisa muy larga y sin mangas, hecha de la corteza del «bibosi» que abunda, como ya se dijo, en las riberas del Mamoré, principalmente más abajo de Exaltación: la corteza de una especie de moral, que se encuentra sobre las orillas de todos los ríos vecinos al país de los Yuracarees, sirve también para lo mismo. Cuando transitan los indios por tales parajes, siempre se detienen para proveerse de camisas, haciendo resonar todo un bosque por algunos instantes con el menudeo de los hachazos y con el ruido que hacen los arboles al caer a los forzudos golpes. Elígense de preferencia aquellos más nuevos y menos nudosos, cortando primeramente un pedazo para reconocer su calidad. Una vez puesto en tierra el árbol escogido, se le arrancan los gajos, señalando luego sobre el tronco el largo de cada camisa por medio de una incisión circular: después de haber practicado una abertura longitudinal, se introduce por debajo de la corteza un palo pequeño, bien liso y afilado, para desprenderla de la parte leñosa sin desgarrarla. Terminada esta operación, resulta un corte de camisa, cuyas extremidades es menester doblar para afuera con el objeto de separar la parte exterior, áspera y dura, de la interior, blanca y compacta. Sin embargo, falta todavía el trabajo de la preparación, nada costoso por cierto, y al que se procede de la manera siguiente. Cada indio trae consigo del bosque un trozo de árbol sobre el cual coloca, en la orilla del río, la corteza que debe preparar; y provisto de un mazo cuadrado, estriado transversalmente, golpea sobre ella fuertemente, tan pronto con una mano tan pronto con la otra, para desprender unas de otras todas las fibras: después de haberla maceado por ambos lados, la estira, lavándola enseguida en el río: vuelve luego a macearla todavía por algunos instantes, y finalmente la extiende como una pieza de lienzo, no faltando más, para que la camisa pueda llenar su oficio, sino coserla por los lados y practicar una abertura para hacer pasar la cabeza.

Hay en el país de los Yuracarees una planta llamada «itira», de la que se sirven los Moxos para teñir de un morado excelente estas camisas.

Cuando las cortezas se encuentran ya preparadas, las doblan de un modo particular, para empaparlas luego en aquella tintura, resultando de la disposición de los dobleces, cuadros cuasi perfectamente iguales. Todos los navegantes indígenos que bajan de aquel país llevan esta camisa morada, y de lejos se creería ver en ellos un coro de obispos.

Si en estas correrías llegan a encontrarse dos canoas de la misma nación, dividen los indios entre sí, con un desprendimiento fraternal, todo cuanto poseen: verdad es que todos ellos se consideran como miembros de una sola familia cuando son oriundos de la misma nación.

Los infelices indios gozan en Moxos de mucha menos libertad que en Chiquitos, no teniendo un solo día del que puedan disponer a su antojo; pues los días de reposo, como los domingos y otros de festividad, están enteramente consagrados a las practicas religiosas. El resto del año se les supone ocupados en beneficio del Estado, cuando no hacen realmente sino trabajar sin descanso en provecho de los empleados; guardando estos, en las exigencias del trabajo, todavía menos consideraciones con las mujeres, que se resienten de ello, esterilizándose desde temprano.

Jamás se ha visto mayor esclavitud y despotismo bajo un gobierno liberal. Es de advertir que antes de 1832 los jefes de la república ignoraban completamente lo que sucedía en las provincias apartadas del centro, consideradas en cierto modo como posesiones particulares de los empleados, a cuyos intereses cuadraba mucho el poco celo manifestado por los supremos gobernantes.

Cada quince días se distribuye una cantidad de algodón en pepitas, dando a cada india un copo de veinte onzas que a la vuelta de quince días debe esta presentar hilado. La entrega se efectúa del modo siguiente.

Colócase el cacique en la puerta del colegio con unas balanzas para verificar si la madeja de hilo, que depone cada india al entrar, tiene el peso exigido de cuatro onzas. A medida que van pasando instálanse las indias bajo los corredores para devanar el hilo: terminada esta operación, las vuelven a llamar por lista a fin de verificar nuevamente el peso y también la finura, dando de chicotazos a la que lo presenta demasiado grueso. Recibe luego cada india, en cambio de su ovillo de hilo, un pedazo de jabón fabricado en la misma misión. En Chiquitos ya no se castiga a las mujeres desde el tiempo en que administró esta provincia el gobernador don Marcelino de la Peña. En Moxos la codicia de los empleados ha perpetuado y aun multiplicado los rigurosos castigos impuestos a los indígenas, y por la menor falta o por el mero antojo de un administrador, de un cura o de un cacique, cuando no los atan a un poste los hacen tenderse de barriga para azotarlos. Hay ejemplos de indios que han sido castigados por haberse distraído y no saludado al cacique.

Como los ganados abundan en Moxos, cada quince días, en el día sábado, se hace una distribución de carne. Se matan regularmente desde quince hasta veinte animales, según la población de las distintas misiones.

Para proceder a esta distribución, instituida por los Jesuitas, conducen los pastores al matadero el número de animales que es menester; y después de haberlos degollado, hacen tantas porciones cuantas son las familias, colocando luego en hileras, sobre piebles tendidas por tierra, todas estas porciones. El cacique por un lado y los alférez por otro dan la voz a los intérpretes para que llamen por secciones, primeramente a todas las mujeres casadas, enseguida a las viudas, luego a las solteras y a los niños, que llegan a tomar su ración pasando por entre dos hileras de «fiscales» armados de un chicote para mantener el orden, el cual es estrictamente observado.

Divierte mucho en estas ocasiones el ver la familiaridad de los gallinazos, estos parasitos del hombre civilizado y del salvaje, que se acercan con una audacia increíble como si reclamasen también su parte, mezclándose con los indios y disputando muchas veces con ellos la posesión de un pedazo de carne. Uno de estos pájaros, que era el más atrevido de la banda, y muy conocido por algunas señales, particularmente por que cojeaba, asistía siempre a las distribuciones de Concepción. Apenas comparecía por el aire, saludábanlo con gritos de alegría todos los indios, para quienes era ya un objeto de diversión; así es que jamás se le hacia el menor daño. Este bien venido huésped no había faltado una sola vez en el espacio de diez años consecutivos, y estaba ya tan consentido que se llevaba la carne hasta de los canastos de los indios.

El día en que celebran la fiesta de la misión, se les dobla a los indios la ración ordinaria: los administradores gozan entretanto del privilegio de tener carne fresca cada dos días. Todo este consumo reunido al extraordinario que se hace para la provisión de las canoas, cuando viajan personas de alguna categoría, presenta en cada misión un total poco más o menos de quinientas a novecientas cabezas por año.

En la misión de Baures y en la del Carmen, todavía se observa una costumbre, ya enteramente olvidada en las otras misiones. Cuando llega algún viajero de distinción, todos los indígenas van a visitarlo el día domingo después de la misa, llevando cada cual un presente, que consiste en cacao, vainilla, pieles de mono, patos, gallinas, o en cualquier otra cosa que pueda llamar la atención del forastero, quien a su turno tiene que corresponder con otros regalos; mas si la fama abulta sus liberalidades, el pueblo entero se agolpa a sus puertas, y es menester valerse de un fiscal para poner fin a tal asalto de majaderías.

Las mujeres usan el tipoi[198] sin ningún adorno, pero de un tejido bastante fino; algunas lo suelen llevar pintorreado de negro. Los indios se visten lo mismo que las mujeres para asistir el domingo a los oficios religiosos: unos y otros dejan sueltas sus cabelleras que están empapadas en un aceite, cuyo olor, difundiéndose por toda la iglesia, incomoda a los extranjeros. Uniformados de tal manera hombres y mujeres, difícil es distinguir los sexos, sobros todo siendo estos indios enteramente lampiños. El traje ordinario que usan los jornaleros, se reduce a la camisa de corteza del bibosi, de que no ha mucho hice mención.

---

198 Véase la lámina 10.

En las misiones de Moxos, se emplea mucho más tiempo que en Chiquitos para las practicas religiosas. Los jóvenes van mañana y tarde a la iglesia, a instruirse sobre la religión: a los ocho de la noche se reza siempre el rosario en comunidad. Según la costumbre establecida por los Jesuitas, sacan el día sábado en procesión a la virgen María, y dan una vuelta por la plaza precedidos por un coro de danzantes adornados con plumas, y cuyo aspecto grave forma un singular contraste con sus ridículos atavíos.[199]

Es en la semana santa sobre todo cuando se puede tener una idea más completa de la exageración a que han llegado en Moxos los actos exteriores de la religión católica. El domingo de ramos todas las iglesias se encuentran dispuestas para los ejercicios de la semana, y adornadas con varios grupos de estatuas pintadas, representando las escenas de la pasión. La flagelación, la coronación de espinas, la vía sacra y finalmente la crucifixión, representadas por estos grupos, ocupan el medio de la iglesia; mas, como los Españoles han exagerado siempre todo lo que es ostensible en materias de religión, apenas se descubren formas humanas entre la multiplicidad de llagas y entre la sangre de que se ven cubiertas las imágenes del Redentor.

Después de las vísperas, una tropa de indios, vestidos como volatines con los colores más vistosos recorren toda la misión haciendo de judíos que van en busca de Jesús. Divídense para ello en varios grupos, y por donde quiera que pasan, se prosterna el pueblo delante de ellos. Por la noche vuelve a reunirse la tropa y se pone en marcha, acompañada de la música más triste. Los sonidos lúgubres de las cajas destempladas, y los tonos plañideros de las flautas y de otro instrumento que produce ciertos sonidos de «trémolo», forman un acorde musical tristísimo. Este instrumento, que se sopla de una manera particular y que solo se emplea en esta circunstancia, se compone de un tubo largo, cuya extremidad esta cubierta por una grande calabaza.

Llegado el miércoles santo, guardan todos los habitantes el ayuno más riguroso, es decir, que se abstienen absolutamente de tomar un solo bocado; esto es a lo que llaman ayunar al «traspaso».

---

199 Esta costumbre de bailar delante de las procesiones, con la cabeza cubierta de plumas, es general en todo el Perú, y también sobre los altos llanos de los Andes.

El viernes santo se agolpan todos a la iglesia para oír el sermón de la agonía que empieza antes de las tres de la tarde: en el momento de sonar esta hora, llega el cura al punto en que espira el divino Salvador; la iglesia resuena entonces con los golpes de pecho mezclados a los ayes de dolor y a los arrebato de la desesperación se dan contra el suelo, se tuercen los brazos, se arrancan los cabellos, se hieren el rostro o se sacan sangre a fuerza de azotes. Por la noche sale la procesión llevando en andas los diferentes grupos de estatuas, y lodos todos los habitantes, sin distinción de edad ni de sexo, van con las espaldas desnudas dándose recios azotes con unas correas de cuero llenas de nudos: según las penitencias que se les ha prescrito, algunos indios se azotan con disciplinas guarnecidas de pedazos de vidrio o de clavos aguzados y en forma de gancho, que penetran en las carnes y que es menester arrancar con esfuerzos, haciendo correr la sangre en abundancia. Detrás de la procesión, que da una vuelta muy pausada en torno de la plaza, marcha una multitud de penitentes; los unos arrastrando con sumo trabajo enormes y pesados leños por medio de sogas atadas a la cintura, y las que propósito están cubiertas de gruesos nudos que se meten en las carnes; los otros, andan de rodillas, llevando al mismo tiempo sobre los hombros gruesas vigas a las que van amarrados sus brazos abiertos en cruz. Muchos de ellos, en consecuencia de la pérdida de su sangre y de la total abstinencia de alimento, se quedan desmayados sobre el sitio. Los indios de San Javier y los de Trinidad son los más fanáticos de toda la provincia: en esta última misión, un indio anciano se presta voluntariamente para representar a Jesús, y el jueves santo sale atado a una columna, y escoltado por una tropa de judíos armados de lanzas, de azotes y de otros instrumentos de suplicio, con que es torturado sin misericordia en las cuatro esquinas de la plaza. Don Matías Carrasco, gobernador que fue de la provincia, habla en estos términos, en su «Descripción sinóptica de Moxos», pág. 20. En la época de la cuaresma hacen estos naturales penitencias públicas, y es tanto lo que se azotan, mortifican y maceran, que los mismos faquires de la India quedarían admirados. Las estaciones del jueves santo sigue un anciano que sacan de nazareno desnudo y amarrado a una columna escoltado de un piquete de judíos armados de lanzas, chicotes y otros instrumentos, que le aporrean, escarnian y lo azotan con mano feral.

Sorprende ciertamente tanta exaltación religiosa entre los indios de la nación de los Moxos al paso que en las otras naciones de la provincia se advierte mucho menos fanatismo. En las misiones de Chiquitos, fundadas igualmente por las Jesuitas, la ceremonias de la semana santa se hacen con la misma simplicidad que en Santa Cruz; y aun en las otras misiones de la provincia de Moxos, jamás han llegado a tanto semejantes excesos.

La antigua religión de los Moxos pudiera tal vez explicar esta circunstancia. Unos hombres que en su estado salvaje hacían voto de castidad y se imponían el más riguroso ayuno para obtener el cargo de sacerdotes del tigre; unos hombres a quienes la superstición impulsaba hasta el bárbaro extremo de inmolar a sus hijos y mujeres, debían naturalmente ser fanáticos bajo el régimen de un culto exagerado: debían serlo mucho más todavía, obedeciendo a unos eclesiásticos interesados en aumentar los abusos para tener sobre ellos mayor ascendiente que los mismos administradores, y para gobernarlos despóticamente por el temor de las rígidas penitencias que les imponían bajo los pretextos más pueriles. Por desgracia son muy comunes hoy en día semejantes abusos, y rara vez se encuentra un hombre de conciencia y de buen juicio entre aquellos que ocupan los empleos públicos de la provincia, donde por lo regular, el espíritu de especulación se antepone al deseo de mejorar la posición social de los indígenas. El sábado santo, el silencio más profundo reina en las misiones. Todo cambia de aspecto el domingo de pascua: cada familia saca la chicha fabricada de antemano para celebrar el regocijo de aquel día: se reparte doble ración de carne a todos los indios, que antes de la misa, pálidos y extenuados por tanto ayuno y penitencia parecen unos esqueletos ambulantes, arrastrándose apenas en vez de caminar. Acabados los oficios, una alegría sin límites reemplaza a tantas escenas de dudo, y ya no se oyen por todas partes sino risa y voces de contento; empero, tal es el efecto que produce la cincha sobre unos estómagos debilitados por la prolongada abstinencia, que por la noche casi no queda un solo indio sin haber perdido la cabeza. Los funestos resultados de estos abusos de todo género, deben tener indispensablemente una grande influencia sobre la salud de los habitantes; muchos de ellos permanecen largo tiempo enfermos en consecuencia de las penitencias de la semana santa y de los excesos del día de pascua.

La actual población indígena de la provincia aun se divide en diez naciones diferentes, que han conservado sus respectivos idiomas. La nación de los Moxos, con sus tribus adherentes (los Baures) no por ser la más numerosa ha llegado a dar su idioma a la provincia, como han dado el suyo los Chiquitos en la provincia vecina, que lleva también su nombre. Los Jesuitas trataron, sin embargo, de confundir las naciones para reducir los dialectos; pero no habiéndolo conseguido, cada nación conserva todavía su lenguaje; de lo cual también resulta que a excepción del cura, del administrador y de algunos indígenas intérpretes, nadie habla el castellano. Los curas y administradores se comunican con los indios por medio de intérpretes, a menos que los primeros no se sirvan, para los deberes religiosos, de ciertos formularios que dejaron los Jesuitas, en los que las preguntas y respuestas se hacen en las lenguas indígenas.

Un autor[200] ha dicho: Reducidos los Moxeños hace dos siglos a una vida común y monacal, sujetos todos a un gobierno, con unos mismos párrocos, una misma religión, casi con iguales habitos y costumbres, es muy extraño que no se hubiesen identificado en su lenguaje. «Los esclavos han hablado siempre como sus amos»; y los pueblos conquistados, perdiendo su idioma han aprendido el de sus conquistadores... Casi toda la Europa y la América forman el testimonio de esta verdad, y solamente los Moxeños hacen una excepción y presentan un fenómeno muy raro en esta parte.

El autor sienta en este punto un principio falso, sin embargo de tener a la vista, en su mismo país, numerosos ejemplos que destruyen su sofisma.

Si los pueblos, como él cree, toman siempre el idioma de los conquistadores, cómo es que en el espacio de tres siglos, no han podido los españoles extirpar las lenguas primitivas que hasta el presente se hablan en algunos puntos de América? Porqué, después de la conquista y a pesar de una dependencia de trescientos años, los habitantes de Cochabamba, de Chuquisaca y de Potosí, hablan siempre la lengua quichua; así como los indígenas de La Paz, de Oruro y de los altos llanos el dialecto aymara? —Sucede con las lenguas lo que con la civilización: es el número lo que determina su tardía o más pronta propagación. En Chiquitos los dialectos de la minoría han sido reemplazados por la lengua de la nación más numerosa; mas para

200 Descripción sinóptica de Moxos.

que sucediese otro tanto en Moxos, habría sido menester que una de las naciones se hubiese desparramado mucho más que las otras, confundiéndose en cierto modo con todas ellas. En general, para que un idioma se pierda, es indispensable que sea doble mayor el número de los individuos que hablan aquel con que se halla mezclado, y que trascurran además algunos siglos. La provincia de Moxos no se encuentra en semejante caso respecto del castellano; pues apenas hay en ella de treinta a cincuenta personas que hablen este idioma europeo, entre más de veintidós mil indígenas que se sirven hasta el presente de varios dialectos americanos.

Debe igualmente equivocarse el mencionado autor en creer que los Jesuitas hayan empleado este medio por que —era de temer en efecto que pueblos salvajes y feroces entendiéndose y comunicándose mutuamente, conociesen sus cadenas, y las rompiesen muy presto—: al contrario, enseñaron el español estos religiosos en cada una de sus misiones, de lo que dan testimonio los documentos de aquella época; y no solamente esto, sino de que trataron de generalizar una de las lenguas indígenas, como lo practicaron en la provincia de Chiquitos extinguiendo los diversos dialectos que se hablaban en ella. Si no pudieron hacer otro tanto en Moxos no ha sido pues por falta de voluntad y de reiterados esfuerzos.

Halléme por acaso en Trinidad en una de las ocasiones en que bajan a esta capital todos los administradores de la provincia, conduciendo los productos anuales de sus respectivas misiones. Esta reunión fortuita de indígenas de todas las naciones del país fue la única oportunidad que se me presentó para poder comparar de hecho los rasgos y demás circunstancias físicas que caracterizan a las diferentes naciones establecidas en el territorio de Moxos. El cobarde Itonama parecía más enjuto al lado del robusto y feroz Canichana, al paso que el Cayuvava se distinguía por su fisonomía dulce y por su grave porte, hasta entre los Moxos y Baures que tienen los mismos rasgos. El lenguaje tan diverso de estos indígenas, naturales todos ellos de un territorio bastante limitado, presenta un fenómeno singular y misterioso. ¿Cómo explicar en efecto el que unos hombres, habitando una misma llanura cruzada en todos sentidos por caudalosas corrientes, vehículos naturales de comunicación, hayan podido aislarse tan completamente los unos de los otros, para que hablen unos idiomas, no solamente distintos, sino ajenos de la más pequeña analogía hasta en sus palabras? Si esta raza proviene, como es de creer, de las antiguas emigraciones que vinieron de diversos puntos del continente, cómo es que no se encuentran en sus variados dialectos algunas palabras que nazcan de las lenguas más generalizadas en otra parte? Semejantes reflexiones me han ocupado muy a menudo al oír producirse a la vez los distintos idiomas de estas naciones; el dialecto, duro y lleno de sonidos compuestos de consonantes, que hablan los Movimas, y el lenguaje dulce y armonioso de los Baures. Por lo demás, los vocabularios que yo mismo he redactado de cada una de estas lenguas, me han ayudado a conocer mejor sus grandísimas diferencias.

Hay actualmente en cada misión un maestro de escuela que enseña a leer y escribir el castellano; pero bien se calcula cuanto deben ser ineficaces sus esfuerzos, entre gentes que hablan un idioma distinto. Encuéntranse, sin embargo, algunos intérpretes que hablan el castellano con bastante facilidad y aun con cierta corrección, y entre ellos uno que otro que sabe escribirlo.

En general son aptos los indígenas de Moxos para toda clase de adelantos, y tienen muchísima habilidad para imitar las obras manuales, siendo por otra parte muy capaces de alcanzar a la más alta perfección moral. Hoy en día son poco próvidos; pero las relaciones comerciales y el contacto de la civilización no tardaran en hacerles conocer que deben serlo, forzándolos a dar este primer paso hacia la vida social. Todos ellos son por lo demás, activos, industriosos, de costumbres pacíficas, y sumamente dóciles cuando se les trata con bondad.

Muchas personas, no queriendo o no pudiendo estudiar los idiomas y las costumbres de los Americanos, se han contentado con adoptar, sin discutirlas siquiera, las ideas erróneas y sistemáticas de ciertos escritores. Cuando sepultaban los Españoles, por la mita, millares de indígenas en el seno de la tierra para el laboreo de las minas, despoblando el suelo del nuevo mundo por enriquecer a la península, era menester que de algún modo justificasen este acto de inhumanidad y de avaricia, demasiado ventajoso a la metrópoli para que fuese jamás abolido. En ese entonces publicó Diego de Avalos y Figueroa su «Miscelánea austral»,[201] en la que consideraba a los

---

201 Impresa por la primera vez en Lima, 1602.

pobres Americanos como a verdaderos brutos. Antonio Ulloa copia y exagera en sus «Noticias americanas»,[202] siempre con igual objeto, las mismas ideas, y presenta a los indígenas, como unos seres del todo irracionales, moviéndose y ejecutando las cosas maquinalmente. Dos autores europeos del siglo pasado, sin estar al cabo de los motivos que tenía el autor de las «Noticias americanas» para hablar tan poco lisonjeramente de los naturales de América, adoptaron sin examen sus mentirosos asertos. Pauw «(Recherches sur les Américains)» y Robertson «(Histoire de L'Amérique)» no solamente copiaron al pie de la letra las ideas de don Antonio Ulloa, sino que las exageraron aun, hasta el extremo de hacer de los Americanos unos entes, tan nulos en lo moral como en lo físico. Si tales ideas han prevalecido en el viejo continente, entre los llamados filósofos sistemáticos, poco solícitos en indagar por si mismos la verdad, debe parecer ciertamente mucho más extraño verlas caer de la pluma de un Americano, protector el más celoso de la libertad individual de los habitantes de Moxos. Para juzgar con la debida cordura sobre el estado de un pueblo, es menester vivir con él y seguirlo constante en todos sus pasos, familiarizándose para mayor acierto con sus costumbres y hasta con su lenguaje. Esto es por desgracia lo que no ha practicado el autor a que me refiero, dando una prueba de ello en la demasiada facilidad con que adopta el parecer injusto de Robertson.

No solamente se hallan dotados los indígenas de talento natural, sino que se reconocerá en sus lenguas, si se quiere tener el trabajo de estudiarlas, un grado de perfección, nada inferior a la esfera de sus conocimientos actuales.

Estos indios, excelentes padres de familia, soportan todos los ultrajes que se les quiere hacer, y cediendo a la autoridad despótica de los mandatarios que los rigen, se prestan muchas veces a ejercer actos inmorales, no sin escandalizarse y sentir amargamente la triste necesidad a que se ven sujetos. Son por lo regular sumamente sobrios, pero gustan de reunirse entre ellos para buscar la alegría, bebiendo con algún exceso la chicha de yuca o de maíz. Reina siempre la mejor armonía en el interior de las familias, que son sumamente hospitalarias para con los extranjeros; poro se han visto ya tantísimas veces correspondidas con procederes inicuos, que hoy

---

202 Impresas en Madrid, 1772.

en día desconfían de ellos con sobrada razón. Las mujeres, generalmente bonitas, tienen casi siempre la sonrisa en los labios.

Las viviendas de los indios forman cuerpos de edificio cuadrilongos, llamados «cuarteles», donde se alojan muchas familias en cuartos separados por simples tabiques. El maíz, la yuca, los plátanos, los zapallos, algunas frutas silvestres y un poco de pescado componen los alimentos ordinarios de estos naturales, a más de la ración de carne que se les da cada quince días. Los hombres se ocupan alternativamente, o en conducir a los viajeros y trasportar de un punto a otro los productos de las misiones, o en hacer tejidos y labrar los campos del Estado. Las mujeres hilan, tejen las hamacas, preparan el cacao, el algodón y el tamarindo, sin perder de vista sus quehaceres domésticos. Si no tuviesen que temer constantemente estas infelices los castigos y el azote de sus directores, gozarían, a pesar de lo mucho que se les hace trabajar, de una vida más blanda y llevadera que la de las mujeres de la clase artesana en la Europa civilizada.

En resumen, los habitantes de Moxos se encuentran regidos hoy en día, por lo que respecta a la parte religiosa, del minino modo que en tiempo de los Jesuitas; mas por lo tocante al trabajo, lejos de mejorar su condición, se han aumentado los gravámenes. Todo su tiempo se emplea en servicio del Estado, y apenas tienen quince días de soltura por año para sembrar y recoger sus frutos, teniendo además que procurarse ellos mismos sus vestimentas y otros objetos que les son necesarios, y de que no tenían que ocuparse bajo el gobierno de los Jesuitas. Su existencia es pues al presente la más menesterosa, y la relajación ha penetrado en sus costumbres.

Productos industriales

Los ganados introducidos por los Jesuitas en la provincia de Moxos se han multiplicado considerablemente. En 1830 presentó el administrador general el estado siguiente, muy inferior a la existencia positiva.

Del estado comparativo de 1825 hasta 1830 resulta un aumento considerable en la cantidad de ganados, y por lo tanto un progreso positivo que ha hecho la provincia de Moxos en este ramo; sin embargo de no estar comprendidas, en estas cantidades, como diez mil cabezas de ganados salvajes que pueblan las llanuras del Carmen, y otras tantas, poco más o menos, que se pudieran contar en los desiertos vecinos a la misión de Reyes.

Los ramos de beneficiación agrícola, cuyos productos concurren a aumentar las entradas del erario, son los que siguen.

Los algodonales, que se cultivan en cada misión solamente por cuenta y provecho del Estado. Con la practica de un método particular de cultura, introducido por los Jesuitas, se ha llegado a obtener un algodón, suave como la seda, lustroso y sumamente fino. En lugar de plantar el algodonal, y de dejarlo crecer naturalmente, como se hace en el Perú, todos los años se renuevan los tallos de la plantas cortándolos a raíz de la tierra; resulta de este proceder que las vainas producidas por los gajos del año, contienen un algodón de excelente calidad. Las mujeres recogen, despepitan, e hilan luego con husos todo el algodón para tejer enseguida las hamacas. Los hombres se sirven de bastidores para los tejidos cuya ejecución les esta destinada; estos tejidos consisten en «lienzo, cotonia, listadillo, manteles sin costuras, medios manteles, paños de mano, pañuelos de pescuezo, ponchos, sabanas, sobre mesas, servilletas, cortes de vestidos, medias», etc. Las sobre mesas llevan por adorno dibujos hechos a la pluma y coloreados con pincel. Estos dibujos, sin embargo de hallarse bien distantes de tener la regularidad del estampado, dan más valor al artículo por el trabajo de mano, que no deja de ser prolijo: el gusto de ellos es enteramente de principios del siglo pasado, pues hasta ahora se copian los diseños de la invención de los Jesuitas. Como todos estos tejidos son de la propiedad exclusiva del Estado, se ha prohibido absolutamente a los indígenas el hacer su comercio. Entre tanto, los administradores y los curas atienden principalmente a este ramo productivo, por ser el más considerable de la provincia; y puede asegurarse que sus productos son doble mayores de lo que se indica en los estados anuales; pues como dejo dicho en varios puntos, casi todos los empleados reservan para sí una parte de las rentas del Estado en perjuicio de los infelices indios.

El cacao es el artículo comercial que se beneficia con más provecho después del algodón. Cada misión tiene sus plantaciones; y como los cacahuales no crecen sino a la sombra, plantan primero, en los terrenos destinados a su cultivo, una huerta de plátanos: cuando estos han llegado a cierta altura, siembran al pie de cada uno el cacao, que no tarda en brotar, y crece luego con tanto más prontitud cuanto que se halla protegido por la sombra del plátano, dando frutos a los cinco años de su plantación. En Guarayos donde la tierra es más fértil, los cacahuales producen frutos a los tres años. La flor en vez de mostrarse en el remate de las ramas, como en las plantas ordinarias, brota del tronco y de los gajos más gruesos,[203] dando luego un fruto cuya pulpa es gustosísima al paladar. Las mujeres están encargadas de recogerlo para descascararlo y ponerlo a secar; y más tarde, después de tostado y molido, lo convierten en pasta. La arroba de cacao, preparado de este modo, vale doce pesos, y seis cuando se vende en pepitas. A más de los cacahuales del Estado, cultivan los indios para sí algunos plantíos, pero en cantidad muy exigua. Las riveras del río Ivari producen también cacahuales silvestres que rinden abundantes cosechas.

Los indígenas recorren de tiempo en tiempo los numerosos bosques con el objeto de recoger la cera de abejas (del género «melipona»), que abunda en aquellas comarcas. Después de preparada la materia primera con solo exponerla al aire, resulta una cera bastante fina, que despide un aroma muy agradable cuando se echa en el fuego una pequeña cantidad. En 1830 se recogieron veintisiete arrobas.

El tamarindo plantado en las misiones rinde una cosecha abundante, que se lleva a las montañas donde lo emplean como un remedio. En 1830 se cosecharon cincuenta y siete arrobas, vendidas luego a razón de diez y ocho pesos por arroba.

La vainilla se cría silvestre en medio de los bosques, a donde van los indios a recogerla algunas veces. En 1828 se vendieron por cuenta del Estado ocho libras al precio de seis pesos la libra.

La caña de azúcar, que da ricos productos, no se beneficia sino para el consumo de los empleados.

El café se cultiva en algunas misiones. En 1830 se recogieron cuarenta y seis arrobas vendidas a seis pesos por arroba.

La grasa de los ganados que se matan anualmente para abastecer a las misiones de la provincia, es también un artículo productivo de exportación.

---

203 «Véase la lámina 2.»

La cantidad expedida en 1830, fue de mil ciento setenta y tres arrobas; y vendióse cada una al precio de tres pesos.

Se extraen de los bosques varias clases de aceite: 1.ª el aceite de las almendras que produce un árbol gigantesco; este aceite se vende a ocho pesos la libra; 2.ª el aceite llamado «María», de igual precio que el anterior; 3.ª el aceite de copaiba, que se exporta a razón de seis pesos la libra.

También se curten los cueros para la exportación. En 1830 se vendieron trescientas cincuenta y tres suelas enteras, a un peso cada una.

El tabaco, que se cosecha algunas veces, produjo en 1828 cuatrocientas libras vendidas al precio de un real por libra.

Fabrícanse además infinidad de pequeños objetos de madera con embutidos de nácar, etc., cuyo producto jamás se registra en estos estados, siendo como un privilegio de los empleados el disponer de ellos para regalarlos a sus protectores.

Los estados siguientes, presentan en resumen, los productos obtenidos en 1830, según cuenta dada por el gobernador al ministerio de hacienda.

Esta planilla demuestra la desigualdad que existe en la distribución de los trabajos, y da a conocer que no siempre están los productos en conformidad con la población respectiva de las misiones. Por lo demás, la cantidad de productos bien puede ser doble mayor, sin aumentar por esto las rentas del Estado, siendo evidente que los empleados sacan siempre, de cualquier exceso resultante, un provecho particular en detrimento de aquellas.

Las planillas que siguen presentan los productos comparativos de la provincia en los años de 1823 y en los siguientes hasta el de 1830, inclusive.

A pesar de la grande intermisión que se advierte en las rentas de la provincia durante el transcurso de estos seis años, existe una mejora progresiva. Entre tanto, no debe darse crédito a las sumas inscriptas en los recaudos; pues no son ellas sino la tasa convencional del precio a que se apropian los empleados las diferentes mercancías en pago de sus sueldos, y de ninguna manera el valor real que estas producen cuando son adjudicadas a otros compradores. Después que cada empleado ha tomado una parte de los efectos en cobro de su sueldo, el sobrante se expide para

Santa Cruz, donde se vende por cuenta del gobierno; quien a título de socorros da en cambio, cada año, cuatrocientos panes de sal, doscientas frezadas de lana, dos mil libras de hierro, trescientas de acero, cuatrocientos cuchillos, algunas resmas de papel, un saco de harina y setenta libras de vino para los oficios de las iglesias. Bien se calcula cuan insuficientes deben ser tales porciones para una población de veintitrés mil almas.

A más de las plantas productivas para el Estado, cultivan los habitantes de Moxos para el consumo de la provincia, todas aquellas que son propias de las regiones cálidas, como el arroz, el maíz, el maní, los porotos, los zapallos, la mandioca, los camotes, los papayos, los ananaes, el naranjo y los plátanos.

Productos naturales

La provincia de Moxos, en razón de la elevación de su temperatura, ofrece todas las producciones naturales de los países cálidos del centro de la América. Sus bosques están poblados de diversas especies de monos cuyas pieles son verdaderamente magníficas; de números ciervos que se prestan a la caza con mucho provecho; de gran-bestias, abundantes sobre todo al este de la provincia, y cuyo cuero, muy conveniente por su duración y flexibilidad para los arneses de los coches, sería de mucha importancia en el comercio. Los «pericolígeros» son también notables por su piel, de la que se sacarían grandísimos provechos.

La caza en general no puede ser más abundante. Los bosques contienen millares de pájaros, lo mismo que las llanuras, donde para darles caza se les persigne a pie o en canoa, según las estaciones.

Siendo tantísimos los ríos y lagos, el pescado abunda de tal manera, que bastaría él solo para satisfacer una gran parte de las necesidades de los habitantes de Moxos, si conociesen estos un método cualquiera para hacer una pesca regular. Los ríos están llenos de conchas que contienen un nácar tan lustroso y brillante como el de las madre perlas de las Islas Oceánicas y de Panamá.

Las maderas de carpintería y ebanistería son numerosas y variadas, así como las palmeras que guarnecen las orillas de todos los ríos, y entre las que se distingue «el totai», recurso principal de los indígenas en los tiempos de penuria. Las hojas de las palmas, motacú, sumuque, totai y cucis, sirven para techar las casas de los indios o para tejer sombreros y otros objetos. El tronco del carondai se emplea en la construcción de techos sólidos, dándole para ello el corte y forma convenientes. La palma denominada chonta, es utilísima por la dureza de su madera negra y hermosa: otras muchas palmeras, entre las que señalaremos el marayahu, dan frutos jugosos y agradables, como dan también el motacú, totai y cucis sus excelentes aceites de coco. El corazón de todos estos arboles puede suministrar además un alimento sano y gustoso.

Hay infinidad de arboles y de plantas que destilan resinas y aceites diversos, aplicables a la industria: los indígenas para teñir los objetos de amarillo, rojo y negro, se valen de algunos simples que les son particularmente conocidos. El añil se cría por todas partes en los terrenos a donde no alcanzan las inundaciones. El copaibo es muy común, así como el salsafras, el guayacán o palo santo, etc.

Comercio

Siendo el comercio actual de la provincia, como ya lo dije, casi exclusivamente una atribución lucrativa del Estado, apenas se determinan a bajar una vez por año a su mercado, algunos especuladores de corto capital, ya sea por vía de Cochabamba, ya sea por la de Santa Cruz; pero más frecuentemente por este último punto, que es el más ventajoso para los mercaderes por la mejor acogida que se les da.

Los comerciantes que desean entrar a la provincia con efectos de venta, mandan pedir canoas, que se les envían inmediatamente a Cuatro Ojos, puerto de Santa Cruz, o a Yuracares, puerto de Cochabamba. Los derechos impuestos a estos comerciantes son de dos hasta 10 %: deben pagar además por su alojamiento y manutención en mesa redonda, un real diario: cuando se sirven de las canoas para pasar a otros puntos, el jornal asignado a cada remero es de tres reales. Todo esto se paga en mercancías al precio corriente admitido en la plaza, el cual es tres veces mayor que el verdadero y racional; un pan de sal, por ejemplo, representa dos pesos, una frezada, cuatro, etc., etc.

Los efectos más vendibles son; el hierro; el acero; las frezadas de lana; las herramientas de agricultura, como hachas, machetes, palas, etc.; la sal;

los géneros de algodón; el hilo de lana de varios colores; las «chaquiras» o cuentas, principalmente las amarillas; los rosarios; las medallas de plata o la plata sellada que los indígenas se cuelgan al cuello en vez de medallas; los cuchillos de cabo de palo; las tijeras ordinarias; los pañuelos de algodón de colores muy vivos, etc., etc.

Según el sistema actual, los empleados se empeñan en neutralizar el ingreso de mercancías por Cochabamba, con el objeto de reservar a Santa Cruz solamente el comercio con Moxos; limitándose este, hasta el presente, a las simples permutas sobre valores supuestos; pues aun no ha entrado a circular el dinero en las plazas de la provincia. Cuando los negociantes quieren acopiar algunos frutos, se encaminan directamente a la capital en la época en que bajan a ella de costumbre los administradores, conduciendo los productos anuales de sus respectivas misiones. Todos estos empleados venden entonces las mercancías que han recibido en pago de sus sueldos, mientras que los indios efectúan también algunas negociaciones, dando sus cosechas de cacao en cambio de diversos artículos cuyo valor positivo es para ellos totalmente desconocido: en tales actos emplean toda su astucia los comerciantes para engañar a los indios, quienes por su parte toman mil precauciones para no ser engañados; contienda muy desigual ciertamente. Para medir porciones de cacao sírvense los indígenas de una calabaza pequeña, llamada «herepo»; medida equivalente poco más o menos a dos libras de pepita: antes de proceder a la permuta, cada efecto extranjero se estima en tantos herepos. Mediante este trafico, el número de arrobas de cacao que se exporta cada año, es cuando menos de cinco mil.

Los otros productos que se benefician hoy en día, consisten; en cueros de vaca o de animales selváticos, artículo de poco valor hasta el presente; en cera, añil, vainilla, azúcar, café; en maderas de ebanistería; en palo de teñir; en aceites de coco y de copaibo; en diversas resinas, de copal, incienso, etc., etc.

Actualmente solo se comercia en Moxos con el departamento de Cochabamba, y más particularmente con el de Santa Cruz, cuyos prefectos han prohibido casi siempre las comunicaciones y relaciones comerciales con la provincia de Chiquitos.

El comercio con Santa Cruz de la Sierra, que a decir verdad es el único regular y activo, se practica subiendo, ya por el río Piray hasta el puerto de los Cuatro Ojos, ya por el río Grande hasta Payla o Bibosi, que dista como ciento cincuenta leguas de la misión de Loreto. El primero de estos ríos tiene algunas cachuelas, difíciles de salvar en tiempo de seca, pero que desaparecen en la estación lluviosa: el secundo alarga demasiado la distancia por sus muchos rodeos.

El comercio con el departamento de Cochabamba es casi nulo, y jamás se ha pensado hasta el presente en lo fácil que sería entablar algún comercio con los Brasileros del fuerte de Beira, o con los del Para bajando por el río de Madeiras.

Sin embargo, en las actuales circunstancias los saltos y numerosas cascadas de este río presentan grandes dificultades para su franca navegación, de la que daré aquí una ligera reseña a fin de que puedan apreciarse hasta cierto punto semejantes dificultades. Más abajo de la confluencia del Mamoré y del Guaporé, es dable navegar por el espacio de algunos días sin hallar el menor embarazo, partiendo del punto ya indicado en el camino que se lleva para ir de San Joaquín a Exaltación por el vehículo de estos ríos. Hacia el décimo grado se encuentra el punto de reunión del Iténes con el Mamoré,[204] y no lejos de allí una isla, especie de roca bastante elevada y espaciosa donde se puede construir un fuerte. Desde este punto hasta la embocadura del río de Madeiras se cuentan doscientas sesenta leguas; en las sesenta primeras se tropieza con doce cascadas o cachuelas.

1.ª La primera cascada, que lleva el nombre de «Madeira», se encuentra un poco más abajo de la isla mencionada, y esta formada de tres saltos o gradas que abrazan media legua de largo. Para salvarla es menester descargar las canoas, e irlas tirando con sogas por el espacio de seiscientas varas.

2.ª Media legua más abajo se tropieza con la de la «Misericordia». El trabajo que cuesta al navegante el pasaje de esta cascada, así como los riesgos a que lo expone, dependen de la altura del río.

---

204 Aquí se reconoce cuan erróneos son los mapas de Brué, pues se ve en ellos prolongarse el giro del río Beni hasta el Yucavali. Yo he sido el primero en rectificar tal error en 1834.

3.ª Otra media legua más adelante, se presenta la cachuela de «Ribeirao», formada de cinco saltos que ocupan el espacio de legua y tercia. Para pasarla, descargan los viajeros sus canoas, trasportando las mercancías sobre los hombros por un tiro de tres mil varas, al mismo tiempo que remolcan la embarcación aligerada, o la arrastran por tierra.

4.ª Cuatro leguas más abajo se encuentra la cascada de «Figueira», formada de islotes y de rocas que no se pueden salvar sino a impulsos de un grande trabajo y de mucha maña.

5.ª Preséntase luego la de «Pederneiras» doce leguas más adelante, punto en donde el río esta lleno de peñascos que se manifiestan a flor de agua, poniendo al navegante en la necesidad de descargar la embarcación para remolcarla, mientras se llevan las mercancías por tierra, andando un trecho de cuatrocientas ochenta varas.

6.ª Tres leguas más lejos se tropieza con la cachuela de «Paredao», donde se estrecha el río y corre rápidamente por entre rocas; pero por corto trecho.

7.ª Seis leguas después, se encuentra la de los «Tres hermanos», formada por algunos saltos de poca importancia que abrazan un cuarto de legua, sin ser de grande estorbo para la navegación.

8.ª Ocho leguas más abajo se presenta la cachuela de «Giran», donde siendo muy angosto el río y estando encajonado entre dos cerros, corre con tal rapidez que es menester descargar las canoas, sacarlas a tierra y arrastrarlas por una distancia de cien varas. Compónese esta cachuela de cinco saltos muy cortos.

9.ª Sigue luego la cachuela «del Infierno», distante legua y media de la anterior: esta cachuela, que tiene como una legua de largo, se compone de un cierto número de remolinos, sumamente peligrosos, y cuyo tránsito exige mucho tino y grandísimo trabajo.

10.ª Seis leguas después se presenta la cachuela de los «Morrinhos», denominada así por la circunstancia de estar situados a poco trecho de allí, sobre la ribera occidental, tres pequeños morros cubiertos de zarzaparrilla.

11.ª Cuatro leguas más adelante, se encuentra la cachuela de «Theotonio», que es un resalto de rocas de veintiséis pies de altura, en donde las aguas repartiéndose en cuatro brazos muy anchos, pasan con suma rapidez por entre las hendiduras de la roca. Sobre la ribera oriental, en frente de este soberbio dique se ve un conjunto de peñascos, cuyo remate occidental estando cerrado, hace que se reúnan en un estrecho las aguas de los tres canales, entre la extremidad de las rocas y la ribera izquierda del río. Hay pues que sacar indispensablemente a tierra las embarcaciones y arrastrarlas con muchísimo trabajo por un trecho de quinientas varas.

12.ª A poco más de una legua se tropieza con la cachuela de «San Antonio», donde pasan las aguas divididas en tres canales formados por dos islotes de rocas. Es menester descargar las canoas para poder salvar este paso. Esta cachuela, la primera que se presenta a los viajeros que navegan río arriba, esta situada bajo los 8 grados 48 minutos de latitud sur.

Empléanse por lo regular tres meses en subir desde esta cascada hasta el Guaporé. Desde la cachuela de San Antonio hasta la embocadura del río de Madeiras se cuentan más de treinta islas, que tienen generalmente tres leguas de largo, y se hallan pobladas de arboles los más hermosos: hay además una infinidad de islas de menor tamaño; la más grande, entre estas, es la llamada de «las Minas», que se extiende como dos leguas y media a lo largo y cuyo ancho es poco más o menos de una legua: esta isla se encuentra situada diez y siete leguas más abajo de la embocadura del río de «Marmellos».

Las aguas del río de Madeiras y del río negro forman el río Marañon, que tiene una legua de ancho en los puntos donde no hay islas, pues abraza dos y a veces más en aquellos donde las hay. Sesenta leguas más abajo del río de Madeiras, yendo en derechura, o noventa, siguiendo las sinuosidades, viene a reunirse al Marañon el famoso río de «Tapajoz»; y sesenta leguas más abajo de este último, el río «Xingú», también muy caudaloso, y que baja de la provincia de Cuyaba.

El Marañon o Amazonas sigue luego enganchándose progresivamente hasta arrojarse en el mar.

«Mejoras administrativas y morales de que la provincia es susceptible».

Siendo ahora la provincia de Moxos cabeza de un departamento, es probable que prosperara sin interrupción bajo todos respectos y en todos los ramos; particularmente si cuida siempre el gobierno de encomendar su prefectura a hombres instruidos y capaces de hacerla marchar de frente, introduciendo en ella desde luego, y a la vez, todas las mejoras posibles.

Es ante todo indispensable reformar los abusos religiosos que he señalado; pero es menester obrar a este respecto con el mayor tino, y tomando las mayores precauciones a fin de no hacer pasar a los indígenas de un extremo al otro; de sus creencias fanáticas a una irreligión completa. Todas las reformas de esta especie no deben introducirse sino muy poco a poco, sin valerse de reglamentos absolutos, y haciendo que la transición sea insensible hasta lo sumo. El medio más eficaz sería de colocar en estas misiones eclesiásticos instruidos, que hiciesen sobresalir la sana y bien entendida moral del catolicismo en las creencias religiosas de los Moxeños, aboliendo sucesivamente las penitencias exageradas y los castigos sangrientos, indignos y ajenos ya del ilustrado siglo en que vivimos. Entre tanto, no dejaría de ser perjudicial, a mi modo de ver, que la administración civil se mezclase ostensiblemente en la ejecución de estas reformas, pues sería de temer que llegando los Moxos a despojarse de ese fondo de religión que los mantiene en el buen camino, se corrompiesen del todo. Por último, la ejecución de semejante reforma es sumamente difícil, y requiere todo el tino, toda la sabiduría de un gobierno ilustrado, que deberá conducir el carro de las mejoras con la mayor mesura y precaución posibles.

La reforma administrativa no exige menos tacto y prudencia. Un pueblo que ha vivido, durante casi dos centurias, acostumbrado al más humilde servilismo, y a no poseer cosa alguna en propiedad, no puede pasar de un golpe a la independencia completa sin exponerse a mayores males que los que se trata de remediar. Sería pues menester colocar al mismo tiempo, en cada misión, un hombre capaz de enseñar con el debido cuidado a estos infantes de la civilización a dar los primeros pasos hacia la libertad de acción, hacia la propiedad individual, y sobre todo, hacia las relaciones sociales que determina esta mutación de cosas. Entretanto, es evidente que si el comercio en toda su actividad no viene a impulsar a los Moxeños, a estimularlos al trabajo para adelantar su industria, haciéndoles conocer al mismo tiempo ciertas necesidades que todavía ignoran, siendo demasiado sobrios por naturaleza, y muy poco ambiciosos, abandonarían ciertamente toda ocupación lucrativa tan luego como se viesen libres; y resultaría de este hecho, en vez de la civilización quizás su mayor entorpecimiento. Hay que considerar además una circunstancia importantísima; y es que los habitantes de Moxos no son otra cosa que simples artesanos, y que esta clase de individuos, aun en la misma Europa, no puede hacer progreso alguno sino bajo la dirección de hombres instruidos y capaces de entablar toda género de mejoras. Es necesario que un pueblo se vea ya en un alto grado de civilización para sujetarse al trabajo fabril; así es que los Moxeños, viéndose libres antes de que se estableciesen manufacturas en la provincia para ocupar los brazos, acabarían, lo repito, por perder lo poco que saben hoy en día, al mismo tiempo que sus habitos industriales. Esta es una de las más altas cuestiones de economía política que el gobierno sabrá probablemente apreciar como es debido, tomando medidas que redunden en provecho del interés general de los habitantes, al paso que tiendan al adelanto del país.

Volviendo siempre al mismo tema, insisto y creo que las frecuentes relaciones determinadas por el comercio, así como el continuo contacto de las naturales de Moxos con hombres que les sean superiores por la educación, las costumbres y la industria, pueden solamente operar entre ellos poco a poco una reforma natural y positiva; en tanto que, toda medida fuera de tiempo, traería quizás resultados bien funestos. Urge pues ante todo fomentar el comercio, aboliendo ciertas imposiciones para facilitarlo; y entonces, los Moxos, conociendo lo que valen, y lo que pueden hacer para procurarse el bienestar, se civilizaran y marcharan hacia un estado social próspero y estable.

Para ayudarlos en esta marcha progresiva, es indispensable establecer, como ya lo ha practicado el actual gobierno, escuelas en donde se enseñe, no solamente la lengua castellana, sino también las matemáticas y el dibujo, con el objeto de hacer que marchen juntas, la instrucción moral, industrial y comercial. Para estimularlos al estudio sería preciso, allí más que en ninguna otra parte, distribuir como una recompensa honrosa premios proporcionados al talento y a la índole de los individuos, toda vez que hubiese algunos que se distinguiesen por cualquier clase de méritos. Es necesario no perder de vista que los Moxeños son unas criaturas grandes, y que se conseguirá de ellos todo cuanto se quiera, con tal que la voluntad de bien obrar sea oportunamente recompensada de algún modo.

Una de las medidas indispensables para la mejora de esta provincia, es muy particularmente la que tenga por objeto el evitar la mortandad de las criaturas, y la peste de viruelas que ataca a los adultos.

Semejantes males diezman la población, cuando debería acrecerse considerablemente por las condiciones tan favorables bajo las que se encuentra colocada. Es pues de absoluta necesidad dar asiento en cada cantón a un facultativo pagado por el gobierno y encargado de administrar los preservativos de sanidad correspondientes.

Los curas, a quienes su ministerio pone más en contacto con el pueblo, deberían tomar a su cargo el propagar la vacuna, y en las epidemias, vigilar constantemente las acciones de los indios a fin de impedir que salgan estos de sus casas para ir a bañarse, como lo hacen siempre, comprando con la vida un pasajero alivio. Podría encomendarse también a los curas, el cuidado de tomar las mayores precauciones para preservar a las criaturas recién nacidas de la acción del viento sur, tan pernicioso en esta provincia como en la de Caupolicán.

Siendo un deber natural de toda sociedad prestarse con algún sacrificio para tomar medidas conducentes a su mejora y bienestar, nada más justo que el empleo de todos los medios que para llevarlas a efecto fueren menester; aun cuando esto exigiere la imposición de fuertes contribuciones, pues que de otro modo muy difícil sería hacer frente a los numerosos gastos. Empero, poco gravosas serán estas contribuciones si se reparten en una proporción la más equitativa, y con la mesura y el discernimiento convenientes.

A medida que un país adelanta en civilización, crecen también por grados sus imposiciones; mas estando entonces juiciosamente penetrado el contribuyente de los motivos que determinan estos nuevos gravámenes, se aviene a soportarlos con tanta más solicitud, cuanto que disfruta el mismo de la parte que por ello le cabe en la suma de beneficios sociales.

«Mejoras agrícola, industrial y comercial de que la provincia es susceptible.» La provincia de Moxos tiene en sí todos los elementos de mejora, aplicables a los ramos de agricultura, de industria y de comercio.

Citaré entre estos, aquellos que pueden recibir principalmente una impulsión nueva y más productiva.

El objeto principal, indispensable por cierto para la cría de ganados, para la agricultura, y aun para la salubridad, sería la construcción de pequeños canales, tan fáciles de abrirse en una tierra en extremo blanda. Estos canales, sirviendo para el pronto derrame de los bañados, harían que se agrandase considerablemente la superficie beneficiable.

Para aumentar las tierras bastaría practicar de trecho en trecho algunas sangrías, según lo juzgasen conveniente los ingenieros, en vista de la nivelación. Esta medida es acaso una de las más urgentes, pues que contribuiría a duplicar los recursos y a disminuir la mortandad de los habitantes.

En casi toda la América meridional, las haciendas están muy atrasadas respecto de las medidas de fomento para la cría de ganados. Los animales viven abandonados y andan errantes, sin que jamás se les procure algún seguro bienestar. En Moxos, en los parajes intermedios entre los ríos, los terrenos están enteramente desprovistos de agua durante las secas, y los ganados se resienten muchas veces del sufrimiento que esta circunstancia les acarrea; mientras que en las estaciones lluviosas, se ven forzados a buscar un abrigo sobre los pocos y estrechos puntos no invadidos por las aguas, viviendo allí comprimidos y casi faltos de alimento; así es que se les ve bajar trabajosamente a los bañados para pacer una parte del día, y volver después al estrecho rodeo donde no tienen espacio bastante para echarse y rumiar cómodamente. Grande es pues la mortandad de los ganados en ambas estaciones; cosa que muy fácilmente se evitaría estableciendo depósitos de agua en algunos puntos, y canales de desagüe en muchos otros. En aquellos lugares todavía no ha entrado el arte a dar ayuda a la naturaleza, por cuya razón no se sacan de Moxos ni aun la mitad de los beneficios que puede producir esta tierra virgen y privilegiada. La ejecución de las mejoras que acabo de indicar, multiplicaría pues considerablemente el ganado vacuno, que componiéndose hoy en día de más de ciento veinte mil cabezas, procrearía en cada año una mitad más de su número. Las grasas y los cueros darían entonces una renta muy crecida a los particulares y al erario.

Aunque la cría de caballos sería más apropiada, por varias razones, a la provincia de Chiquitos, es menester no perderla totalmente de vista en la provincia de que nos ocupamos: por el contrario, habiendo ya en ella más de veinticinco mil caballos, sería muy conveniente cuidar de su mejora y aumento; lo que se conseguirá más fácilmente, cuando se dilaten los terrenos de pastoreo con el establecimiento de los canales de desagüe. Estos animales criados en las llanuras pantanosas, fortificaran sus vasos tan luego como se les traslade sobre las montañas, donde el suelo pedregoso modificara sin duda alguna sus habitos.

Lo que digo de los caballos es también aplicable a la cría de mulas, industria aun no conocida, y que debiera introducirse sin pérdida de tiempo, a fin de economizar las sumas de dinero que todos los años hace salir de Bolivia la introducción de estos útiles cuadrúpedos, traídos de Salta, Tucumán, Santiago del Estero, etc.

En 1830 había ya en Moxos como setecientas setenta y cuatro ovejas: por poco que se cuidase del fomento y propagación de este ganado, se obtendría muy pronto lana suficiente para proveer a los telares; y entonces, no solamente se abastecería por sí misma la provincia de frezadas de lana, que les llevan los comerciantes, sino que fabricaría, en vez de géneros de algodón, tejidos de lana mucho más ventajosos para su comercio.

En un país, cuyo territorio es inmenso, pudiera criarse mayor número de cerdos con solo dejarlos pacer en los alrededores de las haciendas, de modo que sin ocuparse mucho de ellos, se multiplicasen para dar abasto de provisiones a los navegantes en las expediciones apartadas, salando al efecto su carne, como en Europa se practica para el consumo de las tripulaciones de la marina de guerra y de la marina mercante.

La cera de las abejas daría también resultados no poco lucrativos; sin embargo de que, para tener un excelente alumbrado, bastaría entablar en la provincia una fabrica de bujías, aprovechando el sebo que se desperdicia anualmente en los mataderos.

El añil de diversas especies, crece naturalmente en los parajes menos anegados, sin que se piense en utilizarlo de algún modo. Esta planta abunda particularmente en el país de los Yuracarees, y su calidad es superior.

El cultivo de la vainilla, que se cría silvestre en el interior de los bosques, sería sumamente ventajoso para el comercio con la Europa, donde se hace un inmenso consumo a pesar de su crecido costo. Lo mismo digo de los otros arboles que suministran drogas y especias muy estimadas, tales como la canela, el clavo, la nuez moscada, el jengibre, etc.

Las plantaciones renovadas del tamarindo, rendirían con poquísimo trabajo cosechas abundantes, al mismo tiempo que formarían hermosas alamedas en las cercanías de los lugares poblados.

El cacao que ya se cría silvestre en los bosques vecinos a Trinidad, debería plantarse, puesto que nada cuesta, en todos los bosquecillos que se encuentran a cada paso en el territorio de la provincia; preparando de este modo, para el porvenir, rentas naturales al igual de las de Caupolicán.

El café es también susceptible de una nueva impulsión, y centuplicaría sus productos con un método de cultura bien ordenado. Otro tanto sucedería con el maíz, el arroz, etc. La provincia de Moxos convendría finalmente para el cultivo de toda especie de plantas tropicales.

La caña dulce brotaría, sobre todo en esas llanuras anegadas, con un vigor prodigioso y rendiría productos considerables; y cuando las comunicaciones entre Moxos y los departamentos de Cochabamba y de La Paz se hiciesen más fáciles y frecuentes, habría mercados seguros y ventajosos para el despacho de los azúcares, de que hoy en día carecen estas ciudades, haciendo traer del Cuzco la mayor parte de los necesarios para su consumo, sin poder evitar que se sustraiga en cambio el numerario de Bolivia para enriquecer al Perú.

Jamás se han empleado las maderas de Moxos sino en los pequeños trabajos de ebanistería que hacen los indígenas con incrustaciones de nácar; y bien pudiera sacarse de ellas un partido ventajoso remitiéndolas a Europa, o llevándolas a los departamentos de las montañas; pues a más de ser abundantísimas son de la mejor calidad.

La goma elástica, que crece naturalmente en las selvas, constituye hoy en día un ramo importante del comercio del Para. Sería pues menester, no solamente utilizar las plantas silvestres, sino también hacer plantaciones en grande para sacar todo el provecho posible de este artículo de suma valía.

Infinidad de otros vegetales, conocidos por su virtud para teñir, deberían beneficiarse, haciendo de ellos un ramo importante del comercio interior y exterior.

Las palmas motacú y cucis darían al comercio abundante cantidad de aceites, sin más trabajo que recoger anualmente los cocos caídos del árbol, y extraer la sustancia por medio de maquinas análogas a las que en Europa se emplean para la extracción del aceite de nuez. De este modo se aprovecharían esos frutos que se pierden todos los años, y su aceite serviría; ya para sustituir en las mesas, después de clarificado, al de aceitunas; ya para el alumbrado, alimentando las lamparas hechas a propósito, y cuyo uso es actualmente general en Europa; ya para el empleo que puede hacerse de él en la industria y en las manufacturas.

Estimulando a los indios al trabajo, podría igualmente cosecharse mucho aceite de almendras, que hoy en día se pierde por falta de brazos que recojan estos frutos.

El copaibo daría mayores productos si su cosecha presentase algún beneficio a los indígenas, quienes lo recogen tan solo para ofrecerlo a los administradores, o para el gobierno.

Hay muchos vegetales que dan por medio de la incineración una excelente potasa, empleada para la fabrica del jabón; podría hacerse de ellos igualmente un ramo comercial muy importante.

Si no hubiera yo conocido la ley de prohibición vigente bajo el régimen español, habría tenido motivo para admirarme que los Jesuitas, de suyo tan industriosos, no hubiesen beneficiado el ramo de industria más importante del país, y que debe en el porvenir operar un cambio prodigioso en el orden de cosas: hablo del hierro, el móvil principal, la vida, diré así, de la civilización de un pueblo.

En los alrededores de San Ramón, en los de San Joaquín, y sobre el sitio mismo de esta última misión, el suelo se halla por todas partes cubierto de hierro hidratado en pepitas, cuyo laboreo sería tanto más fácil, cuanto que la proximidad del río Machupo presenta el mejor lavadero que pudiera desearse. Toda la operación consistiría en extraer el mineral a cielo abierto, efectuando el lave en el mismo sitio, y estableciendo enseguida, para su fundición, fraguas catalanas o otras en que se hiciese uso del carbón de leña de los inmensos bosques de aquel sucio tan feraz: de manera que la provincia no solamente se proveyese del hierro necesario para su industria, sino que diese abasto a las ciudades del interior, que reciben de Europa este renglón importantísimo, empleando en su adquisición, cada año, sumas considerables.

Volviendo la vista a esa multitud de ríos que cruzan en todos sentidos el territorio de esta provincia, una existencia nueva y maravillosa se presenta a la nación, siempre que sin el auxilio de las manufacturas europeas, el hierro beneficiado suministre el material primero para la construcción de las maquinas de vapor, aplicables a la industria y principalmente a la navegación de toda la región superior del Amazonas.

Moxos sería entonces la provincia más importante de Bolivia; y no cabe la menor duda que el bienestar producido por las minas de hierro, desdeñadas hasta el presente, así como el empuje dado por él a la civilización, serían duraderos, y superiores mil veces a las ventajas de esa riqueza proverbial de las minas de oro y plata de La Paz, de Tipoani, de Chayanta, de Oruro y aun del famoso Potosí; no siendo menester entretanto, para realizar esta mudanza, sino la asistencia de un ingeniero practico en este genero de laboreos, muy común en los Pirineos orientales y en todo el este de la Francia.

Nunca inculcaría yo demasiado sobre este punto; por consiguiente, séame permitido repetir que el gobierno boliviano debe atender ante todo a esta cuestión de la mayor importancia para su porvenir industrial y comercial. En tanto que los hierros sean importados de Europa, no habrá jamás prosperidad alguna en el país; pues la falta de estos metales de primera necesidad, hasta es un obstáculo para el adelanto de la agricultura y de la industria fabril. «La medida más urgente en el actual estado de cosas es el establecimiento de fraguas en la provincia de Moxos.» Para llevar a cabo como conviene semejante empresa, es indispensable hacer venir de Europa, por los ríos Amazonas y Madeira, a más de los ingenieros y operarios habituados a esta clase de laboreos, los utensilios correspondientes, como yunques, martillos, fraguas, y principalmente una maquina fuelle de vapor. De este modo, y sin el inconveniente del tránsito por las cordilleras, se conseguirán todos los objetos que son de primera necesidad para beneficiar cuanto se quiera.

Si la república de Bolivia desea marchar a la par de las naciones industriosas, debe, al mismo tiempo que trata de hacerse de hombres y de utensilios necesarios para el establecimiento de una fragua, crear un «taller de fundiciones» donde puedan fabricarse infinidad de herramientas, y todo cuanto se requiere para constituir un «taller de mecánica», destinado a suministrar los elementos y resortes de todas las maquinas movidas por el vapor: solo así llegaran a facilitarse la empresa de navegación y demás adelantos industriales.

Calculo que para la adquisición de los instrumentos necesarios, y de todo el material correspondiente al establecimiento de estos dos talleres, no habría que gastar arriba de treinta mil pesos; esto es, limitando el número de maquinas a las más útiles, y también a las de menos fuerza, por presentar mayores facilidades para el trasporte, cuyo costo debe ser más moderado al mismo tiempo. Una vez establecidos con la fragua estos dos talleres, se puedan ir construyendo poco a poco y sucesivamente maquinas de fuerza mayor, así como todos los instrumentos para tornear y labrar el hierro.

Si por la poca desigualdad de nivel que presentan sus llanuras, la provincia de Moxos no puede encontrar en los raudales de su centro, tantos motores naturales para las fabricas como tiene la de Chiquitos, los hallaría indudablemente, no menos numerosos, si la industria se apoderase de esta inmensa multitud de arroyos y de torrentes que bajan de la cordillera al país de los Yuracarees. Por lo demás, la abundancia de aguas y de leña vendría a ser siempre, por medio del vapor, el elemento de una grande prosperidad industrial, tan luego como se reemplazasen los imperfectos telares empleados en Moxos por maquinas europeas. La aplicación del vapor a la industria fabril, dejó en su principio muchos brazos inútiles en Europa, cuya población es inmensa relativamente a su territorio; pero en Moxos, donde por el contrario la población es nada para la superficie de sus terrenos, conviene con mucha más razón hacer uso de medios que centupliquen los productos, sin haber menester de un crecido número de hombres.

En medio de dar a la provincia la impulsión comercial de que es susceptible, sería de aumentar su industria con la introducción de los nuevos ramos que acabo de indicar, abriendo al propio tiempo comunicaciones con Chiquitos, Santa Cruz, Cochabamba, el Brasil y sobre todo con la Europa por las corrientes tributarias del Amazonas.

Para restablecer las comunicaciones, cerradas hoy en día, entre Chiquitos y Moxos, no habría más que hacer, sino subir por el río de San Miguel[205] y el río Blanco hasta cerca de San Javier y de Concepción de Chiquitos. Podría entonces traerse de Chiquitos la sal, abundante en esta provincia, y de que carece la de Moxos.

Las actuales comunicaciones con Santa Cruz sirven para la conducción de los artículos de recepturías, citados en las planillas precedentes,[206] y los que con alguna más industria llegarían a centuplicarse. Para hacer menos penoso este camino, es indispensable sustituir a las canoas, de que actualmente se sirven los traficantes, barcas ligeras y de bordes más levantados; mandando construir además, en los puertos de Cuatro Ojos y de Bibosi, calzadas seguras para atravesar en todo tiempo esos inmensos pantanos donde casi siempre se averían los efectos, no habiéndose hecho cosa alguna hasta el presente para la mejora de caminos.

La dificultad que presentan las comunicaciones, han anulado hasta cierto punto el comercio de Moxos con la ciudad de Cochabamba, en menoscabo de las grandísimas ventajas que se reportarían llevando directamente sus productos al centro de la república. La navegación actual por el río Chaparé[207] es larga y penosa, y mucho también el riesgo que presenta la travesía de la cordillera de Palta Cueva. Con la mira de allanar semejantes dificultades abrí yo por Tiquipaya y por el río Securi,[208] la nueva vía de comunicación ya mencionada en diferentes puntos, y a la que solo falta para su mejora la construcción de un camino para las mulas, que puede efectuarse sin mayores gastos con la cooperación de los indios de Moxos, interesados en el establecimiento de esta vía destinada a dar un valor efectivo a las producciones de su agricultura y de su industria. Por otra parte, la apertura de esta comunicación contribuiría también a civilizar a los indios yuracarees, y determinaría otras muchas mejoras, proporcionando recursos que faltan hoy en día en todo el largo de este tránsito de cien leguas. Cochabamba, no produciendo otros frutos que los de países templados, carece totalmente de los que se recogen en Moxos; esta circunstancia da todavía mayor

---

205 Véase la pág. 268.
206 Véanse las págs. 363 y 364.
207 Véase la pág. 271.
208 Véase la pág. 277.

incremento a la conveniencia de hacer directamente el comercio con esta ciudad, sin pasar por la de Santa Cruz como se practica en la actualidad, triplicando inútilmente la distancia. Soy pues de parecer que sin destruir el comercio de Santa Cruz, en verdad muy importante, debería el gobierno boliviano ocuparse también del de Cochabamba, más capaz, por el carácter emprendedor de sus habitantes, de estimular a los Moxos, y de darles sobre todo una idea menos equivocada de las relaciones comerciales, tal cual se practican en los otros países.

La navegación del río Iténes o Guaporé hará que se comunique la provincia con Mato Grosso y Cuyaba, cuando ambos países, el Brasil y Bolivia, olvidando las antiguas rivalidades entre Españoles y Portugueses, se avengan para entablar el comercio interior de sus vastas posesiones respectivas.

La rivalidad y las contiendas, que no han cesado de existir entre las naciones portuguesa y española sobre los límites de sus posesiones respectivas en América, han hecho que los Españoles se fijasen siempre lejos de las fronteras. No ocupándose sino de las minas, y menospreciando la industria y el comercio, la España ha mirado con negligencia en todos tiempos esas fuentes de prosperidad futura que tenía entre sus manos. Los Portugueses, lejos de imitar esta conducta, se han valido de semejantes disposiciones para constituirse dueños de todos los grandes vehículos de comunicación, construyendo fuertes para ser los absolutos señores de la navegación interior: así es que después de varios tratados, y particularmente del celebrado en 1777, edificaron el fuerte de Coimbra sobre el río Paraguay, y el fuerte del Príncipe de Beira sobre el río Iténes o Guaporé a fin de apropiarse el comercio del Amazonas y del Para. Cuando se vuelve la vista a la América del Norte, y se considera el territorio de los Estados Unidos cruzado en todos sentidos por ferrocarriles y surcado por barcos de vapor, no es posible dejar de manifestarse sorprendido del grande atraso en que están las naciones de la América del Sur, sin dar un solo paso para entrar en la senda del progreso. Esperemos pues que las viejas ideas de los colonos portugueses, cediendo bien pronto su preponderancia, entre los Brasileros, a intenciones y miras vastas, y que tiendan a dar mayor vida al comercio y a propagar la civilización en aquellos países salvajes, determinaran, de par con los esfuerzos de la república de Bolivia, la navegación de todos esos ríos que se verán surcados por los naturales de dos naciones, tan dignas ambas de marchar de frente en la vía de las mejoras generales.

En cuanto al comercio, no habiendo aun entrado el dinero a circular en la provincia de Moxos, los primeros negociantes europeos que lleguen allí, efectuaran cambios tanto más ventajosos, cuanto que los especuladores actuales realizan inmensos beneficios con la permuta por mercancías europeas que han pasado ya por diez manos.

Existen, como se ha visto no ha mucho, doce cascadas o cachuelas en el río de Madeiras. Si en la actualidad se emplean tres meses, con embarcaciones a la vela y a remo, para recorrer la distancia que ellas abrazan, no cabe la menor duda que muchas de estas dificultades desaparecerían navegando en pequeños buques de vapor, sobre todo en tiempo de crecientes, momento en que por todas partes suben las aguas de tres hasta cinco varas más de altura, sobre su nivel ordinario. Se podría entretanto navegar cómodamente todo el año si fuese dable, o por mejor decir si se intentase abrir, con los socorros del arte, canales laterales a las cachuelas, encerrando las aguas por medio de esclusas.

De este modo la navegación se haría directamente desde Europa, atravesando el Atlántico y subiendo inmediatamente por el Amazonas y el río de Madeiras hasta la provincia de Moxos. A decir verdad, nada más fácil y menos costoso que la construcción de estas esclusas, siendo tanta la abundancia de maderas excelentes, que por todas partes suministran los bosques contiguos a los ríos. Empero, para llevar a efecto esta empresa de navegación, sería menester ante todo que el Brasil tuviese a bien convenir en ello.

Entre tanto, una medida bastante sencilla pudiera facilitar toda clase de trabajos. Tengo indicado que la nación de los Pacaguaras habita la confluencia de los ríos Beni y Mamoré, bajo el décimo grado de latitud sur: he dicho además que frecuentes veces se han dejado conducir estos naturales a Exaltación, donde muchos de ellos han abrazado el cristianismo incorporándose a la misión: bien pues, uno de los primeros pasos que, a mi juicio, debieran darse, es de mandar religiosos instruidos para convertir a estos indios, y fundar con ellos una nueva misión sobre el punto de la confluencia que pertenece a Bolivia. El fin de semejante medida no sería solamente de civilizar un pueblo todavía salvaje, sino también de proporcionarse recursos inmensos; pues si actualmente los Pacaguaras se prestan con la mejor buena voluntad a servir a los Brasileros en sus navegaciones, es de creer que ayudarían de igual modo a los Bolivianos, y aun con más deferencia todavía, desde que se considerasen ellos mismos ciudadanos de Bolivia. Los Pacaguaras son además muy practicos en la navegación del río Beni, según me lo han asegurado algunos de ellos; y hasta para esto serían utilísimos, sirviendo de pilotos en los ensayos que deberán hacerse cuando se quiera poner en planta esta navegación.

Ya se concibe que no es posible apreciar, sin haberlas visto, las dificultades de todo género que pueden resultar del reconocimiento exacto del río de Madeiras. Con la mira de prestar a su país tan señalado servicio, el señor don Antonio Acosta se preparaba a partir de Inglaterra para ir a verificar este reconocimiento, difícil y sumamente penoso, pero indispensable para el engrandecimiento de Bolivia, y al que no hubieran dejado de aplaudir con la más viva satisfacción los demás pueblos americanos y las adelantadas naciones de la Europa. Yo no dudo que, dirigida esta empresa por una persona tan capaz de valorar las cosas y, más que todo, apasionada por la gloria de su patria, hubiese tenido los ventajosos resultados que se esperaban. En todo caso, esta expedición habría sido digna del siglo de progresos en que vivimos.[209]

Los últimos tributarios del Amazonas se confunden, por decirlo así, con los primeros del río de la Plata: en la estación lluviosa se puede pasar en pequeñas barcas de una vertiente a la otra, y bastaría abrir un canal de cuatro mil ochocientas varas, por en medio de un bañado, para completar un canal natural que empezase en la embocadura del río de las Amazonas y terminase en la entrada del río de la Plata, después de haber recorrido treinta y cuatro grados de latitud, o poco más o menos mil doscientas leguas de largo, atravesando todo el centro de la América meridional.[210]

---

209 Este proyecto fue abandonado para hacer la expedición por el río de La Plata y el río Pilcomayo; empresa cuya ejecución también se halla suspensa por el momento.

210 Debo a la amabilísima condescendencia del señor Ferdinand Denis, a quien es deudora la geografía de trabajos muy importantes sobre el Brasil, la comunicación de un mapa manuscrito, obra de los ingenieros encargados de fijar los límites entre las posesiones

Este documento me hace esperar que si a pesar de todas las probabilidades favorables a la empresa de navegación por el río de Madeiras, las dificultades que se presenten fuesen insuperables, le quedarían siempre a Bolivia vehículos de navegación muy fáciles para comunicarse con la Europa: tales son el río de la Plata y el río del Paraguay.

Las mayores distancias habiendo llegado a ser ya de ninguna consideración desde que se navega en buques de vapor, fácilmente se entablaría un trafico comercial desde Europa hasta Moxos por el río de la Plata, practicando para ello en las cabeceras de los ríos, Barbados y del Paraguay, la apertura del canal indicado.

Una vez allanados todos estos obstáculos, por cualquier lado que se entre, sea por el río del Paraguay o por el río de Madeiras, un inmenso laberinto de ríos navegables se presenta sobre aquella superficie, donde pueden navegar buques de alto bordo y barcos de vapor de la mayor dimensión posible, fomentando por todas partes las relaciones comerciales.

1.ª Por el río Beni se pueden ir a buscar hasta el pie de las montañas, las ricas producciones de las provincias de Caupolicán, de Muñecas, de La Paz, de Yungas y de Sicasica: por manera que la cascarilla y todos los demás productos de la cordillera embarcándose sin demora, saldrían por este vasto río y se pondrían directamente en los mercados de Europa, ahorrando centenares de leguas de transporte con mulas hasta los puertos del grande Océano, y la larga y peligrosa navegación del cabo de Hornos.

Entonces La Paz y las otras ciudades del centro de Bolivia se verían también, en cierto modo menos distantes de la Francia para sus comunicaciones, que lo que actualmente están para comunicarse con la república de Chile.

2.ª Por el río Iténes o Guaporé se subiría hasta Chiquitos, entrando en los ríos Verde, Serre, Blanco, Itonama y de San Miguel, para ir a extraer los ricos frutos de esta vasta provincia, que darían una pingüe utilidad.

---

americanas de Portugal y de España. Esta mapa, intitulado «Carta limítrofe do paiz de Mato Grosso e Cuyaba», 1782 a 1790, contiene la nota que sigue, relativa al nacimiento del río Paraguay y del Guaporé: «Istmo de 2400 brazas entre o río da Prata e as Amazonas onde o governador Luis Pinto de Souza, no anno de 1772 mando passar huma embarcao de carga, de seis remos por banda, comonicando, o mar de Equinoxial como do paralelo de 36 graos de latitude austral, por un canal mais de 00 legoas, formada pela naturaleza.»

Navegando por el río Barbados se va hoy en día hasta muy arriba de Mato Grosso; y por el canal proyectado se bajaría al Plata para encaminarse a los países de ultramar.

3.ª Por el río Mamoré se puede guiar hacia todos lados, ya subiendo por el río Grande y el río Piray hasta muy cerca de Santa Cruz de la Sierra, ya por los ríos Mamoré, Chimoré, Chaparé, Securi, Isiboro, Tijamuchi, Aperé, Yacuma, Iruyani y sus tributarios (es decir, sobre todo el largo de la cordillera oriental, desde Santa Cruz de la Sierra, siguiendo el país de los Yuracarees, hasta andar seis grados hacia el noroeste) para ir a buscar los numerosos productos comerciales de las provincias de Valle Grande, de Mizqué y de Cochabamba.

En resumen; los ríos Beni, Guaporé y Mamoré ofrecen, sobre el espacio de algunos miles de leguas, grandes facilidades para que puedan navegar en sus aguas buques de vapor de todas dimensiones; mientras que la provincia, por sus minas de hierro y por sus innumerables bosques, se halla en posesión de los recursos que son de primera necesidad para mantener en un pie de progreso toda empresa de navegación. Es pues muy probable, por cuanto queda dicho, que la provincia de Moxos venga a ser con el tiempo una plaza central de operaciones comerciales, practicadas sobre una escala vastísima, y destinadas a utilizar los productos de tanta valía, que en la actualidad se desechan y pierden en ese suelo privilegiado del centro de la América.

En un siglo en que ya no hay dificultades que no allane el genio de los hombres de industria y de saber; en un siglo en que las sabias medidas de los gobiernos y las grandes asociaciones han hecho tantísimo por el bien general y por la grandeza de los pueblos, es de esperar que se presentara al cabo una nación europea, guiada por su propio interés y celosa por los adelantos de la civilización, a prestar su apoyo a la república de Bolivia, dando principio a esta grande metamórfosis, y haciendo de un país, hoy en día casi desierto, el foco de operaciones comerciales e industriales las más ventajosas.

[Ilustración: lámina 1.] [Ilustración: lámina 2.] [Ilustración: lámina 3.] [Ilustración: lámina 4.] [Ilustración: lámina 5.] [Ilustración: lámina 6.] [Ilustración: lámina 7.] [Ilustración: lámina 8.] [Ilustración: lámina 9.]

[Ilustración: lámina 10.] [Ilustración: lámina 11.] [Ilustración: lámina 12.] [Ilustración: lámina 13.] [Ilustración: lámina 14.]

Fin del tomo primero.

Libros a la carta

A la carta es un servicio especializado para

empresas,

librerías,

bibliotecas,

editoriales

y centros de enseñanza;

y permite confeccionar libros que, por su formato y concepción, sirven a los propósitos más específicos de estas instituciones.

Las empresas nos encargan ediciones personalizadas para marketing editorial o para regalos institucionales. Y los interesados solicitan, a título personal, ediciones antiguas, o no disponibles en el mercado; y las acompañan con notas y comentarios críticos.

Las ediciones tienen como apoyo un libro de estilo con todo tipo de referencias sobre los criterios de tratamiento tipográfico aplicados a nuestros libros que puede ser consultado en Linkgua-ediciones.com .

Linkgua edita por encargo diferentes versiones de una misma obra con distintos tratamientos ortotipográficos (actualizaciones de carácter divulgativo de un clásico, o versiones estrictamente fieles a la edición original de referencia).

Este servicio de ediciones a la carta le permitirá, si usted se dedica a la enseñanza, tener una forma de hacer pública su interpretación de un texto y, sobre una versión digitalizada «base», usted podrá introducir interpretaciones del texto fuente. Es un tópico que los profesores denuncien en clase los desmanes de una edición, o vayan comentando errores de interpretación de un texto y esta es una solución útil a esa necesidad del mundo académico.

Asimismo publicamos de manera sistemática, en un mismo catálogo, tesis doctorales y actas de congresos académicos, que son distribuidas a través de nuestra Web.

El servicio de «libros a la carta» funciona de dos formas.

1. Tenemos un fondo de libros digitalizados que usted puede personalizar en tiradas de al menos cinco ejemplares. Estas personalizaciones pueden ser de todo tipo: añadir notas de clase para uso de un grupo de estudiantes,

introducir logos corporativos para uso con fines de marketing empresarial, etc. etc.

2. Buscamos libros descatalogados de otras editoriales y los reeditamos en tiradas cortas a petición de un cliente.

Printed in Poland
by Amazon Fulfillment
Poland Sp. z o.o., Wrocław

69305515R00178